D1230721

*Anne*
HÉBERT

# ARCHI
# TEXTURE
# ROMAN
# ESQUE

# *Anne* HÉBERT

# *A*RCHI TEXTURE ROMAN ESQUE

*janet m. paterson*

**Les Presses de l'Université d'Ottawa**

**Données de catalogage avant publication (Canada)**

Paterson, Janet M. 1944-
    Anne Hébert : architexture romanesque

Bibliographie : p. 183
ISBN 2-7603-0099-4

1. Hébert, Anne, 1916-    —Critique et
interprétation.    I. Titre.

PS8515.E16Z82 1985    C843'.54    C86-090019-3
PQ3919.H42Z75 1985

UNIVERSITÉ D'OTTAWA
UNIVERSITY OF OTTAWA

Cet ouvrage a été publié grâce à une subvention de la Fédération canadienne
des études humaines, dont les fonds proviennent du Conseil de recherches
en sciences humaines du Canada.

© Éditions de l'Université d'Ottawa, 1985
Nouveau tirage, 1988
Les Presses de l'Université d'Ottawa
Imprimé au Canada

ISBN 2-7603-0099-4

*À John.*

# Table des matières

# Remerciements

Je remercie ceux qui m'ont aidée dans ce travail, tout particulièrement Brian T. Fitch, dont l'intérêt soutenu et les critiques pertinentes m'ont été inestimables. Ma reconnaissance va aussi à David M. Hayne, Roland Le Huenen et Peter W. Nesselroth qui m'ont conseillée et encouragée. Enfin, je remercie mon amie Linda Hutcheon pour ses commentaires probants et Clara Stewart pour son aide efficace dans la préparation du manuscrit.

# Introduction

Dans un de ses premiers et ses rares commentaires sur l'écriture, Anne Hébert a déclaré croire « au salut qui vient de toute parole juste, vécue et exprimée[1] ». La publication des *Fous de Bassan*[2], en 1982, presque un quart de siècle après la parution du premier roman *Les Chambres de bois*[3] en 1958, représente une réalisation tout à fait remarquable de la poétique de cet auteur telle qu'elle est énoncée dans « Mystère de la parole ».

S'il est vrai que l'œuvre romanesque relève d'une « parole juste, vécue et exprimée », elle n'en reste pas moins difficile à circonscrire. Les romans d'Anne Hébert ne s'insèrent véritablement dans aucun grand courant littéraire : ils ne tiennent ni d'une esthétique réaliste, et encore moins d'une écriture historique, psychologique, existentialiste, surréaliste ou féministe. Mais, ces romans participent tous, par un biais ou par un autre, à ces divers mouvements. Il s'agit donc d'une écriture qui résiste par sa pluralité aux étiquettes critiques et aux interprétations univoques. Voilà pourquoi, sans doute, les études consacrées jusqu'ici à cette œuvre en ont examiné soit un aspect particulier, soit un réseau thématique.

Or la pluralité qui caractérise le grain même des textes appelle une analyse détaillée des fonctionnements internes qui produisent une modalisation multiple et nuancée de la représentation. L'étude qui suit cherche précisément à mettre en lumière la pluralité de cette écriture en analysant, non pas un seul, mais plusieurs niveaux de représentation dont celui de l'autoreprésentation. Ce processus, qui permet à l'œuvre d'être son propre sujet, a pour effet de consacrer la poétique de l'auteur en actualisant, par de nombreux procédés, l'articulation réciproque de la parole au sens.

Notre parcours analytique, caractérisé par un dialogue entre texte et théorie, traversera plusieurs niveaux du discours narratif pour interroger la

---

1. Anne HÉBERT, « Poésie, solitude rompue », *Poèmes,* Paris, Seuil, 1960, p. 71.

2. HÉBERT, *Les Fous de Bassan,* Paris, Seuil, 1982.

3. HÉBERT, *Les Chambres de bois,* Paris, Seuil, 1958.

pratique signifiante. Aussi, est-ce au début du discours narratif des *Chambres de bois,* dans l'incipit, que notre lecture s'amorcera. Mettant en évidence la polysémie d'un signe générateur, où le sens se cristallise dans un mot, l'analyse sémique permettra d'accéder à l'étude des trois codes principaux du roman que sont le réel, l'onirique et l'irréel. Dans les rubriques consacrées à ces codes, nous examinerons les contextes qui produisent la mise en action de « représentations » multiples et nous considérerons également en quoi ces représentations modifient notre lecture. Naturellement, la description du fonctionnement des codes engendrera une nouvelle interrogation. Car, si la structure du roman provient vraiment des trois codes et si ceux-ci régissent la pratique signifiante, il importe d'examiner leurs rapports d'articulation. Pour conclure la première section, nous considérons donc, non plus le sens véhiculé par chaque code, mais le dynamisme produit par leur imbrication continuelle.

Loin d'épuiser l'étude de la production du sens dans *Les Chambres de bois,* l'analyse des codes, en dévoilant la présence d'un récit en abyme, ne fait qu'ouvrir la lecture vers un système d'*autoreprésentation.* Tout se passe comme si la compréhension du fonctionnement de la représentation était axée, en dernier lieu, sur la perception d'un autre système de sens dont les marques multiples sont tracées partout dans le texte. Pour démontrer comment le roman *Les Chambres de bois* nous parle de lui-même, pour en faire ressortir la densité textuelle, nous procéderons de manière heuristique et déductive. Utilisant une typologie fondée sur notre analyse du texte, nous examinerons les manifestations autoréférentielles sous cinq rubriques : le lexique, les mises en abyme, les figurations, les métaphores textuelles, les occurrences intertextuelles et intratextuelles. Cette analyse révélera que, loin d'enfermer le texte dans un narcissisme stérile, l'autoreprésentation produit de riches effets de sens. Ce système nous ramène non seulement vers la *poièsis* du texte, en soulignant sa littérarité, mais, par les relations étroites qu'il entretient avec les trois codes, il élargit aussi les dimensions signifiantes de la représentation.

Ce parcours analytique qui va des unités minimes (l'analyse des sèmes) aux structures les plus larges (les systèmes de représentation), ce parcours qui ne cesse de mettre en évidence, par l'homologie des formes diverses, la structure profonde du roman, nous amènera, dans la deuxième partie, à explorer certaines implications de notre recherche. Partant de l'étude des *Chambres de bois,* nous aborderons le reste de l'œuvre romanesque d'Anne Hébert, repérant de livre en livre la structure matricielle qui donne aux *Chambres de bois* sa forme et son sens. Dans cette optique, l'étude des *Fous de Bassan* permettra, par un mouvement rétroactif, d'éclairer la composante autoreprésentative dans toute l'œuvre romanesque. C'est certainement dans ce roman que l'on voit le mieux l'exploration par la parole de mondes divers et diffus; c'est là que la prose d'Anne Hébert se révèle et se montre enfin comme *écriture*.

C'est ainsi que, par le truchement de structures et de relations multiples — immanentes au texte, ou modalisées par la lecture et le dialogue avec la théorie, ou encore émergeant du va-et-vient de ces lieux divers — nous nous attachons à mettre au jour, à partir des *Chambres de bois,* la pluralité de la représentation dans l'œuvre romanesque d'Anne Hébert.

# L'ARCHITEXTURE DES
## *CHAMBRES DE BOIS*

La production du sens
dans le texte

# 1. La problématique de « pays »

C'était au pays de Catherine...

Anne HÉBERT.

Nous COMMENÇONS notre étude de la production du sens dans *Les Chambres de bois* au début du roman, voire à la première phrase parce que l'incipit d'un texte contient toujours, comme plusieurs critiques l'ont démontré, les signes d'une signification globale[1]. Comme lieu de la première rencontre entre le lecteur et le texte, l'incipit met en mouvement l'œuvre entière : il la commence et il la déclenche. S'il est vrai que, dans les premiers mots du texte, le sens est là, présent, repérable, il n'en reste pas moins que cette présence s'affirme, selon l'expression métaphorique de Derrida, sous la forme d'une semence : « Le terme, l'élément atomique, engendre en se divisant, en se greffant, en proliférant. C'est une semence et non un terme absolu[2]. » Il découle de cette notion que la signification dans le texte provient de la germination et de la dissémination des semences les plus productives. Voilà pourquoi, dans certains textes, c'est le titre qui possède la plus grande valeur indicielle et générative alors que, dans d'autres, les noyaux de sens les plus prégnants se trouvent dans une première phrase ou dans un premier paragraphe[3]. Voilà pourquoi, aussi, il peut être difficile dans un roman,

---

1. Victor BROMBERT, "Opening Signals in Narrative", dans *New Literary History*, 11, 1980, pp. 489-502. Il mentionne plusieurs travaux consacrés à la notion de l'incipit ; il faut surtout retenir ceux de Claude DUCHET, « Pour une socio-critique ou variations sur un Incipit », dans *Littérature*, n° 1, 1971, pp. 5-14, et de Raymond JEAN, « Commencements romanesques », dans *Positions et oppositions sur le roman contemporain*, pp. 129-142.

2. Jacques DERRIDA, *La Dissémination*, p. 338.

3. Voir l'article de Raymond JEAN, « Commencements... », dans lequel il examine la puissance génératrice de l'incipit dans plusieurs romans dont ceux de Butor, Robbe-Grillet et Sarraute, pp. 133-136. Pour avoir une conception plus large de l'incipit (les trois premiers paragraphes d'un texte) et une analyse détaillée de son fonctionnement dans le discours, voir Jacques ALLARD, *Zola : le chiffre du texte*, surtout pp. 12-35.

contrairement au poème, de trouver au sein du texte un *seul* élément générateur. Néanmoins, un ou plusieurs germes se révèlent habituellement à
l'analyse si féconds qu'ils se posent à la fois comme les indices d'une lecture
et comme les éléments moteurs de la production du sens.

Jusqu'ici on ne s'est pas encore penché sur la question de la production
du sens dans *Les Chambres de bois,* quoique certains chercheurs aient relié,
par la voie d'une méthode thématique, les thèmes de l'espace et de la clôture
au titre du roman[4]. Personne, toutefois, ne s'est donné pour tâche de chercher des indices de sens dans la première phrase du roman : « C'était au
pays de Catherine, une ville de hauts fourneaux flambant sur le ciel, jour
et nuit, comme de noirs palais d'Apocalypse ». (27) Pourtant le début
même de cette phrase, « C'était au... », si fortement marqué dans sa fonction d'incipit, contient en puissance des germes de sens. Dans cette première
phrase qui est somme toute assez descriptive, le mot *pays* retient d'emblée
notre attention. Pourquoi ? Parce que, mis en relief par une disjonction,
*pays* est le premier substantif dans la narration et constitue par là le lieu
initial d'un sens repérable. En d'autres termes, si l'on fait abstraction du
titre dont le statut textuel est très particulier[5], on constate que *pays* donne
naissance au sens. Dès lors, on soupçonne que ce mot possède un certain
potentiel générateur, peut-être même une matrice du sens. Une lecture
rapide du roman confirme cette puissance générative sur un plan lexical
puisque *pays* se démarque par une redondance sémantique : il apparaît dix-
sept fois comme *pays* ainsi que sous les formes de *paysage* et *paysan*. Qui
plus est, *pays* acquiert dans divers contextes des sens différents. Cette dissémination du mot *pays* dans le texte ainsi que sa place privilégiée au début
du texte représentent des indices d'une pratique signifiante. Dans l'*espoir*
de déceler comment cette pratique se fait et comment elle *signifie,* nous
nous proposons d'analyser le parcours sémantique du mot *pays*. Avant d'en-
treprendre cette analyse, nous allons en quelque sorte déblayer le terrain
en examinant comment une lecture linéaire actualise les sèmes de *pays* et
en discutant les diverses interprétations que ce genre de lecture a suscitées
chez les critiques.

Sur le plan sémantique, le mot *pays* ne devrait pas poser de problème.
Il se définit dans le dictionnaire *(Le Petit Robert)* sous cinq rubriques soit :
1° Territoire habité par une collectivité, 2° Les gens, les habitants du pays,

---

4. Voir Kathy MEZEI, « Anne Hébert : A Pattern Repeated », dans *Canadian Literature,* n° 72, 1977, pp. 29-40.

5. Le statut de l'incipit est différent de celui du titre. L'incipit fait partie du discours
narratif alors que le titre demeure séparé ; c'est à partir de la première phrase qu'émerge la
parole proprement narrative, ce qui ne nie pas évidemment la possibilité d'un potentiel
générateur dans le titre. Voir à ce sujet le commentaire de Georges RAILLARD dans Raymond
JEAN, « Commencements... », p. 138.

3° Le pays de quelqu'un, son pays, 4° Région géographique, 5° Petite ville.
À partir de ces signifiés, on peut supposer que, dans « C'était au pays de
Catherine », *pays* prend d'emblée un premier sens dénotatif, à savoir la
région géographique où Catherine habite, quoique ce lieu n'ait pas été
nommé. Ces sèmes du lieu réitèrent les sèmes de l'espace, présents dans le
titre *Les Chambres de bois*. Cette redondance sémique annonce une génération
qui se manifeste d'une façon très accentuée dès les deux premières phrases :

> C'était au *pays* de Catherine, une *ville* de hauts *fourneaux* flambant sur le ciel,
> jour et nuit, comme de noirs *palais* d'Apocalypse. Au matin les femmes
> essuyaient sur les vitres des *maisons* les patines des feux trop vifs de la nuit[6]. (27)

Cette répétition des sèmes du lieu indique la présence d'une isotopie clé de
l'espace du roman. La question est dès lors de savoir si cette isotopie demeure
simplement descriptive — là où l'espace tisserait une toile de fond pour la
trame du récit — ou bien si cette dimension spatiale se pose comme fondamentale au sens du roman. À vrai dire, il est aisé de répondre à cette question
parce que même une lecture de surface révèle la primauté de l'architecture
du *pays* dans le roman. Le *pays* de Catherine donne lieu à toutes sortes de
pays au début même du roman ; il est la *ville* trop chaude de l'été : « il y
eut un été si chaud et si noir que la suie se glissait par tous les pores de
la peau » (27-28) ; il est la *campagne* brumeuse des environs : « La
campagne... fumait comme un vieil étang » (28) ; il est le *village* où Catherine cherche un « marchand de vin et de tabac » (28) ; et il est la *forêt
mystérieuse* aperçue sous la pluie violente. (29) Et ces divers espaces, comme
des poupées russes, contiennent imbriqués les uns dans les autres d'autres
espaces : la maison de Catherine dans la ville, la maison de l'oncle dans la
campagne et la maison des seigneurs dans la forêt.

Ainsi, absorbant les sèmes de l'espace présents dans le titre, le *pays*
engendre dans la première lexie[7] tout un système lexical de l'espace qui
continue ensuite à se déployer de plus en plus vigoureusement dans le texte.
Ne se bornant plus à désigner des lieux physiques, le *pays* évoque, dans la
deuxième lexie, le lieu du *fantasmagorique* : « Pendant longtemps, un *paysage*
noyé de pluie et de brume vint visiter les petites filles » (32), et de l'*onirique* : dans un rêve Catherine voit la maison des seigneurs « posée au creux
d'une boule de verre ». (33)

Il n'est pas étonnant, alors, que le *pays* germinateur sous-tende l'intrigue. En effet, les rapports de Michel et de Catherine sont axés, dans la

6. C'est nous qui soulignons dans toutes les citations, sauf indication contraire.

7. Nous empruntons ce terme à Roland Barthes pour indiquer le découpage entre les
unités de lecture puisque, dans *Les Chambres de bois*, ces unités ne constituent pas vraiment
des chapitres. Pour des précisions sur l'emploi barthien du terme, voir *S/Z*, p. 20.

première partie, sur une opposition entre la maison de Catherine et celle de Michel. Lorsque celui-ci lui envoie une première lettre, c'est pour lui avouer qu'il avait appris à reconnaître *sa maison*. (41) Ensuite, lorsque Catherine cherche à comprendre l'étrange comportement de Michel, c'est aussi au sujet de sa *maison* qu'elle mène son interrogation : « Qu'est-ce qui se passe dans votre *maison* et dans la forêt qui est autour ? » (51) Michel refuse toute transgression de son espace, comme en témoigne l'opposition pronominale entre *vous, votre,* et *je, moi* : « Mais qu'allez-*vous* chercher là ? Est-ce que je vous demande des nouvelles de *votre* maison, moi ? » (51). À une étape ultérieure de l'intrigue, lorsque Michel désire voir Catherine, il lui fait part de son intérêt en l'invitant « en ce monde de *mon* enfance ». (54-55) Suite à l'échec de cette invitation — l'accès à la demeure sombre reste interdit à Catherine — elle « se mit à courir en direction de *sa* maison ». (63) Finalement, cette opposition entre les deux personnages et leurs espaces se résout — ou paraît se résoudre — par l'introduction d'un nouvel espace : l'appartement de Paris.

Dans la deuxième partie du roman, l'isotopie de l'espace continue à se manifester par une redondance lexicale de caractère presque obsessionnel. Au début de cette partie, le texte décrit l'appartement de Michel : ces « pièces fermées » à « odeur fade », à l'intérieur desquelles se situent d'autres espaces comme, par exemple, le coin de Michel derrière un paravent qui lui « faisait une petite maison de paille pour la nuit » (74) et le petit cabinet de toilette « tout en glaces » où Catherine s'enfermait. (77)

Mais Catherine finira, dans la troisième partie du roman, par se révolter contre sa séquestration dans cet espace en se réfugiant dans l'espace ouvert de la Méditerranée. Ce nouveau *pays,* dont les sémèmes d'ouverture et de liberté s'opposent d'une façon tellement évidente à la clôture des chambres de bois, s'autodésigne d'emblée comme ouverture : « La servante *ouvrit* les rideaux, se pencha *dehors,* dit qu'il faisait toujours *beau* temps ». (145) Et toute la dernière partie met en relief l'ouverture du *pays* par l'évocation de la mer et du ciel.

Une lecture linéaire nous révèle, ainsi, la primauté de l'isotopie de l'espace dans la construction du sens. En effet, le mot *pays,* privilégié au début du texte, engendre un vaste réseau lexical marqué par les sèmes de l'espace. Ce lexique, sous la pulsion même d'une abondante surdétermination[8], construit une thématique de l'espace.

Si le système lexical engendré par *pays* s'avère capital pour le sens du roman, il reste à savoir comment certains critiques ont interprété ce mot.

8. Voir la définition de Michæl RIFFATERRE, *La Production du texte,* pp. 45-46 : « Les composantes de la phrase littéraire sont liées entre elles par le syntagme, comme dans toute phrase, mais ces rapports sont repris par d'autres relations, formelles ou sémantiques. Chaque mot paraît donc multiplement nécessaire, ses rapports avec les autres mots multiplement impératifs. »

Nous avons déjà signalé que *pays* en soi ne pose pas de problème de signification. C'est peu dire, car le sens d'un mot dans un texte littéraire ne se comprend pas uniquement par le recours au dictionnaire. Une telle pratique impliquerait une conception atomisée du signe. Or, comme Lotman, se situant dans la tradition saussurienne, le précise, « la matérialité du signe se réalise avant tout à travers l'organisation d'un système relationnel déterminé[9] ». Les mots dans un texte artistique prennent leur sens contextuellement, par leur rapport avec d'autres mots. Si, par exemple, le roman *Les Chambres de bois* commençait par la phrase « C'était au pays des merveilles », il est clair que *pays* prendrait d'emblée un autre sens. D'ailleurs, réduire le sens d'un mot aux signifiés du dictionnaire, c'est établir une équivalence entre le système primaire et le système secondaire. Une telle conception va à l'encontre même de la nature du « système modélisant secondaire » (SMS), qui, fondé sur la base de la langue naturelle, reçoit ultérieurement, comme le précise Lotman, « une structure complémentaire, secondaire[10] ». Lotman ajoute, par ailleurs, que « l'équivalence des éléments sémantiques d'une structure artistique ne sous-entend ni un rapport semblable au référent, ni une identité de rapports aux autres éléments du système sémantique de la langue naturelle... Au contraire, tous ces rapports au niveau linguistique peuvent être différents[11]. » Ce qu'il faut retenir de ces propos pour notre analyse c'est, premièrement, que le mot *pays* dans un texte n'a pas nécessairement le même sens que le mot du dictionnaire, deuxièmement, que ce mot, comme tout autre vocable, acquiert son sens sur des plans synchroniques et diachroniques à partir de l'organisation sémantique du texte.

Or, on n'est pas sans savoir que, dans la littérature canadienne-française, le mot *pays* est imprégné de motivations idéologiques. Le pays a été invoqué et consacré par toute une tradition de poètes, de dramaturges et de romanciers. Dans un article consacré à l'étude des figures du pays dans le roman québécois, Jacques Allard a mis en évidence la multiplicité et la richesse des représentations littéraires du pays[12]. En fait, le pays est devenu selon l'expression de Marcel Bélanger une des « hantises de cette littérature » où « la thématique du pays fut la voie par laquelle un défoulement socio-individuel s'opérait[13] ». Et, compte tenu de cette portée idéologique, il

9. Iouri LOTMAN, *La Structure du texte artistique,* p. 70.

10. LOTMAN, *La Structure...,* p. 71.

11. LOTMAN, *La Structure...,* p. 84.

12. Jacques ALLARD, « L'idéologie du pays dans le roman québécois contemporain : il n'y a pas de pays sans grand-père et l'intertexte national », dans *Voix et images,* 5, 1979, pp. 117-132.

13. Marcel BÉLANGER, « Les hantises d'une littérature », dans *Livres et auteurs québécois 1977,* p. 15.

n'est guère étonnant que l'évocation même du pays dans un texte ait pu induire certains critiques en erreur. Dans sa préface aux *Chambres de bois,* Samuel de Sacy précise qu'Anne Hébert « évoque les objets du monde extérieur, l'hiver *canadien,* les hauts fourneaux, la maison des seigneurs ». (21) Il continue son commentaire en interrogeant la « réalité » du roman : « Dirons-nous d'une réalité proprement canadienne, et si particulièrement canadienne qu'elle risquât d'être mal aperçue en France ? » (22) Question à laquelle il répond sans équivoque : « Proprement canadienne, oui. » Donc pour Sacy, le *pays* dans *Les Chambres de bois* se réfère non seulement au Canada, mais de surcroît à une réalité canadienne. Cette interprétation, qui est importante parce qu'elle se situe dans la préface du roman et par là fait partie du livre et dirige la lecture, suscite plusieurs interrogations dont la moindre n'est pas que Sacy fait erreur. En aucun endroit, dans le roman, il n'est indiqué que le *pays* désigne le Canada. Il est vrai qu'un hiver froid où « La neige couvrit le pays » (35) est évoqué, mais de là à extrapoler la présence d'un hiver canadien puis d'une réalité canadienne, c'est fausser le texte. D'autres critiques — moins aveuglés par la neige — situent le *pays* dans un petit village en France, mais sans trop insister sur le référent de *pays* qui n'est jamais précisé[14].

Dans une interprétation complètement opposée, Ulric Aylwin nie au *pays* toute valeur dénotative : « Dès les premiers mots du récit, l'espace extérieur est aboli : « C'était au pays de Catherine... » — tout ici sera figure du monde intérieur. Aussi est-il naturel que les lieux et les personnages soient anonymes[15]. » Évidemment il est tout à fait possible que l'espace extérieur concorde avec les espaces intérieurs des personnages ; mais, de là à faire abstraction de la dénotation de *pays* ou de soutenir que les lieux sont anonymes alors que Paris est clairement désigné, c'est pécher dans le sens contraire du commentaire de Sacy.

Les contradictions que nous constatons chez les critiques et le statut particulier de *pays* au début du texte et dans le texte nous mènent à aborder notre propre analyse des occurrences de *pays.*

---

14. Voir René LACÔTE, *Anne Hébert,* p. 65, et MEZEI, « Anne Hébert... », p. 29.

15. Ulric ALWIN, « Au pays de la fille maigre : *Les Chambres de bois* d'Anne Hébert », dans *Voix et images du pays,* 1, 1967, p. 38.

# 2. La poétique d'un mot

> La lecture... sera respectueuse du
> texte jusqu'à sa littéralité même ; en
> même temps elle ne se contentera pas
> de son ordre apparent, mais cherchera
> à rétablir le système textuel. Elle procé-
> dera par choix, déplacement, super-
> position : autant d'opérations qui bou-
> leversent l'organisation immédiatement
> observable d'un discours.
>
> Tzvetan TODOROV.

C'EST À TRAVERS une lecture verticale de *pays* (non linéaire, sensible seulement à la redondance sémantique du mot) que nous chercherons maintenant
à interroger le système textuel qui sous-tend la représentation d'un univers
fictif dans *Les Chambres de bois*. Cette entreprise nous amènera à examiner
comment *pays* acquiert progressivement une opacité sémantique au sein des
divers contextes où ce mot se manifeste.

Évidemment, toute discussion du sens contextuel des mots doit rester
sensible au statut particulier du signe littéraire. Comme médiateur d'un
sens — d'une représentation d'un univers fictif — le signe littéraire possède,
comme Lotman le souligne, une valeur double : branché sur le système
primaire de la langue, il y puise des signifiés ; mais, à titre de signe dans
un système modélisant secondaire (SMS), il acquiert aussi des sens à l'intérieur de l'organisation particulière de ce système[1]. Afin de différencier
ces deux niveaux de signification, il nous semble utile de recourir aux
notions de dénotation et de connotation. Celles-ci exigent toutefois certaines
précisions parce qu'elles ont acquis, à force d'usage, un sens tellement nébu-

---

1. LOTMAN, *La Structure...*, p. 71 : « Les systèmes modélisants secondaires représentent des structures, à la base desquelles se trouve la langue naturelle. Cependant, ultérieurement le système reçoit une structure complémentaire, secondaire, de type idéologique,
éthique, artistique, ou de tout autre type. »

leux. La dénotation ne pose pas vraiment de problème : assimilable à la fonction référentielle d'un mot, elle se définit chez Hjelmslev, comme le rapport entre le contenu et l'expression, soit ERC[2]. La connotation, par contre, n'ayant « de sens que dans son opposition à celle de *dénotation* », détient depuis longtemps, comme le démontre Marie-Noëlle Gary-Prieur, des significations variées et contradictoires[3]. Dans notre analyse, nous utiliserons la définition de Hjelmslev, telle que Barthes l'emploie. Dans « Éléments de sémiologie », Barthes précise que, si la dénotation découle d'un rapport entre l'expression et le contenu, la connotation par contre est un second système de signification extensif du premier[4]. Ainsi envisagée, la connotation (formulée chez Barthes comme [ERC] RC) est une « sursignification » tributaire d'une « corrélation immanente au texte », en d'autres termes, élaborée *par* et *dans* le texte[5].

Cette notion d'un système de connotation implique le concept d'une pratique textuelle où la signification se produit véritablement par un travail textuel. Dès lors, le sens dans un texte littéraire, selon les termes mêmes de Lotman, ne se conçoit plus comme l'effet unique d'un apriorisme linguistique, mais se perçoit plutôt comme une pratique où la dénotation et la connotation produisent, dans un mouvement de *sémiosis,* des effets de sens presque infinis. Une telle conception de la pratique d'un texte — et de sa signification — se caractérise par son aspect dynamique. Non seulement laisse-t-elle entendre que le sens se relie à l'interaction entre les signes, mais elle présuppose, par la nature même de cette interaction, un travail de décodage entrepris par le lecteur, c'est-à-dire une participation active à la production du sens.

Entamons notre analyse des occurrences de *pays* pour voir comment le sens de ce mot se construit dans le texte.

1.    C'était au *pays* de Catherine, une ville de hauts fourneaux flambant sur le ciel, jour et nuit, comme de noirs palais d'Apocalypse. (27)

Rien ne paraîtra à première vue aussi neutre, aussi dénué de sens que l'incipit « C'était au » qui précède le mot *pays*. Mais c'est justement la présence de la marque du *commencement* d'un texte littéraire qui laisse trans-

2. Roland Barthes, « Éléments de sémiologie », dans *Communications,* n° 4, 1964, p. 130.

3. Marie-Noëlle Gary-Prieur, « La notion de connotation(s) », dans *Littérature,* n° 4, 1971, p. 96. C'est Gary-Prieur qui souligne.

4. Barthes, « Éléments... », p. 130.

5. Gary-Prieur, « La notion... », pp. 101-102. Pour l'importance de l'immanence textuelle de la connotation, voir aussi Barthes, *S/Z,* pp. 14-16.

percer les indices d'une piste de lecture. Comment en effet, ne pas reconnaître, dans la formule « C'était au », les marques génériques du conte ? À titre de variante du célèbre « Il était une fois », « C'était au pays de Catherine » possède les caractéristiques syntaxiques que l'on attribue généralement au conte, « tournure de l'impersonnel, marque de l'imparfait, locution temporelle figée[6] ». En plus, puisque « au pays » se situe dans un lieu de disjonction, la formule « c'était au » semble annoncer une histoire, laisse supposer un événement, bref, entame un récit. Cet effet d'une fiction à venir est corroboré par *pays* à cause de l'usage fréquent que ce mot connaît dans les contes[7].

C'est donc par une interaction sémique avec « c'était au » que *pays* acquiert des connotateurs de l'irréel et que s'amorce un code[8] de lecture où *pays* recèle les signifiés d'un monde inventé et irréel. Nous résumons ce surgissement de sens de la façon suivante :

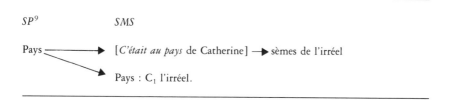

$SP^9$         *SMS*

Pays ⟶ [*C'était au pays* de Catherine] ⟶ sèmes de l'irréel

Pays : $C_1$ l'irréel.

Mais le sens second de *pays* $C_1$ n'oblitère en rien son premier sens dénotatif d'un lieu géographique. Ce sens, au contraire, est renforcé par le mot « ville » qui en actualise les sèmes de référentialité. Cette double dénotation (pays, ville) inaugure un premier *effet de réel* qui laisse deviner la présence d'un système de dénotation qui sera à la base du code du réel, soit :

6. Laurent JENNY, « La surréalité et ses signes narratifs », dans *Poétique*, 16, 1973, p. 500.

7. Sur le code d'énonciation au début du conte, voir Michael RIFFATERRE, *Essais de stylistique structurale*, p. 15.

8. Le concept de « code » a pris dans les travaux de certains sémioticiens et critiques des extensions variées. Nous n'utilisons pas le mot « code » au sens qu'il détient dans la théorie de l'information (voir Umberto ECO, *A Theory of Semiotics*, pp. 33-45), ni au sens que BARTHES donne à ce concept dans *S/Z*, pp. 27-28. À l'exemple des travaux de Lotman et de Riffaterre, nous employons ce terme surtout comme outil heuristique pour désigner l'élaboration des systèmes sémantiques qui produisent différents niveaux de signification dans un texte. Voir LOTMAN, *La Structure...*, pp. 66-88, et RIFFATERRE, *La Production...*, pp. 113-151.

9. SP : système primaire.

Ainsi, au début du texte, *pays* contient deux germes de sens : un sens dénotatif $D_1$ (le réel) et un sens connotatif $C_1$ (l'irréel) : Pays : $D_1 + C_1$. En regardant ce simple schéma, on devine déjà le potentiel dynamique de cette structure. L'opposition entre le réel et l'irréel se joue au rythme même d'une tension dialectique entre la connotation et la dénotation. À peine amorcés, ces mouvements ouvrent la voie à la mouvance du sens dans l'œuvre.

C'est évidemment avec hésitation que le sens se manifeste au début d'un texte. Pour vérifier l'actualisation progressive du sens — si actualisation il y a —, nous allons examiner les autres occurrences de *pays*.

1) Pays : $D_1 + C_1$

2.    Pendant longtemps, un *paysage* noyé de pluie et de brume vint visiter les petites filles, tantôt l'une, tantôt l'autre, et, parfois, toutes à la fois. (32)

Dans ce passage, la transformation du *pays* en *paysage* dramatise sur le plan morphologique le passage du littéral au figuré. Métamorphosé et métaphorisé, le *paysage* subvertit le dénotatif de *pays* en basculant de plain-pied dans l'onirique — compris au sens large que ce terme prend chez Freud, à savoir les rêves diurnes, les rêveries préconscientes, les fantasmes inconscients et les rêves nocturnes[10].

Le potentiel de ce *paysage* est mis en relief par la temporalité indéfinie « Pendant longtemps » et le mode actif du verbe « vint visiter ». Par ailleurs, le sens de *paysage* se précise par le qualificatif « noyé de pluie et de brume ». Le mot noyé qui veut dire « englouti, inondé, submergé » évoque par interaction avec « vint visiter » les pouvoirs de l'inconscient. Quant à pluie et brume, ils suggèrent un espace propre à l'onirique et à l'irréel[11].

*Paysage*, alors, acquiert par un processus de métaphorisation et d'interaction contextuelle un deuxième connotateur $C_2$, celui de l'onirique. Ce

---

10. Jean Le Galliot, « Le substrat conceptuel », dans *Psychanalyse et langages littéraires*, p. 16.

11. Voir la section sur l'irréel.

qu'il faut retenir dans ce fonctionnement textuel précis, outre le sens figuré de *paysage,* c'est le mécanisme même de la métaphore qui empreint le discours du sens de sa forme. Ce sens, on le sait, se relie à la fonction de toute métaphorisation qui est d'embrayer le signe vers l'imaginaire[12].

Par ailleurs, ce qui révèle une interaction de sens dans le texte sur un plan non linéaire et trans-phrastique, c'est que le mot *pays* dans sa première occurrence, « C'était au pays », acquiert rétroactivement les sèmes de l'onirique. En opposant le littéral et le figuré, le *paysage* donne un nouvel éclairage à *pays ;* en d'autres termes, il nous incite à y chercher d'autres germes de signification. On voit alors que, dans la première séquence « C'était au pays *de* Catherine », la préposition *de* pourrait suggérer une intériorisation selon laquelle *pays* prendrait le sens de l'onirique chez Catherine. Nous pouvons alors reformuler la germination du sens au début du texte en proposant que *pays* contient trois indices de sens, soit : Pays : $D_1 + C_1 + C_2$. Nous avons déjà relevé l'opposition qui se joue entre le réel $D_1$ et l'irréel $C_1$ ; on peut tout aussi bien se demander quel rapport régira le mouvement entre $C_1$ et $C_2$.

Mais pour revenir à *paysage,* il est intéressant de signaler que ce mot médiatise au niveau de la fiction le passage à un rêve. On apprend en effet que Catherine « eut un songe » dont les composantes lexicales sont en correspondance étroite avec celle du *paysage* ci-dessus cité : « la pluie et le brouillard descendirent » et « L'image entière fut noyée ». (33)

2) Paysage : $C_2$

3.  Tout se passait fort simplement comme si deux servantes puissantes au bout de ses bras d'enfant eussent à lutter seules, interminablement, en leur vie rêche, contre le noir du *pays...* (33-34)

Il n'est plus question, dans ce passage, de brume et de pluie, de fantasmes ou de rêves. C'est un tout autre champ sémantique qui, par une surdétermination lexicale, confère un sens à *pays.* En analysant ce passage, on remarque d'abord l'antithèse : « deux servantes puissantes » s'oppose à « au bout de ses bras d'enfant » et exprime ainsi des sémèmes de la souffrance. Ces mêmes sémèmes s'actualisent par une expansion dans « lutter seules » et « interminablement » et ensuite convergent dans « vie rêche ». Il en résulte que, lorsque le « noir du pays » apparaît à la fin de la phrase, son sens est surdéterminé par le contexte ; absorbant les sémèmes qui le précèdent, le « noir du pays » prend pour signification une réalité douloureuse qui greffe à la dénotation du réel les sèmes de la souffrance.

---

12. Jean-Michel ADAM, *Linguistique et discours littéraire,* p. 161.

3) Pays : $D_1$

4.  Un hiver vint qui fut très froid où le lierre de Catherine brûla à sa fenêtre. La neige couvrit le *pays*... On manqua de bois pendant deux jours entiers. La plus petite eut la fièvre et souffrit d'un point au côté qui la fit pleurer. Le père s'enferma longtemps dans un état de fureur muette qui lui plaisait assez. (35)

C'est sans doute ce passage enneigé qui a mené Sacy dans sa préface au roman à voir dans le *pays* une réalité canadienne. En fait, si l'on tient à déterminer le sens de *pays* uniquement à partir de cette phrase, et en tenant compte du fait qu'Anne Hébert est Canadienne, on peut certes arriver à cette conclusion hâtive. Une telle interprétation implique toutefois qu'on fasse abstraction des occurrences précédentes du mot *pays* et que l'on gomme le contexte dans lequel cette phrase se situe. Une démarche inverse nous amène à déceler un tout autre parcours de sens. Il est vrai que certains signes dont l'« hiver », le « froid », le « lierre », la « neige » attestent la valeur dénotative de *pays,* mais celle-ci comme dans le passage précédent se qualifie par des signifiés supplémentaires dont « très froid », « tant de silence », la pénurie de bois, la « fièvre », la souffrance, les larmes et la solitude. Or, tous ces mots représentent des équivalences sémantiques des sémèmes d'une vie ingrate repérés ci-dessus. L'effet de ce surcodage est de souligner la marque de la souffrance qui caractérise le réel dénotatif.

4) Pays : $D_1$

5.    Les hommes de ce *pays* étaient frustres et mauvais. (37)

Il faut signaler que cette phrase se situe au dernier paragraphe du passage cité ci-dessus. S'explique dès lors la collocation de sens ou « frustres et mauvais » font écho au « silence » et à la « fureur muette » évoqués plus haut. Cette redondance, comme les autres, médiatise la structuration d'un sens autour du *pays* $D_1$.

5) Pays : $D_1$

6.    Un *pays* de brume et de forêt se levait en Catherine. Elle y retrouvait un seigneur hautain, en bottes de chasse, une fille noire, affilée comme une épine, tandis qu'un petit garçon effrayé s'illuminait soudain et prenait taille d'homme. (40)

D'où vient l'impression de déjà-vu qui se manifeste à la lecture de ce passage? Elle provient de l'écho qui retentit entre le *pays* et le *paysage.* (2) En effet l'usage métaphorique de *pays,* la répétition du mot « brume », et le parallélisme sémantique entre « se levait » et « vint visiter » établissent une concordance entre les deux passages. De nouveau, la métaphorisation de *pays* sert à diriger le discours d'un niveau dénotatif $D_1$ à un niveau connotatif $C_2$. Mais ici d'autres mots se rattachent à pays dont « forêt », « seigneur hautain », et « s'illuminait ». Or, si « seigneur » fonctionne potentiellement à un niveau dénotatif — niveau qui est ici occulté ou tout au moins marqué d'ambiguïté puisque le référent de *pays* n'étant pas précisé dans le texte toute motivation socio-historique demeure virtuelle — ce mot en conjonction avec « forêt » et « s'illuminait » renvoie au système sémantique du conte. Par cet intercodage, ce signe élargit, à un niveau latent, la puissance signifiante de *pays* en y ajoutant des sèmes de l'irréel.

$$6)\ \text{Pays} : C_2 + C_1$$

7.   Et du coup, il sembla à Catherine qu'on voulait laver son cœur d'un ardent, fabuleux château d'enfance, prisonnier d'un *pays* de brume et d'eau. (45)

Des processus analogues à ceux que nous venons de signaler se manifestent dans ce passage. Soit une redondance dans la répétition de « pays de brume » et aussi une expansion de « seigneur hautain » dans « ardent, fabuleux château d'enfance ». Ainsi les sémèmes du conte, occultés au début du roman, se manifestent explicitement dans ce passage par l'autodésignation dans « fabuleux » et, dès lors, le connoté de l'irréel $C_1$ s'installe d'une façon définitive dans le texte. Mais comme, dans le passage précédent, une certaine ambiguïté enveloppe le *pays* qui s'insère tout aussi bien dans le code onirique, « il sembla à Catherine qu'on voulait laver son cœur ». Ambiguïté où se tissent imperceptiblement mais sûrement des rapports entre l'irréel et l'onirique.

$$7)\ \text{Pays} : C_1 + C_2$$

8.   — La mère est morte toute seule, au petit matin, les enfants endormis au bord du feu ne s'en sont pas aperçus. La servante s'était enfuie... Le père est mort à son tour, dans un *pays* étranger. (52-53)

Quel est ce « pays étranger » ? Et de quelle manière s'inscrit-il dans la polysémie de *pays* ? Le « pays étranger » prend son sens à l'intérieur d'un contexte qu'il faut préciser. Ce contexte apparaît, au préalable, comme un récit : « la voix de Lucie s'élevait, seule, grisée par ses propres *paroles;* Catherine tout à fait réveillée s'était levée pour écouter le *récit* de sa sœur ». (52) Or, ce récit se caractérise fortement par les marques du conte et du raconté, voire par l'invraisemblable. On chercherait donc en vain un référent réel pour ce « pays étranger » qui, par le jeu même de l'ambiguïté sémantique dans « étranger », n'acquiert son sens que dans le vaste espace intertextuel du conte, où les pays, imaginaires, ont pour référents des lieux fictifs.

8) Pays : $C_1$

9.          — Restez avec moi, Catherine, je vous emmènerai à *Paris,* dans cet appartement que nous gardons pour la saison des concerts, Lia et moi. (63-64)

Peut-on vraiment affirmer que Paris constitue ici une variante de *pays ?* Deux raisons nous portent à le croire. Il est évident que, sur les plans phonémiques, graphiques et sémantiques, Paris est en corrélation étroite avec *pays.* Mais qui plus est, Paris représente une variante significative de *pays.* Par le truchement des métamorphoses qu'il impose à *pays,* Paris actualise un changement important au niveau de la structure narrative. Le passage de *pays* à Paris induit une transformation dans le récit : Michel et Catherine quittent les pays de leur enfance pour aller s'installer à Paris. Aussi n'est-il pas étonnant que le signe Paris, comme indice d'une mutation, mette fin à la première partie du roman et en annonce la deuxième. Par ailleurs, le mot Paris recèle des possibilités d'autres niveaux de sens à cause de la conjonction étroite qui s'établit entre Michel, Paris, la saison des concerts et Lia ; on sait qu'antérieurement Michel s'associe aux univers de l'irréel et de l'onirique. Paris alors, en terminant la première partie et en inaugurant la deuxième, s'impose comme le lieu du sens à venir où se joue le potentiel sémique de différents *pays.*

9) Paris : $D_2 + C_1 + C_2$

Dans la première partie du roman, la progression du sens à travers les manifestations textuelles de *pays* se schématise de la façon suivante :

---

le réel : D          l'irréel : $C_1$          l'onirique : $C_2$

1) pays : $C_1 + D_1, + C_2$ (rétroactivement)
2) paysage : $C_2$
3) pays : $D_1$
4) pays : $D_1$
5) pays : $D_1$
6) pays : $C_2 + C_1$
7) pays : $C_1 + C_2$
8) pays : $C_1$
9) Paris : $D_2 + C_1 + C_2$

---

Ce schéma est intéressant en ce qu'il révèle, en microcosme, une histoire dans le parcours sémantique de *pays*. Au début du roman, Catherine est à la fois ancrée dans le réel et attirée par les forces obscures de l'irréel et de l'onirique. (1 et 2) Progressivement, le pays du réel (3, 4, 5) se dévoile comme un espace marqué par la souffrance et l'aliénation. C'est alors en opposition au réel que l'irréel et l'onirique s'insinuent dans le récit (6, 7, 8) révélant par l'intermédiaire du champ sémantique de la maison des seigneurs, du prince barbare, de la brume et de la forêt, les pulsions qui s'emparent de la psyché de Catherine. À la fin de cette partie, ce conflit entre le réel, l'irréel et l'onirique se focalise dans l'espace nouveau de Paris. (9)

Mais, le plus important, c'est que ces manifestations de *pays* révèlent la primauté de l'interaction sémique dans la production du sens. Cette interaction confère un caractère polysémique à *pays* et dès lors ouvre la voie, par un processus d'engendrement textuel, à la structuration des codes du réel, de l'onirique et de l'irréel.

*<br>* *

10.   Au matin, Catherine laissa venir à elle des images du *pays* noir où le travail flambe sur le ciel, jour et nuit. (72)

Dans ce passage, le « pays noir » s'insère à l'intérieur de deux codes : dans le code du réel parce que le « pays noir » évoque celui du passage 3 et dans le code de l'onirique par le biais de « laissa venir à elle des images ». Mais affirmer cela, c'est rester en deçà d'une certaine modulation dans la progression du sens. Pour expliquer cette modulation, nous empruntons à Lotman la notion de transcodage. Essentiellement, le transcodage signifie le croisement de deux structures. Selon Lotman, même une signification minime, comme celle du signe, est le produit d'un « croisement de deux chaînes de structures en un point unique[13] ». À titre d'exemple de système de transcodage interne, Lotman cite le romantisme littéraire, où, pour dégager la signification d'un concept comme « génie », il détermine son rapport vis-à-vis d'un concept dans un autre code, en l'occurrence « foule ». En analysant ensuite « génie-foule » dans le contexte d'autres oppositions, comme « grandeur-nullité », « spirituel-matériel », il conclut, à partir du paradigme formé par ces oppositions, que celles-ci « interviennent comme variantes d'une archisignification, qui par cela même nous donne avec une approximation déterminée le contenu de ce concept dans les cadres de la structure de conscience romantique[14] ».

---

13. LOTMAN, *La Structure...*, p. 70.

14. LOTMAN, *La Structure...*, pp. 73-74.

Dans le passage que nous analysons, le « pays noir », à cause de ses occurrences précédentes, possède déjà une densité sémantique qui le situe dans le code du réel. Mais ici, une modulation de sens se produit parce que le « pays noir » surgit dans le code de l'onirique ainsi qu'en témoigne « Catherine laissa venir à elle des images ». Ce croisement des codes du réel et du fantasmagorique est significatif parce qu'il effectue un renversement de valeur au niveau du sens. Contrairement au cas de la première partie du roman, l'onirique n'émane plus du « pays de brume », mais se rattache à la réalité du « pays noir ».

$$10) \text{ Pays : } D_1 \longrightarrow C_2$$

11.   Catherine criait parfois très fort à Michel d'une voix rauque qui n'était pas de ce *pays* calme et mouillé... (73)

Dans ce passage, le *pays* se démarque à nouveau par une polysémie. Il est le signe du dénoté $D_2$, puisque « mouillé » renvoie à la pluie évoquée au même paragraphe dans le contexte d'une écriture du réel, « Lorsque la pluie défilait à longueur de journée contre les carreaux délavés » (73), et il s'insère dans le code de l'irréel et du fantasmagorique par le rapprochement entre « mouillé » et le « pays de brume et d'eau ». (45) Comme dans le passage précédent, cette jonction des codes effectue la transmutation d'un fantasmagorique baigné d'irréel en une réalité concrète. Le *pays* « mouillé », qui est en correspondance étroite avec Michel, n'est plus celui du désir puisqu'il est vigoureusement dénoncé par Catherine, comme en témoignent les mots « criait », « très fort », « voix rauque » où les sèmes négatifs sont renforcés par « n'était pas ». Cette mouvance de sens à l'intérieur de *pays* où se manifeste une vive réfutation de l'irréel corrobore le sens du passage précédent où le réel, et non plus l'irréel, représente le lieu du désir.

$$11) \text{ pays : } D_2 + C_1 + C_2 = (-)$$

12.   La rumeur de la ville, avec ses marchés criards d'odeurs, ses jours humides, ses pavés raboteux, ses grandes places éclatantes, ses *paysages* d'étain aux environs de l'eau et des ponts, ses voix humaines bien sonores, venait mourir, pareille à une vague, sous les hautes fenêtres closes. (81)

Ce *paysage[s]* marqué par les connotations du réel (« ville », « marchés », « pavés ») renvoie aux deux *pays* précédents dans la mesure où il exprime par la voie d'une absence, « venait mourir », la nostalgie et le désir d'un réel qui demeure inaccessible.

12) paysages : $D_2$ (absence)

13.  Elle aimait l'odeur de sellerie des bagages de Lia qui étaient bariolés des noms
     des *pays* étrangers où elle avait été avec son amant. Lia donna à Catherine
     deux perles brutes, pour en faire des boucles d'oreilles. (108)

Il est intéressant de remarquer que le *pays* se rattache au personnage
de Lia au moment où une amitié lie Catherine et Lia : « Catherine était
particulièrement heureuse, paisible, contentée, lorsque Lia, sans sourire, ni
parler, déroulait gravement ses longs cheveux noirs et luisants » (108). Ce
*pays* dont la pluralisation augmente sensiblement la portée signifiante fonctionne comme un connotateur de l'exotique, « pays étrangers », voire de
l'irréel par le truchement du langage : « étaient bariolés des noms ». Multiple
et distant, ce *pays* représente une extension métonymique de Lia dont le
pouvoir de fascination sur Catherine s'exerce par le biais de l'érotique : « où
elle avait été avec son amant », et de l'exotique : « Lia donna à Catherine
deux perles brutes ».

13) pays : $C_1$

14.  Un instant, sa tête appuya sur la poitrine vaste de la servante, et Catherine
     eut envie de retrouver le tendre *pays* de la mère pour y dormir. Elle pria la
     servante de veiller à la porte, afin que Michel et Lia n'entrent point. (135)

Cette allusion à *pays* est assez particulière puisque le *pays* métaphorisé
ne se relie plus à une fantasmagorie tissée autour d'un château d'enfance et
d'un prince barbare ou même de Lia, mais exprime le surgissement des
forces obscures de l'inconscient qui exercent l'attirance de la mort. « La
poitrine vaste », « le tendre pays de la mère » et « dormir » évoquent tous
un désir du néant et d'un retour par la mort au sein maternel.

14) pays : $C_2$ (la mort)

Donc, dans la deuxième partie du roman, la mouvance du sens telle
qu'elle se dégage des cinq instances de *pays* peut se schématiser de la façon
suivante :

10) pays : $D_1 \longrightarrow C_2$ (réel $\longrightarrow$ l'onirique)
11) pays : $D_2 + C_1 + C_2 = (-)$
12) paysages : $D_2$ (absence)
13) pays : $C_1$
14) pays : $C_2$ (désir de mort)

Il est intéressant de constater dans ce schéma que les manifestations textuelles de *pays* — comme celles de la première partie du roman — contiennent en abyme la matière anecdotique. Lorsque Catherine partage avec Michel le fantasme du *pays* de brume caractérisé par l'immobilité et l'oisiveté, elle invoque désespérément le réel : « Je veux courir... avec mes sœurs les plus petites ». (73) Contrairement à la première partie du roman où la dévalorisation du réel générait une valorisation de l'irréel, le *pays* noir (10) est invoqué en termes positifs. Ce renversement de valeur, c'est-à-dire cette dialectique entre l'attrait du réel et celui de l'imaginaire, s'effectue en termes de conflit et de grande tension ainsi qu'en témoignent les transformations dramatiques du sens de *pays*. (11) Ce conflit sémique, où le sens émerge en contradiction, réitère une dernière fois l'attrait de l'irréel (*pays* 13) avant de prendre la forme des pulsions de la mort qui expriment explicitement l'échec de la fantasmagorie.

*
* *

15.   L'air de cet homme est lourd et buté, un vrai *paysan*. (154)

Dans un processus analogue à celui de la mutation de *pays* en Paris à la fin de la première partie, « paysan », comme variante de *pays,* dramatise un changement de direction dans l'évolution de la fiction. Le sens étymologique du mot paysan (« de pays », paisenc, *Le Petit Robert*) se confirme par la présence des mots « lourd », « buté » et « vrai ». Dans cette expansion du sens de *pays,* morphologiquement représenté par la terminaison *an* qui signifie « de », le réel se concrétise pour englober de nouveaux *topoï* réalistes du personnage (le *paysan* s'oppose complètement au jeune seigneur) et de l'espace (la Méditerranée remplace le *pays* noir du réel et le *pays* de brume de l'irréel).

15) paysan : $D_3$

16.   Le soir, elle écrivit à sa sœur la plus petite qu'elle n'avait pas revue depuis son mariage avec Michel, lui parlant longuement du soin de la terre et des plantes en ce *pays*. (156)

En évoquant le « soin de la terre et des plantes », ce *pays* ne renforce pas seulement le sens précédent de *paysan,* mais il établit un lien implicite entre Catherine et ce nouveau *pays* du réel. Par là, il laisse deviner un rapport futur entre Catherine et le *paysan*. Par ailleurs, ce *pays* renvoie au système du réel en réintroduisant dans le texte la famille de Catherine.

16) pays : D$_3$

17.   Mais l'instant d'après, elle perdait tout pouvoir sur l'âme d'Aline, encourant
      son mépris à cause d'une longue visite que la jeune femme avait faite à une
      famille de *paysans* habitant la montagne. (157)

Ce passage réitère le sens précédent de paysan (15) et, en évoquant
la perte de pouvoir « sur l'âme d'Aline », présage la rupture entre les deux
femmes. Ce détachement de la part de Catherine vis-à-vis d'Aline annonce
la fin des vestiges de l'irréel et de l'imaginaire.

17) paysans : D$_3$

18.   Elle dit que l'été de ce *pays* ne se montre jamais tout à fait... (159)

19.   Qui t'a raconté ces choses, Aline? Tu n'es pas de ce *pays* et tu ne te mêles
      guère aux gens d'ici? (159)

Dans ces deux citations l'aspect concret de *pays* est renforcé par le
démonstratif *ce* et, de nouveau, le réel dénotatif se circonscrit à l'intérieur
d'un univers qui exclut toute appartenance au domaine de l'irréel comme
en témoignent les négatifs « tu n'es pas de ce pays » et « tu ne te mêles
guère ».

18) pays : D$_3$

19) pays : D$_3$

20.   Des femmes pâles et bistrées, toutes en noir, qui étaient du *pays,* vinrent
      prier auprès du corps d'Aline. Elles suivirent en mantille le cortège, sous le
      soleil, derrière Catherine et Bruno, jusqu'à l'église, puis au cimetière. (177)

On comprend que, dans ce passage, le *pays* du réel mette en scène la
mort d'Aline puisque celle-ci représente le dernier lien entre Catherine et
la « maison des seigneurs », c'est-à-dire entre Catherine et l'irréel. Mais
en évoquant par une mort la fin d'une étape, d'un passé et d'un espace, ce
*pays* annonce aussi la nouvelle conjonction entre Catherine et Bruno,
conjonction qui s'établit au sein du réel.

20) pays : D$_3$

21.   « Tout est noir », songea-t-elle, évoquant le *pays* d'enfance de Michel et Lia
      d'où elle s'était échappée comme une taupe aveugle creusant sa galerie vers
      la lumière. (179)

Il n'est pas étonnant que cette occurrence de *pays* vers la fin du roman délaisse le présent de la fiction pour évoquer, par le biais d'une photo, le *pays d'enfance*. Ce renvoi aux codes de l'irréel et du fantasmagorique est significatif dans le parcours du sens pour deux raisons. Tout d'abord parce qu'il rend évident une série d'oppositions où le *pays d'enfance* se caractérise par l'obscurité et l'emprisonnement. En fait, cette antithèse entre *pays d'enfance* et *pays du réel* s'actualise par le truchement d'un surcodage sémique qui redit cette opposition sous différentes formes :

| *pays d'enfance* | *pays du réel* |
|---|---|
| « tout est noir » : obscurité | « vers la lumière » |
| « s'était échappée » : emprisonnement | liberté |
| « taupe aveugle » : privé de vue | « creusant » : mouvement vers la lumière et la liberté |

Deuxièmement, cette évocation du *pays d'enfance* a pour effet de renouer avec les codes de l'irréel et de l'onirique et, ce faisant, d'instaurer dans le texte une circularité qui empêche une polarisation trop définitive du réel et de l'irréel. Car, même s'il est vrai que le *pays du réel* surgit victorieusement à la fin du roman, il ne gomme pas entièrement la trace du *pays d'enfance* qui demeure pour Catherine « cette part secrète… où passait parfois l'ombre dévastée des chambres de bois ». (179)

$$21) \text{ pays} : [C_1 + C_2] -$$

22. Il lui offrit encore de petits citrons amers, des oursins violets, des baies sauvages.
    Catherine parla des fraises du nord qui ravissent comme pas un fruit de ce *pays* grillé. « Rien ne me lie plus à Michel, pensait-elle, et si je commets l'injustice c'est envers cet homme-ci. » (181-182)

Pour saisir la portée sémique de *pays* dans ce passage — où de prime abord ce signe semble investi du seul sens dénotatif $D_3$ — il faut signaler deux allusions dans le texte à des « fraises ». On se rappellera que, lorsque Catherine est enfermée dans l'appartement de Michel, elle s'amuse à imiter les appels du marchand de fraises :

> La servante partie, il lui arrivait de crier, les mains en porte-voix, mordant dans les mots, selon le rythme et la rude intonation du marchand de *fraises* qui passait en juin sous ses fenêtres :
> — Des *fraises*, des *fraises*, des belles *fraises !* (78)

Par ailleurs, lorsque Lia parle à Catherine de l'enfance de Michel, elle mentionne des cueillettes de fraises :

> Lia parla du mal que la lumière fit à Michel dès sa plus tendre enfance, alors que la servante les emmenait, tous deux, sous de larges chapeaux de paille, cueillir des *fraises* à même la forte passion de la terre de juillet. (96)

Ainsi, de part et d'autre, les « fraises » s'insèrent, quoique subrepticement, dans l'univers de Michel, à savoir celui de son enfance et celui de son existence dans les chambres de bois ($C_1 + C_2$). Ce n'est qu'en réinvestissant, c'est-à-dire en réactivant, ce sens dans le syntagme « Catherine parla des fraises du nord qui ravissent comme pas un fruit de ce *pays* grillé » que le lecteur perçoit l'antithèse sous-jacente dans cette dernière évocation de *pays*. Car, si l'allusion aux « fraises du nord qui ravissent » renvoie à l'univers de Michel et si, en fait, elle laisse entendre une certaine nostalgie pour cet univers chez Catherine, ce n'est que pour mieux exprimer l'opposition entre Michel et Bruno, opposition qui se dénoue en faveur de Bruno, comme l'indiquent les marques négatives : « Rien ne me lie plus ». Toutefois, comme dans le passage précédent (*pays* 21), cette mention de *pays* à la fin du roman réinscrit, par l'allusion à des fraises et par le processus même de la négation, la présence de l'onirique et de l'irréel dans le texte.

$$22)\ \text{Pays} : D_3 - [C_1 + C_2]$$

Dans la troisième partie du roman, le parcours textuel de *pays* se schématise de la façon suivante :

---

15) paysan : $D_3$
16) pays : $D_3$
17) paysans : $D_3$
18) pays : $D_3$
19) pays : $D_3$
20) pays : $D_3$ (la mort d'Aline)
21) pays : $[C_1 + C_2]$ —
22) pays : $D_3 - [C_1 + C_2]$

---

Comme dans les deux premières parties du roman, ces manifestations de *pays* recèlent en microcosme la progression du sens par lequel l'histoire se construit à l'intérieur de *pays*. La variante de *pays* — *paysan* (15 et 17) — exprime deux fois, comme nous l'avons vu, la présence d'un *nouveau code du réel*. Une fois instauré, celui-ci se consolide en rejetant les derniers vestiges du passé, incarnés par la servante Aline. Et enfin, le *pays d'enfance* (21) et (22) réapparaît dans le texte marquant, par la voie même du reniement, la trace ineffaçable de sa présence.

Mais dans notre recherche, la polysémie de *pays* et l'acquisition progressive de son opacité sémantique s'avèrent plus importantes que la condensation de l'histoire dans ce mot. Comme nous l'avons constaté plusieurs fois, les sens de *pays* ne découlent pas uniquement des signifiés du système primaire de la langue, mais se construisent à l'intérieur du texte, au niveau du SMS, par des interactions sémiques.

Dans *Les Chambres de bois* cette pratique s'effectue à partir d'un mouvement de génération qui s'amorce dès le début du roman. La production textuelle qui en résulte se caractérise de plusieurs façons. D'abord par l'actualisation abondante des sèmes de *pays* qui, dans l'incipit « C'était au pays de Catherine... », possède en germe les signifiés du réel, de l'irréel et de l'onirique. Ces effets de sens, précaires dans leur premier surgissement, se confirment petit à petit dans le texte actualisant dès lors le potentiel générateur de *pays*. C'est par le biais de cette dissémination que le texte, comme Derrida le précise, « *s'écrit et se lit*, présente lui-même sa propre lecture, présente sa propre présentation et fait le décompte de cette opération incessante[15] ». Il faut souligner toutefois que, par cette dissémination, ce n'est pas seulement le sens qui se répercute dans le texte, mais la forme de ce sens. Comme structure signifiante la polysémie, qui sur le plan de la structure globale se mue en une multiplanéarité, marque par son déploiement abondant la facture du texte. En s'instaurant par le croisement — et le conflit — des niveaux connotatifs et dénotatifs, la polysémie subvertit toute possibilité de sens unique et clôturé[16]. Elle se caractérise, en outre, par des mouvements de condensation et d'expansion. Ce fonctionnement du sens où le réel, l'irréel et l'onirique se subsument dans *pays* actualise la première pulsion signifiante d'un sens multiple. Mais cette condensation donne lieu à une expansion puisque *pays* dans presque toutes ses occurrences acquiert contextuellement des signifiés supplémentaires qui en élargissent

---

15. DERRIDA, *La Dissémination...*, p. 326. C'est Derrida qui souligne.

16. C'est dans cette polysémie que BARTHES voit une revendication du concept de la connotation. Voir *S/Z*, p. 14 : « Il faut donc sauver la connotation de son double procès et la garder comme la trace nommable, computable, d'un *certain* pluriel du texte. » C'est Barthes qui souligne.

sensiblement la portée sémique. Le « pays de brume », par exemple, contient toujours par condensation les sémèmes de l'irréel annoncés au début du roman ; mais, par le truchement de nouveaux champs sémantiques, comme ceux du château, du seigneur, de la forêt, de la nuit, il prend une densité de plus en plus marquée. Donc, production, dissémination, condensation et expansion sont les marques de l'acquisition progressive du sens dans les occurrences multiples de *pays,* occurrences dont l'analyse nous a permis d'*entrer* dans le texte et, par là, d'accéder à ses structures signifiantes.

# 3. Le réel

Ce que toute une littérature moderne nous a appris de manière décisive, c'est notamment l'idée qu'en un récit, la fiction, loin de singer un quotidien quelconque, se développe selon de singulières lois spécifiques.

RICARDOU.

SI LE MOT *pays* acquiert par un transcodage sémantique trois effets de sens, soit le réel, l'onirique et l'irréel, la question se pose maintenant de savoir comment s'effectue l'embrayage du sens au niveau de la polysémie du signe à celui de la polysémie des structures sémantiques dans le texte entier. En abordant notre analyse, nous avons observé que *pays* renforcé par *ville* signifie d'abord par le biais d'une dénotation qui a pour effet d'instaurer dans le texte une illusion référentielle ; comme dénotateur du lieu, *pays* constitue, selon les critères proposés par Philippe Hamon, une des marques premières d'un réalisme textuel[1]. Mais, outre la répétition de *pays* (au sens dénotatif), comment ce réalisme se manifeste-t-il dans le roman ? Comment, en d'autres termes, les réseaux lexicaux produisent-ils pour le lecteur l'illusion du réel ?

Une lecture attentive du début du texte révèle que certains passages dont, par exemple, « les femmes essuyaient sur les vitres des maisons les patines des feux trop vifs de la nuit » (27) ou bien « le carrelage de la cuisine luisait comme un bel échiquier noir et blanc » (27) se caractérisent par une banalité et par un prosaïsme qui peuvent susciter chez le lecteur l'indifférence ou l'oubli. Au lieu de reléguer ces détails à l'anodin, comme on serait tenté de le faire, il faudrait se demander plutôt quelle pourrait être leur pertinence, si pertinence il y a, dans la structuration du sens.

---

1. Philippe HAMON, « Un discours contraint », dans *Poétique,* 16, 1973, pp. 411-445. Parmi les procédés qui constituent des critères du discours réaliste, Hamon désigne les indicateurs de lieux ; voir p. 426.

Autrement dit, il faudrait chercher, comme Barthes le suggère, « la signi-fication de cette insignifiance[2] ». Paradoxalement, cette signification provient de la minceur sémantique des signes :

> Sémiotiquement, le « détail concret » est constitué par la collusion *directe* d'un référent et d'un signifiant ; le signifié est expulsé du signe, et avec lui, bien entendu la possibilité de développer une *forme du signifié...* C'est là ce que l'on pourrait appeler *l'illusion référentielle...* la carence même du signifié au profit du seul référent devient le signifiant même du réalisme[3].

Ainsi, selon Barthes, l'insignifiance est à la source même d'une signification qui transcende le sens premier des mots ; en instaurant dans le texte un *effet de réel,* le détail anodin se révèle primordial au réalisme textuel. Il découle de cette constatation que les notations anodines que nous avons relevées dans *Les Chambres de bois* constituent par le truchement de leur insignifiance, par leur monosémie ainsi que par leur valeur dénotative, des manifestations du code du réel. Elles confirment par là non seulement le potentiel géné-rateur de la dénotation dans *pays,* mais, par le biais des sèmes de l'espace et du concret, ces notations *réalistes* dévoilent les traces occultées de leur présence dans le titre *Les Chambres de bois.*

Il est évident que le code du réel ne se construit pas arbitrairement. Hamon a raison de le dire : le discours réaliste est toujours « contraint » et toujours relié à une certaine « lisibilité[4] ». Par ailleurs, ce code ne s'éla-bore certainement pas selon une ressemblance quelconque à un hors-texte étant donné l'impossibilité des mots de « singer » une réalité extérieure[5]. C'est alors par la collocation des mots autour d'un signifié central qu'une isotopie du réel se dégage du texte[6]. Attestant une surdétermination séman-tique, cette collocation représente en fait l'élaboration d'un système descrip-tif à l'intérieur duquel « les signifiants [sont] associés les uns aux autres selon la structure d'un signifié central, ses associations étant elles-mêmes... si bien concaténées qu'un signifiant quelconque de ce système peut servir de métonyme [*sic*] à l'ensemble[7] ». À ce titre, les mots qui sont des indices du lieu comme « chambres de bois », « pays », « ville », « maisons »,

2. Roland BARTHES, « L'effet de réel », dans *Communications,* n° 11, 1968, p. 85.

3. BARTHES, « L'effet... », p. 88. C'est Barthes qui souligne.

4. HAMON, « Un discours... », pp. 422-445.

5. Selon l'expression de Jean RICARDOU, *Pour une théorie du nouveau roman,* p. 227.

6. Voir RIFFATERRE, *La Production...,* p. 179 : « Il n'est question que de constater comment les phrases, à mesure qu'on les déchiffre, semblent engendrées de manière néces-saire ; de constater comment l'énoncé, loin de se modeler sur un objet non verbal, se plie aux impératifs d'associations sémantiques et formelles entre les mots. »

7. Michel RIFFATERRE, « Modèles de la phrase littéraire », dans Pierre LÉON *et al., Problèmes de l'analyse textuelle,* p. 139.

« campagne » et les mots qui renvoient à des éléments concrets comme
« fourneaux », « vitres », « carrelage », « cuisine », « vin », « tabac »,
« fauteuil » s'inscrivent à l'intérieur d'un vaste système descriptif dont le
sens noyau est celui du réel.

Pour voir comment ce système se structure dans le texte nous allons
continuer à en repérer les manifestations dans la première lexie. Ensuite,
par le moyen d'une typologie, nous proposerons un schéma des éléments
principaux du code du réel dans la première partie du roman.

Suite au titre, à *pays* et aux détails que nous avons cités, nous lisons
que « Catherine ne s'était jamais laissée devancer par le travail et le temps »
parce qu'il y avait trois petites sœurs qu'il fallait « nourrir, laver, peigner,
habiller et repriser ». (27) Ces détails mettent en relief des sémèmes du
réel par le truchement d'associations stéréotypées puisque l'expression concrète
et détaillée du travail quotidien représente un des signifiés littéraires du
texte réaliste. Cette même isotopie du travail, ancrée dans la description
d'objets concrets, réapparaît à la page suivante :

> On manquait de tout dans la maison, parce qu'il n'y avait personne pour
> faire les commissions. Les petites firent toutes les courses pour l'oncle qui
> les avait invitées pour cela. (28)

Mais en plus du lieu, du travail, de l'évocation des objets tangibles,
il y a encore d'autres associations stéréotypées qui actualisent les sèmes du
réel, notamment l'encadrement familial et les allusions au temps. En effet,
les références à « la mort de la mère », aux « trois petites sœurs », au
« père qui se retirait en sa solitude » (27) et à l'« oncle âgé » (28) accen-
tuent l'effet de réel. De même la description de la chaleur opprimante de
l'été, « il y eut un été si chaud et si noir que la suie se glissait par tous
les pores de la peau » (27-28), sert à vraisemblabiliser le récit. On constate,
dès lors, que le code du réel ne se construit pas seulement par une isotopie
unique ; il risquerait, dans ce cas-là, de sombrer dans la non-pertinence. Il
se construit plutôt petit à petit par le biais de plusieurs champs sémantiques
qui se conforment tous au signifié du réel comme le démontre la typologie
suivante (cette liste n'est pas exhaustive, son but étant seulement de démontrer un certain fonctionnement textuel) :

TYPOLOGIE DU RÉEL : PREMIÈRE LEXIE

---

*lieu*
chambres de bois (titre), pays, ville, maisons, cuisine (27), campagne, village (28)

*temps*
il y eut un été si chaud et si noir (27-28), le feu de l'été, l'automne venu, la campagne
mouillée (28)

*éléments concrets*
fourneaux, vitres, fenêtres, carrelage (27), vin, tabac, fauteuil (28)

*action*
essuyaient sur les vitres..., il fallait nourrir, laver, peigner, habiller et repriser (27), les petites firent toutes les courses..., Catherine... s'entêta à chercher... de quoi recoller un fauteuil écroulé (28)

*cadre familial*
la mort de la mère, trois petites sœurs après elle, le père (27), un oncle âgé qui ne travaillait plus (28)

---

Après la première lexie, le code du réel continue à se construire dans le texte par l'intermédiaire des mêmes catégories sémantiques :

TYPOLOGIE DU RÉEL : PREMIÈRE PARTIE

---

*lieu*
campagne (32), l'école (33), maison (34), pays (35), les rues raboteuses (35-36), la ville, la maison (36), la salle de l'école (38), maison, campagne (40), maison (41), le parc (42), les rues (43), le parc, la maison (44), ville (45), ville, maison (46), maison (47), maison (51), ville (52), ville (62), maison, la salle, maison du père (63), Paris, appartement (64)

*temps*
Un hiver vint qui fut très froid, La neige couvrit le pays, Au sortir de l'hiver, Dès le premier soleil (35), des longs soirs d'été (37), Il y avait des feuilles jaunes qui tombaient (42), il fait calme et beau, ce soir (45), automne (46), Il fait doux, Catherine, laisse le soleil entrer (55), la terre d'automne (59)

*éléments concrets*
Une fois le vin, le tabac, le bois, la farine, le sucre et le sel rentrés... le vieux coucou... l'huile (32), le linge, les meubles (34), On manqua de bois (35), le piano (38), une lettre, linge (41), les étalages et les boutiques..., des fleurs, des robes et des bijoux (43), deux feuilles mortes..., la lettre (54), un collier et ce grand châle brodé (55)

*action*
lorsque tout fut lavé et rangé (32), Le père au travail, les sœurs à l'école..., Catherine penchait un visage d'innocente sur la tâche quotidienne (33), Les signes noirs des pas furent lavés à mesure devant les portes (35), désirant s'occuper de la maison (36), lavait du linge (41), Catherine qui bordait ses petites sœurs endormies (47), Elle parla aussi du père dont le travail touchait à sa fin (48), Lucie reprenait la haute main sur la maison (52)

*cadre familial*
l'oncle renvoya ses nièces..., Catherine et ses sœurs, lorsque le père était endormi, un seul champ de sœurs couchées (32), La mort de la mère, l'enfance arrachée, filles-enfants, La voix rare du père, Le père au travail, les sœurs à l'école (33), La plus petite eut la fièvre,

Le père s'enferma longtemps, Lucie était devenue plus grande que Catherine, Elle porta la plus petite sur ses épaules (35), Lucie pensa que le père se faisait vieux, Lucie fit couper ses nattes et les porta à son père, La sœur du père s'appelait Anita (36), Au sujet de ses nièces, elle était d'avis que l'on mariât l'aînée, tandis que la cadette prendrait sa place à la maison (37), Catherine dut courir après ses petites sœurs qui avaient déjà quitté l'école (39), Catherine retourna chez elle avec ses sœurs après la représentation..., l'année de la mort de maman (40), On entendait son rire se mêlant à celui des enfants (42), face à ses sœurs et à Anita (43), Elle parla aussi du père dont le travail touchait à sa fin et qui n'avait que faire de quatre filles en sa maison (48), Catherine se rapprocha de sa tante (49), Catherine tout à fait réveillée s'était levée pour écouter le récit de sa sœur (52), Le lendemain matin, Anita frappa très tôt (54), Anita tendit des choses à Catherine (55), Dès après le départ du père, Catherine montait en voiture aux côtés d'Anita (57)

Cette typologie qui recouvre, avec celle de la première lexie, un tiers du roman révèle comment les signes constituent un code du réel (qui est complètement différent, par exemple, du code de l'irréel que nous analyserons plus loin) et aussi comment ils produisent l'illusion d'une représentation du réel. Et, si cette illusion demeure convaincante pour le lecteur, ce ne saurait être à cause de la transcription littéraire d'une réalité extratextuelle — comme la lecture de Sacy nous donnerait à le croire — mais plutôt parce que les mots, surdéterminés à l'intérieur d'un système descriptif, s'organisent d'une façon tout à fait cohérente à l'intérieur du champ sémantique du réel. On constate toutefois que, même sur le plan d'un seul code, en l'occurrence le réel, deux opérations gouvernent l'acquisition du sens : soit une génération sémantique à partir de la dénotation de *pays,* soit la structuration du code du réel par la collocation des mots. Il ne faudrait pas croire toutefois que ces opérations sont indépendantes ou bien successives dans l'ordre du texte. Comme les divers mécanismes à l'intérieur d'une horloge, chaque opération fonctionne à l'intérieur du système global qui la contient. Et si, pour les besoins de l'analyse, nous séparons les codes dans le texte et les règles qui les gouvernent, cele ne nie en rien le présupposé fondamental exprimé par Lotman auquel nous adhérons complètement, à savoir que « Le texte artistique représente un système complexe, construit comme la combinaison d'ordonnances générales et locales de différents niveaux[8]. »

Après avoir mis en évidence le lexique qui structure le code du réel, il faut se demander quels sont les effets de sens qui découlent de cette structure sémantique ? Autrement dit, en quoi le code du réel est-il de nature à modifier notre lecture ? Pour répondre à ces questions il faut d'abord reconnaître, d'autant que ce code est immanent au texte, qu'il contrôle le processus de décodage entrepris par le lecteur. Celui-ci, en fait, est contraint d'intégrer le code du réel à l'expérience de sa lecture s'il veut rester fidèle

---

8. LOTMAN, *La Structure...*, p. 347.

à la spécificité du texte. C'est alors par le truchement des signes — de leur redondance et de leur collocation — que le réel se transforme en code de lecture. En même temps, ce code sert aussi à médiatiser la *représentation* d'un univers fictif : le lieu, le temps, les éléments concrets, l'action et le cadre familial se combinent pour construire la charpente d'un hétérocosme fictif. Par ailleurs, s'il est vrai que, dans un texte littéraire, le sens n'est que la somme totale de ses structures sémantiques[9], il n'est pas surprenant que, dans *Les Chambres de bois,* le code du réel médiatise une thématique capitale à la structuration d'un sens global, en l'occurrence la thématique du réel.

Pour mettre ceci en évidence, il suffit d'examiner la vision que Catherine détient du réel. Dès le début de la première partie du roman, cette vision se caractérise surtout par son aspect négatif. Le texte révèle que Catherine perçoit le *pays* du réel comme un lieu hostile à cause de son climat : « il y eut un été si chaud et si noir que la suie se glissait par tous les pores de la peau » (27-28), et aussi « Un hiver vint qui fut très froid où le lierre de Catherine brûla à sa fenêtre... On manqua de bois pendant deux jours entiers ». (35) Quant à la vie quotidienne, Catherine l'entrevoit comme étant pénible et solitaire : « Le père au travail, les sœurs à l'école, Catherine penchait un visage d'innocente sur la tâche quotidienne. Tout se passait fort simplement comme si deux servantes puissantes au bout de ses bras d'enfant eussent à lutter seules, interminablement, en leur vie rêche, contre le noir du pays ». (33-34) Si pour Catherine la vision du réel s'avère une vision largement négative, il n'est pas étonnant qu'elle soit de plus en plus attirée par les puissances inconscientes du rêve et de l'irréel.

Cet attrait se manifeste d'abord sous la forme d'un conflit entre le réel et l'irréel : « Catherine, la première, selon la gravité de son droit d'aînesse, rangea la maison des seigneurs, très loin en son cœur, là où dormaient les objets lourds et sacrés. » (33) Dans ce passage, le réel s'exprime en termes de « gravité », « droit d'aînesse », « rangea ». Or, ces mots possèdent tous, à un niveau latent, le sens d'une répression de désirs inconscients. Ces désirs, par contre, trouvent leur expression sémantique dans « la maison des seigneurs », « très loin en son cœur » et « là où dormaient les objets lourds et sacrés ». L'opposition entre ces deux isotopies met en relief le dynamisme du conflit qui se joue entre le réel et l'inconscient. Toutefois, Catherine devient de plus en plus attirée par des désirs inconscients : « Elle désira donner asile au rêve et devint lointaine, pleine de défi et de mystère comme celle que flaire un prince barbare en secret ». (37) Envoûtée par le rêve, elle finit par opter pour l'onirique et l'irréel en quittant sa maison, sa ville, sa famille et son travail, bref les éléments qui constituent le réel,

_____

9. LOTMAN, *La Structure...,* pp. 345-346.

pour aller à Paris avec Michel. Plusieurs détails du texte signalent qu'il s'agit effectivement d'une fuite vers l'irréel et le songe. La scène, qui précède ce départ, se déroule la *nuit* (nous verrons plus loin que la nuit fonctionne dans le système sémantique de l'irréel), devant la *maison* de Catherine (une frontière du réel qu'elle abandonne) pendant que Michel lui « chuchotait ses étranges paroles contre le visage ». (63) Il faut souligner que ces paroles sont « étranges » parce que leur sens métaphorique et hyperbolique les inscrit à l'intérieur d'un discours fictif, voire d'un discours imaginaire : « Il parla de la solitude de la ville pierreuse, du vent sur la place, de l'homme qui est sans gîte, ni recours, de la violence du sang chez les filles qui se damnent ». (63) Et, comme si la métaphorisation dans ce discours et l'autodésignation dans « étranges » n'étaient pas une preuve suffisante de la présence de l'irréel, le texte précise que Catherine subit un véritable vertige : « « On dirait que j'ai le vertige », songeait-elle ». (63)

Ainsi dans la première partie du roman, le thème du réel, s'exprime sous les formes d'un refus et d'une fuite. D'autant que Catherine perçoit la réalité comme une expérience insatisfaisante et aliénante, il n'est guère étonnant qu'elle choisisse de vivre au niveau de la fantasmagorie. Ce conflit entre le réel et l'irréel peut se concevoir selon une perspective freudienne (que nous désirons signaler comme un niveau supplémentaire de signification) en termes d'opposition entre le principe de réalité et le principe de plaisir. En renonçant au principe de réalité qui s'exprime dans le texte sous les modes de la famille, du travail et du lieu, Catherine refuse de s'adapter aux contraintes qui sont imposées par la réalité. Par contre, en cédant à l'attrait de la fantasmagorie, Catherine se livre au principe de plaisir. La présence de ce niveau de signification — que d'autres critiques voudront peut-être creuser davantage — s'avère pertinente à notre étude du code du réel parce que cette présence confirme le pouvoir des mots d'organiser des structures signifiantes qui traversent dans un même mouvement diverses couches du texte et de notre lecture.

Dès que nous nous proposons de mettre en évidence les catégories lexicales du réel dans la deuxième partie du roman, nous nous heurtons à un aspect problématique de notre démarche. Nous venons de voir que le code du réel débouche à la fin de la première partie sur ceux de l'irréel et de l'onirique par l'intermédiaire du discours métaphorique de Michel, de mots comme nuit, étrange, et vertige et de la mutation sémantique de *pays* à Paris. Nous venons aussi de constater que le corollaire fictif de ce déplacement sémantique est que Catherine quitte l'espace du réel pour partir avec Michel à Paris. Si l'on tient compte de cet embrayage du discours du réel vers celui de l'onirique et de l'irréel, comment pouvons-nous continuer à mettre en évidence la présence du code du réel ? La possibilité même d'une telle mise en évidence, dont les éléments sont d'ailleurs abondants, nous renseigne sur un certain fonctionnement textuel. Car, si le texte nous situe à la fin de la première partie aux niveaux de l'onirique et de l'irréel pour ensuite nous replonger à certains moments de la deuxième partie dans le code du réel, cela implique nécessairement que le réel, l'irréel et l'onirique se combinent à l'intérieur d'une structure qu'il n'est pas aisé de déconstruire. Qui plus est, cette imbrication des codes signale que le texte signifie par le biais de cette pluralité. À cet égard, les procédés de notre analyse sont révélateurs : il nous a été impossible de repérer le réel dans le texte sans tenir compte de l'irréel. C'est ainsi que, en pleine conscience de la pluralité indivisible du texte, nous allons maintenant schématiser les occurrences du réel, telles qu'elles se manifestent dans la deuxième partie du roman.

TYPOLOGIE DU RÉEL : DEUXIÈME PARTIE

*lieu*
l'appartement de Michel, des pièces fermées (67), la grande cuisine qui servait aussi de salle à manger (68), l'appartement (69), dans un coin éloigné de la pièce, derrière un paravent de paille (71), Cela lui faisait une petite maison de paille (74), le petit cabinet de toilette qui était tout en glaces (77), Catherine faisait le tour de l'appartement (78), ces deux seules pièces lambrissées de bois, Entre les deux chambres se glissait un mince couloir sombre et nu qui menait au cabinet de toilette, La rumeur de la ville…, en cet abri couleur de cigare brûlé (81), l'odeur de l'appartement, Elle entra dans la cuisine (94), en sa maison (97), la ville poreuse…, l'escalier noir et les chambres de bois odorant (98), appartement (99), les volets tirés sur l'appartement (102), l'appartement (103, 107), la cuisine (109), le minuscule appartement (117), l'appartement (118, 121), la pièce (127), l'appartement (130), la chambre de Catherine (136)

*temps*
L'hiver ruissela sur la ville (72), Lorsque la pluie défilait à longueur de journée contre les carreaux délavés (73), ce monde captif sous la pluie (76), le monde endormi sous l'hiver et la pluie (78), Ces jours humides (81), soleil (89), tout le grand soleil bleu sur la ville poreuse (98), L'été s'achevait (101), L'été respirait son haleine nocturne (102), Un soir qu'il pleuvait beaucoup (108), Elle vint un soir d'hiver (118), L'automne passa puis, au milieu de l'hiver, Catherine devint très malade (129), Lorsque le pâle jour d'hiver fut tout à fait tombé (135)

*éléments concrets*
les malles, les caisses, la poussière…, le café, les sandwiches, le lit de Michel (67), du café, un moulin, des allumettes, du lait, des tasses, du pain, du beurre, des assiettes, des couteaux (68), elle désira régner sur les arrivées de sucre et la consommation du café, sur les toiles que l'on lave, repasse et plie. Elle demanda des balais de couleur et du savon noir (76), Mais Catherine s'ennuyait des marchés de légumes, de fleurs et de fruits (78), les objets, meubles et bibelots contrariés en tous sens (87), les légumes (96), les objets et les meubles de la cuisine (97), les cigarettes au tabac du coin…, la salade, les carottes, les poireaux (98), Lia refusa le vin, la viande, le café et tous les condiments (104), le café (127), Des verres, des livres, des cigarettes, des cendriers débordants (129)

*action*
elle pensa qu'il fallait trouver du café, etc. (68), Elle tenta de mettre de l'ordre (69), Je veux courir à perdre haleine, pieds nus dans les flaques (73), elle désira régner sur les arrivées de sucre et la consommation du café, sur les toiles que l'on lave, repasse et plie. Elle demanda des balais de couleur et du savon noir (76), Le marché, les repas... oui, c'est cela! J'aimerais faire un grand gâteau pour la Fête des Rois! (83), Catherine prépara le café et le servit à Lia (94-95), Catherine commença de laver la salade à grande eau, puis elle se décida à éplucher les carottes et les poireaux (98), Elle prépara le repas et mit le couvert avec beaucoup de soin (99), Elle traversa la pièce, fit du feu, et prépara le café (127)

*cadre familial*
Je veux courir à perdre haleine, pieds nus dans les flaques, avec mes sœurs les plus petites (73), Catherine retrouvait... quatre filles sœurs portant des peignes et des cheveux flottants (85)

---

En examinant cette typologie, on constate d'emblée qu'une pratique identique à celle que nous avons décelée dans la première partie régit la production du sens, soit, que les mots créent par leur prosaïsme un *effet de réel*, qu'ils constituent par une redondance lexicale un code du réel et que ce code érige un univers fictif et médiatise en même temps le thème du réel. On constate aussi que, même si les catégories lexicales du réel sont identiques à celles de la première partie, des modulations sémantiques se manifestent à l'intérieur des catégories de l'action et du cadre familial. On se souviendra que, dans la première partie, le travail s'exprime en termes de « deux servantes puissantes au bout de ses bras d'enfant », d'une « vie rêche » et du « noir du pays » (34). En revanche, dans la deuxième partie, le travail est perçu par Catherine en termes positifs : « elle désira régner sur les arrivées de sucre et la consommation du café, sur les toiles que l'on lave, repasse et plie » (76), et plus loin « elle ne désirait rien tant que de s'occuper elle-même de son ménage ». (99-100) Parallèlement, tandis que, dans la première partie, Catherine veut quitter ces trois petites sœurs « qu'il fallait nourrir, laver, peigner, habiller » (27), dans la deuxième partie, elle avoue qu'elle aimerait « courir à perdre haleine, pieds nus dans les flaques, avec [ses] sœurs les plus petites ». (73) Ces inversions de valeur, dont nous avons déjà relevé la présence dans l'analyse de *pays,* sont importantes parce qu'elles signalent un système d'inversion qui modifie sensiblement le thème du réel. Or, le texte lui-même nous propose une expression métaphorisée de cette inversion dans l'image du miroir : Catherine « s'interrogeait dans la *glace* au sujet de la ressemblance que Michel désirait qu'elle eût avec un portrait d'infante, une pure fille de roi ». (85) Comme réponse à cette interrogation, le miroir renvoie à Catherine une image *inversée* qui représente le reflet réel de l'irréel : « Mais, en guise d'infantes, Catherine retrouvait souvent, claires et vivantes... surgissant autour de la lampe et répandant des odeurs de café et de pain grillé, quatre filles sœurs portant des peignes ». (85) Par une série d'oppositions, ce passage révèle la présence d'une polarisation entre les codes du réel et de l'irréel qui se réunissent et se divisent dans l'unicité double de la glace, c'est-à-dire dans l'unicité double de l'ir/réel.

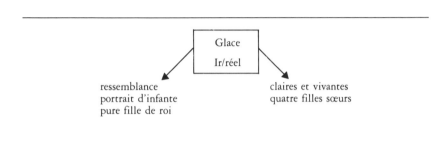

Il faut rappeler que Catherine perçoit dans ce miroir son propre reflet de « filles » « claires et vivantes » puisqu'elle n'a que trois sœurs.

Cette métaphore, qui réunit en une seule image le réel et l'irréel, est significative au niveau du thème du réel parce qu'elle met en relief le concept de la *perception* par le personnage de la réalité. Il ne s'agit pas, en effet, de la présence d'une réalité tangible et immuable, mais plutôt de la vision qu'a le personnage de cette réalité. Et c'est par le biais de cette vision que se produit un changement radical dans le thème du réel. En effet, à la fin de la première partie du roman, Catherine renonce à tous les éléments qui constituent la réalité, notamment le travail, la famille et le lieu. Or, dans la deuxième partie lorsqu'elle partage avec Michel une vie de songe, elle éprouve une nostalgie pour le réel : « Au matin, Catherine laissa venir à elle des images du pays noir où le travail flambe sur le ciel, jour et nuit. Elle pensa longuement à cette honte qu'elle partageait avec Michel de pouvoir dormir à loisir sans que jamais le pain vienne à manquer ». (72) À ce désir de retrouver le *pays* noir et le travail, se greffe celui de s'approprier des éléments tangibles : « Elle demanda des balais de couleur et du savon noir » (76), et plus loin « J'aimerais faire un grand gâteau pour la Fête des Rois ! » (83) Mais vouée par son mari au songe et à l'immobilité, peu à peu Catherine perd contact avec la réalité et elle se transforme selon le désir de Michel en une *idole* : « tu as maintenant l'air d'une idole, avec tes prunelles bleues enchâssées dans le noir comme des pierres précieuses ». (92) Ainsi le principe de plaisir étroitement relié à la pulsion de mort semble émerger triomphant du conflit avec le principe de réalité : réifiée Catherine partage avec Michel et Lia une existence qui se situe hors du temps et de l'espace réels. Que cette emprise fantasmatique soit partielle, le texte lui-même le révèle par le biais du code du réel dont la présence ineffaçable hante toujours le discours fantasmatique ; et que cette emprise s'avère temporaire et finalement caduque devient évident par la révolte de Catherine qui, se dressant dans son lit, crie « qu'elle n'avait que faire parmi la race étrangère de deux romanichels impuissants, couleur de safran ». (131)

*
* *

Dresser une typologie des signes du réel dans la troisième partie du roman pose un problème de classification à cause de la surabondance de ces signes. Il faudrait presque insérer tous les mots de la troisième partie dans une telle typologie afin qu'elle soit complète. Pour la commodité de l'analyse, on peut facilement résoudre ce problème en proposant un inventaire sélectif des mots qui sont les plus fréquents. Cette solution, toutefois, demeure insatisfaisante parce qu'elle escamote un élément essentiel, à savoir le surcodage du champ sémantique du réel. En fait, les signes du réel dans la dernière partie du roman sont tellement nombreux et tellement redondants que le lecteur pourrait hâtivement conclure que le réel, expulsant l'onirique et l'irréel, s'impose ici comme code unique de sens. Comme si les mots pouvaient gommer, par un impérialisme sémantique, toute trace de sens préalable, comme s'ils pouvaient annuler l'antériorité textuelle qui nous met en présence du croisement de trois codes. Dans la mesure où nous acceptons que le texte « ne représente pas une simple succession de signes dans l'intervalle de deux limites externes », mais qu'une « organisation interne est propre au texte, qui le transforme, au niveau syntagmatique, en un tout structurel[10] », il serait soit éminemment significatif, soit éminemment curieux qu'un tiers du texte évacue deux structures de sens. Signifiant, parce qu'une telle évacuation produirait un changement radical au niveau de la signification globale ; curieux, parce que des codes essentiels à la structure du texte seraient ainsi avortés. Il suffit pourtant d'être attentif à l'épigraphe citée en tête de la troisième partie — à cette épigraphe qui se répète dans le texte à la fin de la partie — pour reconnaître que, là même où le réel semble s'imposer comme unique structure de sens, l'onirique et l'irréel affirment leur présence : « ... *une toute petite bague pour le songe.* Jules Supervielle ». (143)

Voici les principaux éléments du code du réel dans la troisième partie.

---

10. LOTMAN, *La Structure...*, p. 93.

TYPOLOGIE DU RÉEL : TROISIÈME PARTIE

---

*lieu*
La servante... se pencha dehors (145), Elle chercha la mer des yeux, Et tout alentour s'étendait le vaste espace solitaire planté d'oliviers, s'étageant jusqu'à la mer (147), Vers le soir, la mer devint orageuse..., Catherine fit une longue promenade sur la jetée (148), ne te donne plus tant de mal pour fermer la maison, laisse la fenêtre ouverte (149), Dans la grande pièce où bougeait l'air marin (153), Elle s'occupa longtemps au jardin (156), Elle sortit ensuite pour une longue promenade sur la jetée (157), le jardin voisin..., Catherine descendit vers la mer (158), l'été de ce pays (159), la plage (161), sous les oliviers (164), Je vais du côté de la mer (168), la vieille ville (170), sa chambre (173), les oliviers (180), la chambre donnait sur la mer (183), Le champ d'oliviers, sous les oliviers (184), la pièce (187)

*temps*
beau temps (145), grand vent (146), la mer devint orageuse, fouettée par le vent(148), éblouie de soleil..., assis au grand soleil (154), Catherine s'était laissée colorer doucement par l'été (156), se fit sécher au soleil (158), l'été de ce pays (159), les gestes usuels de l'été (182)

*éléments concrets*
le petit déjeuner (146), la mer (147), la mer, la terrasse d'un café, les tables, les chaises (148), fauteuil d'osier, la table jaune (149), le drap, la veilleuse, le rideau, le verre d'eau, le volet (150), les meubles polis, la commode luisante, le petit tapis (153), le linge, les oliviers (155), la terre, jardin, plantes (156), du pain noir et des olives (157), la mer (158), la mer, les rochers, les fleurs (159), huile, soleil, eau et sel (161), la plage, les oliviers (164), les oliviers (165), du pain, du fromage, du vin et deux petites pêches rapeuses (170), oliviers (172, 180), citrons amers, des oursins violets, des baies sauvages (181), les fleurs, le pain, le sel et le vin (182), le champ d'oliviers (184), un manteau de voyage, des gants fins, un chapeau (186), l'anneau (190)

*action*
Catherine fit une longue promenade sur la jetée (148), Catherine suivit la servante dans la cour et l'aida à étendre le linge (154-155), Elle mangea lentement (155), Catherine se promena pieds nus, Elle s'occupa longtemps au jardin (156), Elle ajouta que « les vacances finies, dès son retour à la ville, elle se chercherait du travail », Elle sortit ensuite pour une longue promenade sur la jetée (157), Catherine descendit vers la mer (158), une promenade sur la jetée (168), Ils marchèrent longtemps (169), Elle parla aussi du travail qu'il lui faudrait chercher dès son retour, Il emmena Catherine faire le marché (181)

*cadre familial*
« Me voilà noire comme mon père », elle écrivit à sa sœur la plus petite (156), cette odeur des pauvres lui rappelait son enfance (157), Elle s'avança vers Bruno, le toucha à l'épaule, lui dit tout bas contre sa poitrine « qu'elle voulait bien devenir sa femme » (185)

---

Par son organisation lexicale cette typologie révèle que deux éléments gouvernent la structuration du sens sur le plan du réel dans la troisième partie, celui d'une redondance sémantique et celui d'une modulation sémantique. On retrouve en effet dans les catégories de l'action et du cadre familial les mêmes signes que dans les deux premières parties. L'action s'exprime dans les termes concrets du travail et le cadre familial renvoie aux signes familiaux du père et des sœurs. Sur un plan thématique, cette réitération du noyau du réel est significative en ce qu'elle confirme l'essence de la vision du réel de Catherine. Néanmoins, à l'intérieur des catégories de l'action et du cadre familial, de nouveaux éléments de sens se manifestent, notamment les promenades de Catherine sur la plage, son travail avec les plantes et son consentement à épouser Bruno. La modulation de ces signes est en concordance étroite avec une modulation plus accentuée dans les catégories du lieu, des éléments concrets et du climat. On remarque que la représentation du lieu, dans la troisième partie, se caractérise par la réitération des signes de la mer, du soleil et du vent. De toute évidence, cette répétition modifie sensiblement la charge signifiante dans ces catégories par rapport à celles des deux premières parties. Elle la modifie en l'élargissant. Car, pour autant que les répétitions lexicales autour du noyau « travail, famille » condensent une essence sémique du réel, les modulations élargissent les frontières du réel pour englober la vision d'une réalité cosmique où la mer, le soleil, la plage, le vent et les fleurs transcendent les contingences du réel quotidien. Ce n'est donc plus par l'irréel ou l'onirique que le réel est dépassé, mais par l'expansion de sa propre structure sémantique. S'explique dès lors que ces modifications sémantiques soient en concordance étroite les unes avec les autres :

| | |
|---|---|
| *lieu :* | la mer, le soleil, la plage |
| *action :* | promenades, contact avec les plantes et la terre |
| *éléments concrets :* | les fleurs, le sable, la terre |
| *famille :* | le vrai paysan — Bruno |
| *climat :* | le soleil et le vent |

Par ailleurs, il faut de nouveau se demander quel sens découle du surcodage du réel dans la troisième partie. Évidemment, cette surcharge du réel confirme au niveau de la distribution lexicale l'adhésion de Catherine à la réalité. Aussi, n'est-il pas étonnant que le miroir comme métaphore d'une vision d'être ne renvoie plus à Catherine une image inversée, scindée, mais lui renvoie son propre reflet *réel :* « Catherine regarda cette image de femme dressée en face d'elle, dans la glace ». (167) Donc, relié au principe de réalité, le réel émerge comme le signe même de la vie : « Soudain un grand chant de coqs éclata comme une sonnerie de cuivre, et il sembla à Catherine et à Bruno qu'ils étaient traversés par le cri même du monde à sa naissance ». (184)

Après cette analyse, rebroussons chemin. Nous constatons que le *réel* comme illusion mimétique, comme charpente d'un univers représenté, comme code de lecture et comme structure signifiante demeure, à tous ces niveaux, tributaire d'une organisation sémantique. C'est, en effet, l'agglutination des signes autour du signifié du réel qui constitue le matériel de ce code qui simule le réel en le construisant. Si nous avons tenté de mettre en évidence la présence et le fonctionnement de ce code c'est de prime abord parce que l'incipit et ensuite notre analyse sémique du mot *pays* avaient indiqué que le réel se pose, dans ce texte, comme une structure signifiante qu'il nous fallait identifier, déconstruire et reconstruire avant de l'intégrer dans la structure globale du roman. Par ailleurs, nous avons aussi voulu démontrer la présence du code du réel pour équilibrer certains commentaires critiques. Car, si Pagé et Thério ont mis le doigt sans aucun doute sur une composante essentielle du roman en le désignant, d'une part, comme un « roman onirique[11] » et, d'autre part, comme un « conte de fées[12] », il n'en reste pas moins que ce roman, comme nous l'avons observé, prend son sens et son dynamisme, en partie du moins, par l'élaboration du code du réel.

---

11. Pierre PAGÉ, *Anne Hébert*, p. 43.

12. Adrien THÉRIO, « La maison de la belle et du prince ou l'enfer dans l'œuvre romanesque d'Anne Hébert », dans *Livres et auteurs québécois 1971*, p. 279.

# 4. L'onirique

LA CRITIQUE n'a pas manqué de reconnaître la présence d'une dimension onirique dans *les Chambres de bois*. Pierre Pagé, par exemple, fait remarquer que, dans ce roman, les actes « se succèdent suivant la logique des images qui s'imposent à l'esprit dans un rêve », constatation qui le mène à conclure : « Voilà pourquoi nous avons suggéré pour *Les Chambres de bois,* l'appellation de roman onirique[1]. » Gérard Tougas, pour sa part, écrit que « *Les Chambres de bois* appartiennent franchement au roman du rêve, tel que l'entendait Alain-Fournier[2] ». Ces commentaires, très justes en ce qu'ils signalent l'importance de l'onirisme dans le roman, posent toutefois un problème quant au sens de ce terme. Il faut se demander ce que signifient les désignations « roman onirique » ou « roman de rêve ». Est-ce à dire que les mécanismes qui, selon Freud, caractérisent l'activité du rêve, notamment la condensation, le déplacement et la représentabilité, caractérisent aussi le discours, comme c'est le cas dans certains poèmes surréalistes ? Ou bien s'agit-il tout simplement du fait que des rêves soient racontés dans le roman ?

Si nous soulevons ces questions autour du sens de l'onirisme dans *Les Chambres de bois* c'est que les critiques qui ont adopté ce terme n'en ont pas précisé le sens et que, à l'exception de brèves remarques, ils n'ont pas démontré en quelle façon ce roman est un texte onirique. Nous nous penchons aussi sur le sens que pourrait détenir la désignation « roman onirique » parce qu'elle soulève à priori la question fondamentale de l'aptitude d'un texte littéraire à produire une mimésis onirique. Car, même si cette mimésis est suffisamment convaincante pour attirer l'attention des lecteurs et pour produire un *effet de rêve,* la question reste toujours de savoir par quels moyens le texte médiatise cette *représentation* onirique. En tout cas, dans la mesure

---

1. PAGÉ, *Anne Hébert,* p. 52.

2. Gérard TOUGAS, *Histoire de la littérature canadienne-française,* pp. 182-183. Voir aussi dans Denis BOUCHARD, *Une lecture d'Anne Hébert,* pp. 142-148, où l'auteur examine les rapports entre le rêve et « l'érotisme sublimé » dans *Les Chambres de bois.*

même où le texte crée par le biais de ses structures sémantiques une mimésis réaliste, toute mimésis du rêve sera, elle aussi, tributaire des signes et de leur collocation. Mais de quels signes et de quelle collocation ? Voilà ce que nous nous proposons d'examiner, en commençant notre étude au niveau *manifeste* de l'onirisme, à ce niveau explicite où le rêve se désigne comme tel ; ensuite nous passerons au niveau *latent,* là où le rêve s'insinue clandestinement dans le discours. Il faut toutefois préciser que notre analyse ne vise pas une étude exhaustive du discours onirique ; ce travail qui pourrait être entrepris à la lumière des théories du rêve reste à faire. Notre but est plus délimité en ce qu'il se propose de voir où et comment le code onirique peut structurer le sens dans ce même espace textuel où le réel ne cesse de se manifester.

Le premier rêve est décrit dans la deuxième lexie :

> Elle eut un songe :
> « Sur la plus haute tablette de l'armoire, parmi l'ordre du linge empilé, la maison des seigneurs était posée au creux d'une boule de verre, comme un vaisseau dans une bouteille. Le parfum des arbres y demeurait captif et la peine d'un petit garçon durait à l'abri de toute compassion. Lorsque Catherine eut saisi la boule de verre entre ses mains, la pluie et le brouillard descendirent, peu à peu, sur la maison, les arbres et la peine de l'enfant. L'image entière fut noyée dans un sablier renversé. » (33)

On constate, en lisant ce passage, que contrairement au réel, qui se glisse dans le récit d'une manière assez subtile, l'onirique signale sa présence d'une façon explicite. Non seulement le rêve se désigne-t-il comme tel, « Elle eut un songe », mais il se démarque du discours global par des signes graphiques : les deux points, l'alinéa et les guillemets. Ces marques sont significatives dans la mesure où elles signalent la spécificité du statut de ce rêve vis-à-vis du discours global. Se désignant comme *tel* et se démarquant comme *autre,* le rêve se révèle d'emblée comme étant un code différent de celui du réel. Le texte de ce rêve se présente d'ailleurs sous une forme particulière ; il est à la fois un fragment à l'intérieur du texte, à cause des guillemets, et un texte entier. L'intérêt de cet enchâssement, c'est qu'il mime le processus même de l'activité onirique (à laquelle d'ailleurs les mots « image » et « noyée » font allusion) puisque nos rêves ne sont après tout que des textes qui s'inscrivent à l'intérieur du texte plus large de notre psyché.

Pour les besoins de l'analyse, ce rêve peut se diviser en deux parties. Dans la première partie, l'image principale est celle de la « maison des seigneurs... posée au creux d'une boule de verre ». L'effet de captivité qui découle de cette image est renforcé par la comparaison « comme un vaisseau dans une bouteille », par l'emploi du mot « captif » et par l'imparfait des verbes « demeurait » et « durait », où le sens même de ces verbes actualise l'effet d'une temporalité indéfinie. Dans la deuxième partie du rêve, par contre, ce temps indéfini est aboli et l'espace est renversé par le truchement d'une seule action décisive, « Lorsque Catherine eut saisi la boule de verre », action qui en déclenche d'autres, « la pluie et le brouillard descendirent » et « l'image entière fut noyée ». Il faut souligner toutefois que ces renversements ne modifient pas les principaux éléments sémantiques du rêve qui se répètent tous dans cette deuxième partie : « boule de verre », « la maison », « les arbres », « la peine de l'enfant ». Les caractéristiques de ce premier rêve peuvent se schématiser de la façon suivante :

| *Désignation* | *Lexique* |
|---|---|
| autodésignation | maison des seigneurs |
| signes graphiques | boule de verre |
| fonctionnement en abyme | un petit garçon |
| | pluie et brouillard |
| | fut noyée |

En plus de son sens intrinsèque, ce rêve est important pour le lecteur parce qu'il rend manifeste la présence de l'onirisme dans le roman. C'est-à-dire qu'il indique, par le fait même de sa présence, la possibilité d'une structure onirique au niveau latent du texte. Et si on reprend, à la lumière de ce rêve, la lecture du texte, on trouve effectivement semés ici et là plusieurs signes du rêve. La première instance onirique se manifeste avant le rêve cité, dans la notation métaphorique de « paysage » : « Pendant longtemps, un *paysage* noyé de pluie et de brume vint visiter les petites filles ». (32) Plus loin, le rêve se reliant au désir se dit explicitement : « Elle désira donner asile au *rêve* et devint lointaine, pleine de défi et de mystère comme celle que flaire un prince barbare au secret ». (37) Suivant son parcours de la métaphore, au rêve manifeste, à l'évocation du rêve, l'onirisme se subsume deux fois dans l'espace du parcours métaphorique du *pays* : « Un *pays* de brume et de forêt se levait en Catherine... tandis qu'un petit garçon effrayé s'illuminait soudain et prenait taille d'homme » (40) et « Et du coup, il sembla à Catherine qu'on voulait laver son cœur d'un ardent, fabuleux château d'enfance, prisonnier d'un *pays* de brume et d'eau ». (45) Plus loin encore, le songe émerge de nouveau à la surface du texte : « Tante Anita, j'ai peur que tout cela ne soit un *rêve* et que Michel ne m'épouse jamais » (49), avant de réapparaître métaphorisé sous la forme d'un « sombre enchantement » : « Un chœur de voix enfantines alternées assaillait Catherine en son demi-sommeil, rejoignant à mesure la voix même de ce sombre enchantement ». (52) Et, enfin, alors qu'au niveau de la fiction Catherine fait face à la maison des seigneurs, une allusion à une activité fantasmatique apparaît sous la forme d'une ambiguïté sémantique : « Elle *songeait* que là reposait peut-être le cœur obscur de la terre... Elle évoquait ces femmes de grande race, cruelles et oisives, maintenant couchées en leurs moelles crayeuses ». (59) Cet emploi de « songeait », où de prime abord il n'est pas clair que le mot signifie penser ou rêver, est important parce qu'il met en relief l'ambiguïté de l'espace qui distingue le conscient de l'inconscient. Ambiguïté éminemment significative sur le plan narratif puisque Catherine doit choisir entre le rêve et la réalité. Ces diverses mani-festations oniriques se résument de la façon suivante :

TYPOLOGIE DE L'ONIRIQUE : PREMIÈRE PARTIE

| *Passage* | *Désignation* | *Lexique* |
|---|---|---|
| r1.    Pendant longtemps, un paysage noyé de pluie et de brume vint visiter les petites filles (32) | métaphore : paysage | noyé de pluie et de brume |
| r2.    Elle eut un songe : [Narration du rêve] (33) | auto-désignation : songe, image | maison des seigneurs au creux d'une boule de verre demeurait captif un petit garçon la pluie et le brouillard l'image entière fut noyée |
| r3.    Elle désira donner asile au rêve et devint lointaine, pleine de défi et de mystère comme celle que flaire un prince barbare en secret (37) | désignation expli-cite : rêve | lointaine, mystère prince barbare en secret |
| r4.    Un pays de brume et de forêt se levait en Catherine... tandis qu'un petit garçon effrayé s'illuminait soudain et prenait taille d'homme (40) | métaphore : pays | un pays de brume et de forêt un petit garçon effrayé s'illuminait |
| r5.    Et du coup, il sembla à Cathe-rine qu'on voulait laver son cœur d'un ardent, fabuleux château d'enfance, prisonnier d'un pays de brume et d'eau (45) | métaphore : pays | fabuleux château d'enfance prisonnier d'un pays de brume et d'eau |

| r6. Tante Anita, j'ai peur que tout cela ne soit un rêve et que Michel ne m'épouse jamais (49) | désignation explicite : rêve | Michel |
|---|---|---|
| r7. Un chœur de voix enfantines alternées assaillait Catherine en son demi-sommeil, rejoignant à mesure la voix même de ce sombre enchantement auquel, au plus profond d'elle-même, elle se trouvait livrée [Narration du récit de Lucie] (52) | métaphore : sombre enchantement | sombre enchantement maison au fond des bois les enfants endormis au bord du feu Michel |
| r8. Elle songeait que là reposait peut-être le cœur obscur de la terre, avec le piano de Michel, sa palette de couleurs, son amer loisir et toute la vie de château. Elle évoquait ces femmes de grande race, cruelles et oisives (59) | ambiguïté sémantique : songeait, évoquait | le piano de Michel amer loisir vie de château |

On voit dans ce schéma comment le code onirique se structure et comment, en même temps, il structure un niveau du texte. On voit aussi que le sémantisme du rêve se focalise autour de trois modalités : celle du *personnage* (le petit garçon qui se transforme en « prince barbare »), celle du *lieu* (« la maison des seigneurs ») et celle d'une *atmosphère* presque gothique dans « noyée de pluie et de brume[3] ». Or, ces éléments ne sont rien d'autre que les éléments principaux qui se dégagent du rêve cité. À ce titre, ils constituent la matrice sémantique du code onirique dont le sens, et par là *l'effet,* est déployé à travers des mouvements d'expansion, dans les diverses manifestations oniriques qui actualisent le noyau sémique du rêve, et par une condensation, puisque ces signes disséminés à travers le texte convergent tous à l'intérieur du rêve cité.

Quel sens peut-on donner à cette matrice onirique? Où ce discours nous mène-t-il en évoquant un petit garçon, une maison des seigneurs, de la brume et de la pluie? Serait-ce vers l'irréel? Nous répondrons plus loin à ces questions. Pour le moment, il faut surtout remarquer qu'en dépit de la redondance lexicale du noyau sémique, le code onirique envahit le discours par des moyens différents : manifestement, dans le rêve cité, par une nomination explicite, par des métaphores et par une ambiguïté sémantique. La diversité même de ces véhicules d'expression est révélatrice parce qu'elle montre que l'onirisme s'insinue dans le texte, et par là dans la lecture, en jouant sur les pouvoirs signifiants des mots. C'est ainsi que, par le truchement d'une pluralité de formes sémantiques, le code onirique envahit les

---

3. Au sujet de l'atmosphère gothique qui enveloppe le récit, voir MEZEI, « Anne Hébert… », p. 29.

niveaux conscients et inconscients de notre lecture. En fait, on pourrait pousser ces commentaires plus loin en suggérant que, dans la mesure où les mots clés du rêve sont marqués par les sèmes de l'onirisme, ils rappellent ce sens chaque fois qu'ils réapparaissent dans le texte. Par ailleurs, il faut aussi souligner que ce code structure le sens en traversant dans un mouvement vertical les niveaux suivants du texte : *sémique,* par l'acquisition progressive d'un sens onirique dans « pays » ; *sémantique,* par la redondance du noyau sémantique « maison des seigneurs », « petit garçon », et « pays de pluie et de brume » ; *actantiel,* par le personnage du « petit garçon » ; *thématique,* par l'opposition qui se joue entre le rêve et la réalité. C'est évidemment à partir de cette dissémination de l'onirisme à travers les multiples couches du texte que découle *l'effet de rêve* évoqué par certains critiques[4]. Dans la mesure où cet effet est toujours tributaire de la pratique signifiante, force nous est de constater que cette *mimésis* onirique n'est, en fin de compte, qu'une pratique onirique.

*<br>* *

Une fois sémantisé, mis en place et structuré, comment le code onirique continue-t-il à marquer le texte ? Comment médiatise-t-il, par l'intermédiaire de son noyau sémique, un espace sémantique qui est non seulement repérable à la lecture mais qui produit des effets de sens ? À vrai dire, il n'est pas aisé de répondre à ces questions, parce que, dans la deuxième partie, le code onirique se diffuse si profusément qu'il rend difficile le travail d'analyse. En étudier toutes les manifestations s'avère ici impossible. Nous allons donc d'abord schématiser les manifestations de l'onirisme et nous en discuterons ensuite les éléments les plus importants.

TYPOLOGIE DE L'ONIRIQUE : DEUXIÈME PARTIE

| *Passage* | *Désignation* | *Lexique* |
|---|---|---|
| r1.    les signes les plus proches de sa vie nouvelle... l'anneau lisse et fin qu'un homme en rêve lui avait passé au doigt (68) | désignation explicite : rêve | anneau lisse homme en rêve |

4. Signalons aussi la présence dans le texte d'un lexique qui appuie cet effet de sens, soit : « soir, nuit, sommeil ». Nous avons repéré une cinquantaine d'occurrences de ces termes ; voir, à titre d'exemple, pp. 31, 47, 52, 66, 67, 69, 70, 72, 84, 86, 93, 118, 135.

| | | |
|---|---|---|
| r2.  Catherine laissa retomber sa tête sur le cœur de cet homme que le songe livrait au désir et à l'angoisse (69) | désignation explicite : songe | cet homme désir et angoisse |
| r3.  Une nuit, Catherine rêva que Michel, sans parvenir à la rejoindre, se mettait en route vers elle, empruntant, l'une après l'autre, des rivières sauvages qui soudain se rejoignaient, s'emmêlant toutes en un fracas extraordinaire (71) | récit d'un rêve désignation explicite : rêve | Michel des rivières sauvages un fracas extraordinaire |
| r4.  Au matin, Catherine laissa venir à elle des images du pays noir où le travail flambe sur le ciel, jour et nuit (72) | désignation explicite : laissa venir à elle des images | pays noir travail |
| r5.  Michel s'anima soudain, rêvant d'unir la pâleur de Catherine à la beauté de la ville, aussi étroitement que la lumière et l'eau (72) | désignation explicite : rêvant ➤ désir | la pâleur de Catherine la lumière et l'eau |
| r6.  Si parfois Catherine s'éveillait au milieu de la nuit, elle apercevait comme en rêve une étrange paillote transportée dans un coin de sa chambre et l'ombre d'un homme penché sur la musique qui souvent venait à manquer sous ses doigts (74) | comparaison : comme en rêve, jonction du rêve et de la réalité | au milieu de la nuit étrange paillote l'ombre d'un homme penché sur la musique |
| r7.  Il rêvait d'exorciser cette chair tendre (75) | désignation explicite : rêvait ➤ désir | exorciser |
| r8.  Il devint de plus en plus taciturne, son œil d'or fixe comme un soleil brûlé, et il voua sa femme à un songe parallèle (76) | désignation explicite : songe | taciturne œil d'or fixe |
| r9.  Dans le grand dénuement où Catherine se trouvait, Michel crut qu'elle n'avait rien de mieux à faire que de céder à la plus haute rêverie qui courait après elle depuis son enfance. Il se mit à raconter [Narration de Michel] (90) | désignation explicite : rêverie ➤ raconter ➤ récit de Michel | (voir le schéma, p. 66) |
| r10.  Elle accueillait des bribes de songes où Michel et Lia revenaient sans cesse, en rois et reines de cartes, se posant mutuellement la couronne sur la tête, recommençant ce geste sans fin, car c'était l'éternité (103-104) | désignation explicite : songe | Michel et Lia en rois et reines la couronne c'était l'éternité |
| r11.  Réveille-toi, Lia, tu rêves, ce n'est pas possible (124) | désignation explicite : tu rêves jonction rêve et réalité | réveille-toi tu rêves |

r12.     Lia ferma les yeux, parlant à voix basse et bourrue, pareille à une conteuse épuisée qui gronderait des enfants en rêve [Narration de Lia] (127)

désignation expli-cite : en rêve
jonction rêve et conteuse

conteuse
rêve
le récit de Lia

r13.     Cette nuit-là, elle eut un rêve : « La maison des seigneurs était maudite et vouée au feu. La haute demeure flam-bait sur le ciel et s'écroulait avec fracas. Pendant quelque temps une écharde roussie brûla Catherine au poignet, puis disparut tout à fait lorsque la jeune femme se fut éloignée sur la route » (128)

désignation expli-cite : rêve
narration du rêve
rapport avec le rêve 2, première partie

maison des seigneurs
maudite
vouée au feu
s'écroulait avec fracas

r14.     elle devenait vieille et ne dési-rait rien tant que de se reposer, rêvant de donner libre cours à sa plainte de fille née en servitude [désir d'Aline] (130)

désignation expli-cite : rêvant
jonction désirait et rêvant

r15.     La jeune femme, dans sa faiblesse, rêva qu'elle mangeait des pêches mûres... Puis, le songe conti-nuant, elle retrouva en elle le ton de l'adoration de Michel qui montait, montait comme une vague pour la submerger (140)

désignation expli-cite : rêva, songe
le discours onirique se fusionne au discours global

vague
submerger

De prime abord, ce schéma révèle que le discours onirique de la deuxième partie est plus abondant et plus complexe que celui de la première partie. Tout se passe comme si l'onirisme réalisait, par cette diffusion, sa propre puissance signifiante, comme s'il actualisait par cette abondance la transition du réel au rêve qui s'opère au niveau de la fiction. Car, non seulement ce code se manifeste-t-il plus fréquemment que dans la première partie et à l'intérieur de passages plus étendus (voir, par exemple, les passages 8, 11, 14), mais son lexique s'élargit sensiblement. Quant à ses modes de dési-gnation, le rêve n'adopte plus, comme dans la première partie, des formes métaphoriques ou ambiguës ; mais, surgissant explicitement à la surface du texte, il se dit et se nomme rêve ou songe. D'ailleurs, à l'exception du rêve 12, l'onirisme ne se démarque pas du discours global. En fait, dans le rêve 14, il s'y intègre d'une manière tellement subtile et étroite qu'il devient difficile pour le lecteur de différencier le discours onirique du discours global. D'un autre côté, si on examine le discours onirique en suivant sa chronologie, on constate que ce discours met en place son propre récit. Sur le plan structural, ce récit possède les caractéristiques qu'on attribue géné-ralement à une fiction, à savoir un début et une fin bien délimités, des dimensions spatio-temporelles et une structure actantielle. En outre, à l'intérieur de ce récit — qui lui-même figure à l'intérieur du récit global — se trouve en abyme un micro-récit.

Le récit dans le rêve annonce son commencement par la désignation « une vie nouvelle » qui se caractérise par ses propres signes dont « l'anneau lisse et fin qu'un homme en rêve lui avait passé au doigt ». (68) Cette « vie nouvelle », c'est-à-dire ce nouveau récit, se définit d'emblée en termes d'une alliance entre Catherine et Michel établie sous le signe du rêve, soit : Catherine + Michel + rêve. Que cette alliance où le rêve se caractérise par le désir et l'angoisse (r2) soit de nature infiniment précaire se révèle déjà dans le songe prophétique (r3) où Catherine rêve que Michel n'arrive pas — et n'arrivera pas — à la rejoindre. En fait, de plus en plus désabusée par l'étrangeté de cette « vie nouvelle », Catherine ressent une nostalgie profonde pour sa vie passée qui était ancrée dans le réel (r4). Mais cette irruption du réel dans le discours onirique est temporaire, car, par un mouvement de descente, le récit de l'onirisme plonge dans les abîmes profonds du rêve, voire dans un univers d'ombre, de nuit et d'immobilité (r5, r6, r7, r8). Dès lors, Catherine s'engouffre progressivement dans un espace fantasmatique ; sevrée de la réalité, elle perçoit Michel et Lia hors du temps et de l'espace réels : « Elle accueillait des bribes de songes où Michel et Lia revenaient sans cesse, en rois et reines de cartes, se posant mutuellement la couronne sur la tête, recommençant ce geste sans fin, car c'était l'éternité ». (103-104) Ce récit se termine finalement par un dénouement dramatique puisque la métaphore de la noyade — « Elle est si belle, cette femme, que je voudrais la noyer » (141) — témoigne de l'échec total de la conjonction initiale, Catherine + Michel + rêve.

Ce n'est pas toutefois la progression des événements dans le récit du songe qui nous en révèle le sens caché autant que la présence dans ce récit de deux micro-récits, deux récits uniques, doubles et multiples qui détiennent, au cœur même du songe, la clé d'une structure signifiante. Il s'agit des instances oniriques 9 et 12. Il est intéressant de remarquer, en premier lieu, que le passage 9 se situe à peu près au milieu du discours onirique et presque au centre de la deuxième partie. Ainsi ancré au cœur du récit, il n'est pas surprenant que ce passage se désigne explicitement comme *récit :* « Dans le grand dénuement où Catherine se trouvait, Michel crut qu'elle n'avait rien de mieux à faire que de céder à la plus haute rêverie qui courait après elle depuis son enfance. Il se mit à *raconter* ». (90) À la suite, ce motif de « raconter » réapparaît plusieurs fois : « Catherine n'était pas sûre de croire aux *paroles* de Michel, mais la voix du jeune homme devenait si prenante, s'enchantant à mesure, qu'elle *écoutait* » (90), « Michel *parlait* lentement, sans regarder Catherine, les yeux perdus au loin, comme s'il *voyait* les choses » (91), et encore « Michel s'animait, s'exaltait, ivre de *parler* ». (92) Or, le motif de *raconter* se pose, au début de ce récit, en rapport étroit avec celui de la *rêverie,* puisque dans ce contexte « céder à la plus haute rêverie » signifie essentiellement raconter. C'est d'ailleurs cette même jonction qui se manifeste dans les autres citations :

rêverie → raconter (90)

s'enchantant → paroles, voix, écoutait (90)

les yeux perdus au loin → parlait (91)

s'animait, s'exaltait, ivre → de parler (92)

Donc, un des premiers effets de sens qui se dégage du passage onirique est celui d'une conjonction éminemment significative entre le rêve et « raconter ».

Il faut remarquer, par ailleurs, que ce récit qui est lié au rêve — ou peut-être même issu du rêve — n'occulte jamais sa nature de récit fictif. En évoquant au contraire de « vrais seigneurs » (90), des « fleurs vivantes... mises en notre pouvoir », « le jardin nocturne », le « beau chant qui naît à la seule pression de mes doigts sur le clavier » (91) et « les fêtes nocturnes de la fièvre et de l'angoisse » (92), ce micro-récit se met en évidence comme un récit qui pénètre le domaine de l'irréel. Et, comme pour confirmer un sens irréel, ce récit fait allusion, par l'intermédiaire des paroles de Catherine, à d'autres récits, c'est-à-dire d'autres formes littéraires : « Ai-je lu les plus beaux poèmes et appris par cœur les fables les plus amères ? » (91-92) Mais ce qui rend ce micro-récit encore plus significatif au niveau du fonctionnement du texte c'est qu'il s'intègre, par une imbrication des temps et des espaces, au récit global. Nous précisons : la fête nocturne que Michel évoque dans son micro-récit se réalise sur le plan du récit principal, puisque le texte nous dit que Catherine, ressemblant à une « idole » et habillée dans une « grande robe de fête couleur de camélia, aux fils d'or à peine posés sur la douceur du tissu comme des buées » (92), écoute dans l'obscurité profonde de la nuit Michel jouer du piano « avec une grande liberté », jusqu'à ce que celui-ci, pris par un délire, lui dise « Elle est si belle, cette femme, que je voudrais la noyer ». (93)

Il ne suffit pas toutefois de signaler que ce micro-récit se désigne comme récit par l'isotopie de raconter, ni même d'indiquer l'imbrication et l'actualisation de ce récit dans le récit global, car c'est finalement sur un plan sémantique que le passage onirique 9 détient son pouvoir de signifier et de produire un *effet de rêve.* Le schéma suivant montre que divers signes dans ce récit s'agglutinent autour de quatre champs sémantiques :

---

*l'art*
piano, beau chant, clavier, musique, chanter, poèmes, fables, idoles, pierres précieuses

*délire*
s'enchantant, les fleurs… en notre pouvoir, jardin nocturne, pâli et langui, les fêtes nocturnes de la fièvre et de l'angoisse, s'exaltait, ivre de parler, une grande liberté, la fureur d'un accord dissonant, Elle est si belle, cette femme, que je voudrais la noyer

*féerie*
en vrais seigneurs et maîtres de ces lieux, les fleurs vivantes seront mises en notre pouvoir, jardin nocturne, tu as maintenant l'air d'une idole

*récit*
Il se mit à raconter, paroles, voix, elle écoutait, Michel parlait, poèmes, fables, ivre de parler

---

Que dire de ces quatre catégories lexicales? Comment expliquer que les mots, dans ce micro-récit onirique, signifient, par le biais d'une puissante surdétermination lexicale qui rassemble les isotopies de l'art, du délire, de la féerie et du récit? Nous ne pouvons répondre à ces questions avant d'examiner l'autre micro-récit qui se trouve à l'intérieur du discours onirique. Il s'agit de l'instance onirique 12 :

> Le feu tirait mal et emplissait la chambre de fumée. Lia ferma les yeux, parlant à voix basse et bourrue, pareille à une conteuse épuisée qui gronderait des enfants en rêve.
> —Oh! comme ce feu tire mal! La mère est partie depuis cinq mois, déjà. Le père chasse tout le jour, la servante s'est sauvée, et les deux enfants, seuls, blottis au bord du feu de bois, dans la maison abandonnée, font un pacte et se jurent fidélité!
> Michel s'était agenouillé aux pieds de Lia :
> —Lia, Lia, comme tout est lointain, abîmé, souillé. Qu'allons-nous devenir maintenant?
> —Rien, rien, Michel, nous ne sommes rien, absolument rien, que deux pauvres enfants perdus. Oh! cette fumée me brûle les yeux. Mon pauvre Michel, nous sommes sans pouvoir aucun, vois, tu ne sais même pas faire du feu. (127)

Comme dans le passage onirique précédent, celui-ci réunit, par une juxta-position lexicale, le motif de raconter à celui de rêver : « conteuse », « rêve ».
Il est difficile de savoir d'ailleurs si cette histoire que Lia raconte pendant qu'elle « ferma les yeux » est en fait un récit ou bien si elle n'est pas le récit d'un rêve. Cette ambiguïté entre le *récit* et le *rêve* s'accentue encore du fait qu'à l'intérieur du récit de Lia se croisent deux récits, celui qui évoque un *passé* : « deux enfants, seuls, blottis au bord du feu de bois » (mais un passé qui s'exprime au présent), et celui du *présent* de la fiction : « nous ne sommes rien, absolument rien, que deux pauvres enfants perdus ». L'effet de cette fusion entre le passé et le présent et entre le récit de Lia et le récit global est non seulement d'instaurer le texte comme le lieu unique du récit, mais de créer une impression de *déjà-vu* qui caractérise l'activité onirique.
D'autant plus que le récit de Lia représente une *variante* d'un autre récit.
En effet, dans la première partie du roman, lorsque Catherine dans un « demi-sommeil » se livre à un « sombre enchantement », elle entend sa sœur raconter ce récit :

> —La mère est morte toute seule, au petit matin, les enfants endormis au bord du feu ne s'en sont pas aperçus. La servante s'était enfuie, la veille, et le père n'était pas rentré de la chasse. Le père est mort à son tour, dans un pays étranger. La petite fille grandit. C'est une maison où les femmes règnent. Elle a gravé son nom sur les vitres et les glaces, Lia qu'elle s'appelle, la sœur de Michel... (52-53)

Les concordances entre ce récit et celui de Lia sont multiples :

| Le récit de Lucie (52) | Le récit de Lia (127) | Le présent dans la fiction (127) |
|---|---|---|
| *Rêve* | | |
| en son demi-sommeil | qui gronderait des enfants en rêve | |
| la voix même de ce sombre enchantement | | |
| *Récit* | | |
| grisée par ses propres paroles | parlant à voix basse et bourrue | |
| pour écouter le récit de sa sœur | pareille à une conteuse épuisée | |
| *Contenu* | | |
| La mère est morte | La mère est partie depuis cinq mois, déjà | |

| | | |
|---|---|---|
| les enfants endormis au bord du feu | les deux enfants, seuls, blottis au bord du feu de bois | nous ne sommes rien, absolument rien, que deux pauvres enfants perdus. Oh! cette fumée me brûle les yeux |
| La servante s'était enfuie | La servante s'est sauvée | |
| le père n'était pas rentré de la chasse | Le père chasse tout le jour | |

La fonction de la répétition de ce même récit n'est pas seulement de rompre la temporalité logique des événements, mais de mettre en relief la notion même de récit. De toute évidence, il n'y a pas d'auto-effacement du récit ; au contraire, celui-ci, comme récit *pluriel,* souligne sa nature fictive tout en la reliant à une activité fantasmatique. On comprend dès lors pourquoi le champ sémantique dans le rêve 9, à savoir l'art, l'irréel, le délire et le récit, se cristallise autour de ces quatre isotopies qui ne font qu'actualiser la matrice générative du Récit. Par la multiplicité des formes qu'il engendre celui-ci confère au rêve-récit l'ampleur de son sens. C'est donc par le truche-ment d'une dissémination lexicale où le rêve et le récit se recoupent dans un mouvement d'articulation réciproque que le discours onirique pénètre la psyché du lecteur qui lui aussi, comme Catherine, participe dans un seul temps au récit du rêve et au rêve dans le récit.

\*
\* \*

Le songe s'introduit dans la troisième partie du roman sous la forme d'une épigraphe : « ... *une toute petite bague pour le songe.* Jules Supervielle », qui est placée à l'intérieur de la troisième partie, mais à l'extérieur de la narration. Puisque cette épigraphe représente l'unique citation dans le roman, la question de son statut textuel se pose de prime abord. Sur un plan formel, il est évident que cette phrase *citée* encode dans le texte une pratique inter-textuelle. Doublement marquée comme intertexte par la graphie et par la référence à Supervielle, cette citation fait éclater les frontières du roman en y insérant de façon explicite une partie d'un autre texte. Comme la répétition des récits à l'intérieur du discours onirique, cet éclatement souligne la composante textuelle du roman puisque la *référence* (au sens que Frege donne à ce concept) de cette citation se trouve être une citation[5]. Le *sens* de cette citation toutefois découle de la conjonction entre le récit et le rêve, conjonc-tion qui est doublement renforcée par le croisement entre une *référence* inter-

---

5. Gottlob FREGE, "On Sense and Reference", dans *Translations from the Philosophical Writings of Gottlob Frege,* pp. 58-59.

textuelle et un *sens* intratextuel[6]. Autrement dit, l'épigraphe réitère le noyau sémique de la deuxième partie, Catherine + Michel + rêve, tout en le reliant à une textualité. Ce qui est curieux, elle le réitère au moment même où cette jonction est dénouée sur le plan de l'intrigue puisque la fin de la deuxième partie met en scène l'échec du lien entre Catherine, Michel et le rêve : « Elle repoussa son mari, en le frappant de ses deux mains, en pleine poitrine ». (141) Cet échec est corroboré d'ailleurs dans la première phrase de la troisième partie qui met en évidence un changement radical dans l'intrigue : « La servante ouvrit les rideaux, se pencha dehors, dit qu'il faisait toujours beau temps ». (145) L'épigraphe fonctionne ainsi comme une charnière entre deux temps, entre deux espaces et entre deux structures. Par là même l'épigraphe comble un vide. Mais elle le comble, comme nous l'avons souligné, par le biais d'une citation qui, par son *effet citationnel,* inscrit dans le blanc textuel la présence d'un texte.

Mais, si cette citation qui évoque le songe annonce la troisième partie du roman au moment où Catherine rejette l'univers fantasmatique de Michel, on peut se demander quelle est la survie du code onirique dans la troisième partie en tant que discours et en tant que structure signifiante. Une lecture de cette troisième partie révèle que les occurrences oniriques ne sont pas nombreuses puisqu'elles ne se manifestent que neuf fois. D'où, d'une part, l'impossibilité d'un surcodage onirique et, d'autre part, la persistance de ce sens dans cet espace narratif où le réel domine. Les trois premières allusions à l'onirique peuvent être regroupées :

r2.    Elle s'impatientait par moments, rejetant l'*image* flambée d'une tête forte... qui revenait devant ses yeux, comme une tache de feu... (155)

r3.    Un instant, la jeune femme crut que toute complicité entre cet étranger et elle tombait subitement comme une longue *rêverie.* (162)

r4.    Le désir se réveillait en elle, alerté, menacé, franchissant la quiétude du *songe.* (162)

Ces trois citations mettent en évidence un changement radical dans la focalisation du discours fantasmatique puisque l'objet de l'« image », de la « rêverie » et du « songe » n'est plus, comme dans la première partie, Michel mais Bruno. D'ailleurs, une progression intéressante se dégage de cette fantasmatique qui va d'une « image » rejetée à l'inquiétude d'une complicité rompue avant de se manifester carrément comme l'éveil du « désir ».

---

6. Soit : la référence intertextuelle renvoie à une poésie caractérisée par l'onirisme dont le sens est exprimé à l'intérieur de la citation par le terme « songe ».

Une fois que la nouvelle conjonction entre Catherine et Bruno est établie, l'onirisme se manifeste à travers les paroles d'Aline. On apprend qu'en proie à un délire avant sa mort, Aline « se plaignait comme en rêve ». Or, cette plainte adopte manifestement la forme d'un récit :

r5.   elle se plaignait comme en rêve de ce que tous les maîtres l'eussent trompée par manque de grandeur. Le premier seigneur m'a prise à treize ans... La maison est profonde comme un coffre; nul ne sait ce qui s'y passe. Michel et Lia, petits, petits, mes pauvres agneaux dormez en paix. Votre père est tout-puissant, votre mère est belle, petits, petits, petits... (175)

Le lecteur reconnaîtra dans ce récit qui évoque un « seigneur », une maison « profonde comme un coffre », « Michel et Lia », un père « tout-puissant » et une « mère », une variante du récit de Lucie dans la première partie et de celui de Lia dans la deuxième partie (voir le schéma plus haut). Cette répétition d'un même récit dans les trois parties du roman révèle la présence d'un micro-récit qui se dégage du discours onirique. La répétition lyrique de ce récit souligne non seulement la composante textuelle, mais produit pour le lecteur une mimésis onirique, puisque le texte simulant l'activité du rêve raconte et répète, au moyen de bribes et d'échos, une histoire un peu étrange, un peu vague, mais toujours la même. D'un autre côté, cette répétition actualise et réitère la corrélation entre le Récit et le Rêve qui marque le discours onirique.

r6.   « Tout est noir », *songea*-t-elle, évoquant le pays d'enfance de Michel et Lia d'où elle s'était échappée comme une taupe aveugle creusant sa galerie vers la lumière. (179)

Dans cette citation, le discours onirique fait réapparaître dans le texte la fantasmatique reliée au *pays* d'enfance sous une forme paradoxale. Car, même si l'antithèse noir/lumière[7] et le motif « échappée et creusant » attestent le fait que Catherine s'est effectivement « échappée » du *pays* d'enfance, l'évocation de ce *pays* a pour effet de réintroduire dans la troisième partie du roman l'ombre de la fantasmatique reliée à Michel et Lia. En rappelant le monde insolite de Michel et Lia, ce passage fait écho au récit d'Aline et, par là, à ces autres récits, où le rêve et le récit découlent d'une même source.

r7.   Catherine interdite regarda la face sauve de cet innocent à côté d'elle, parlant si légèrement de l'impitoyable vérité : « Bruno! » appela-t-elle comme du fond d'un *cauchemar*. (180)

Poussée à la limite de sa réalisation et subsumant le songe qui imprègne l'univers de Michel — « Elle s'imaginait Michel en son dénuement... flai-

---

7. L'oblique souligne la structure antinomique.

rant l'amère poésie de la mort comme une proie » (180) — cette mention d'un « cauchemar » confirme les sèmes de noirceur (r6) et de gouffre (r5) qui caractérisent la sémantisation du code onirique dans les deuxième et troisième parties du roman.

r8.    —Elle est rentrée depuis ce matin, couleur de cendres, rageuse, pillée, affamée, blessée à l'épaule. La voici qui dort. Elle en a pour des jours et des nuits, jetée sans couverture, sans *rêve* apparent, comme une morte sèche en travers du lit. (188)

L'au-delà du rêve — évoqué dans ce passage où, simulant la mort, le sommeil en rappelle les traits : « cendres », « Elle en a pour des jours et des nuits » — établit une conjonction entre le songe et la mort « comme une morte sèche », conjonction qui caractérise l'univers des enfants du seigneur. Ces paroles de Michel vers la fin du roman soulignent la distance qui sépare Catherine de Michel ; elles rappellent également, comme dans le rêve 6, le « pays d'enfance » de Michel et de Lia : « Nous jeûnons et nous prions ensemble. Un jour, je le crois, elle redeviendra pure comme ses os. Nous referons le pacte d'enfance et nul n'aura accès jusqu'à nous ». (189)

r9.    Elle ferma les yeux un instant, recueillit toute sa vie, comme quelqu'un qui va mourir, n'en put détacher les dons singuliers de Michel, y retrouva un poème qu'il lui avait appris, et répondit :
       — « Une toute petite bague pour le songe », Michel, rien qu'une toute petite bague. (190)

Le paradoxe que nous avons déjà soulevé se manifeste ici d'une façon encore plus accentuée. Alors que, sur le plan de la fiction, Catherine renie le rêve et le « pays d'enfance » puisqu'elle rend à Michel l'anneau d'or (« elle le lui mit dans la main » [190]), le texte néanmoins fait comparaître le songe à la fin du roman par le biais d'une redondance très particulière. Le songe figure explicitement à l'intérieur de la citation « Une toute petite bague pour le songe », et implicitement dans les derniers mots « rien qu'une toute petite bague ». Or, cette citation ne fait que répéter l'épigraphe qui précède la troisième partie du roman. Cette insertion d'un hors-texte s'effectue par un processus de mise en abyme qui se déploie en trois temps : 1) dans l'épigraphe placée à l'extérieur de la narration, 2) dans la citation répétée sous une forme citée à l'intérieur de la narration, 3) dans la réitération d'une partie de cette citation, sous une forme non citée, par Catherine. De toute évidence, cette répétition instaure une circularité dans le texte puisque la fin de la dernière partie renvoie à l'épigraphe. Ce jeu de reflets est significatif surtout parce qu'il met en évidence, par une présence intertextuelle qui se répercute trois fois, l'étroite conjonction qui relie le rêve et le récit. Par un processus analogue à celui de la répétition d'un même récit dans les trois parties du roman, cette réitération d'un vers d'un poème, suivie de son intégration dans la narration, établit sur le plan formel l'étroite conjonction qui relie le rêve et le récit. Cette conjonction est éminemment significative. Car, qu'est-ce rêver sinon raconter des histoires, souvent les mêmes, et qu'est-ce raconter des histoires sinon articuler par l'intermédiaire du langage une activité fantasmatique ? Par la corrélation dans ce roman du rêve au récit, le discours onirique suggère la présence d'un lien fondamental dans son essence et vaste dans sa portée, à savoir le lien symbiotique entre les processus inconscients et l'activité littéraire.

En débouchant sur l'imaginaire et sur le littéraire, le discours onirique nous mène au seuil de notre étude de l'irréel. Mais avant d'entamer cette étude nous voulons répondre à la question, qui se posait au début de cette section, à savoir quelles formes adopte la représentation de l'onirisme dans le roman ? Notre analyse nous a révélé que l'onirisme s'exprime de plusieurs façons : 1) par une structure lexicale qui diffuse les sèmes du rêve, 2) par la présentation manifeste de certains rêves, 3) par des métaphores qui embrayent le discours vers l'onirique, 4) par la répétition d'un micro-récit dans les trois parties du roman, 5) par la réitération d'un vers de Supervielle. Que l'onirisme imprègne de son sens le texte et par là notre lecture en utilisant des modes variés d'expression n'est pas très étonnant, dans la mesure où le rêve dans *Les Chambres de bois* emprunte, pour se dire, les formes multiples du récit. C'est ainsi que nous sommes engagés, comme dirait Barthes, dans une pratique qui « nous comble : *lire-rêver*[8] ».

---

8. Roland BARTHES, *Le Plaisir du texte,* p. 61. C'est Barthes qui souligne.

# 5. L'irréel

DIRE QUE, dans *Les Chambres de bois,* un code irréel structure l'organisation du sens, c'est confronter notre lecture à la problématique de l'irréel. Donnant lieu, dans le dictionnaire, à des signifiés aussi diffus et variés que « abstrait, imaginaire, inexistant, fantastique, fantôme, illusion, chimérique, vain, fabuleux », le mot irréel, surtout lorsqu'on l'applique à la littérature, pose un problème de sens. Problème, toutefois, qui devient moins grave si l'on reste fidèle à l'étymologie du mot, si on cherche là — plutôt que chez les théoriciens dont les travaux n'éclairent pas vraiment la signification de ce concept — la matrice du sens. Or, il se trouve que, dans le dictionnaire, le substantif « irréel » se définit en fonction de l'adjectif « irréel » dont l'étymologie relève de « in » et « réel » : « (1794 Pougens) Qui n'est pas réel, qui est en dehors de la réalité[1]. »

Les implications de cette étymologie sont doubles et réciproquement articulées. L'irréel se comprend en termes de *négation* d'un sens préalablement posé; l'irréel ne peut signifier qu'en fonction du *réel.* C'est en effet, comme le signale Bellemin-Noël, uniquement à partir d'une écriture réaliste, où les mots créent un effet de réel, qu'un discours de l'irréel peut se construire et se lire[2]. Car il est entendu que, dans la mesure où l'effet de réel tient tout entier d'un système complexe de rapports, l'effet d'irréel, branché sur la négation de ce système, trouvera lui aussi sa signification à partir de structures textuelles, structures renversées et transformées. Cela dit, quelques questions se posent. Comment la négation du réel se manifeste-t-elle au niveau du discours? Par quel lexique, par quels syntagmes le texte produit-il un effet d'irréel? Outre la négation, quelles sont les autres conditions

---

1. Paul ROBERT, *Dictionnaire alphabétique et analogique de la langue française,* vol. IV, article «irréel ».

2. Jean BELLEMIN-NOËL, « Des formes fantastiques aux thèmes fantasmatiques », dans *Littérature,* n° 2, 1971, p. 111.

textuelles qui gouvernent la production d'un sens irréel, qui le concrétisent, en fait, pour le lecteur ?

Avant de répondre à ces questions en analysant le code irréel dans *Les Chambres de bois,* attardons-nous un peu sur la question du sens de l'irréel dans un texte littéraire. Car, si la signification étymologiquement motivée de ce mot semble claire, il faut se demander pourquoi la notion de l'irréel (ou de ce qu'on nomme alternativement le fantastique, le merveilleux, l'étrange) a donné lieu à des contradictions théoriques dans les travaux de Todorov et de Bellemin-Noël. Dans son *Introduction à la littérature fantastique,* Todorov se propose d'éclairer la question du fantastique (qui recouvre celle de l'irréel), en l'abordant par le biais d'une approche formaliste. Comme il le précise, son propos est de découvrir la « règle qui fonctionne à travers plusieurs textes et nous fait leur appliquer le nom d'œuvres fantastiques[3] ». Par le but qu'il vise, Todorov s'écarte des études traditionnelles de ce genre — de celles de Castex ou de Callois, par exemple — où il s'agit surtout d'une mise en évidence du contenu ou bien des thèmes du fantastique[4]. Bref, Todorov apporte du nouveau à la question du fantastique en proposant une définition de ce genre et en présentant une classification des modalités du fantastique. Selon Todorov, ce qui caractérise le fantastique, c'est l'*hésitation* éprouvée par le lecteur quant à la réalité des événements racontés : « Le fantastique occupe le temps de cette incertitude[5] » ou encore « Le fantastique... ne dure que le temps d'une hésitation : hésitation commune au lecteur et au personnage, qui doivent décider si ce qu'ils perçoivent relève ou non de la « réalité », telle qu'elle existe pour l'opinion commune[6] ». Si, par contre, l'événement s'explique naturellement, il s'agit d'un autre genre, à savoir l'étrange; si l'hésitation est gommée au profit de nouvelles lois de la nature, on entre, selon Todorov, dans le merveilleux. Puis, Todorov raffine cette division en proposant la classification suivante[7] :

| étrange pur | fantastique-étrange | fantastique-merveilleux | merveilleux pur |

Seule la catégorie d'« étrange pur », s'avère pertinente à l'étude des *Chambres de bois ;* car d'autant que *Les Enfants du sabbat* et *Héloïse* sont incon-

3. Tzvetan TODOROV, *Introduction à la littérature fantastique,* p. 7.

4. En passant par Soloviov, Montague James, Castex et Callois, Todorov examine rapidement les définitions antérieures du fantastique. Voir pp. 29-31, 51, 106-112.

5. TODOROV, *Introduction...,* p. 29.

6. TODOROV, *Introduction...,* p. 46.

7. TODOROV, *Introduction...,* p. 49.

testablement marqués par des éléments fantastiques, *Les Chambres de bois,* en revanche, s'insèrent dans la catégorie de l'étrange, telle que Todorov la décrit : « Dans les œuvres qui appartiennent à ce genre, on relate des événements qui peuvent parfaitement s'expliquer par les lois de la raison, mais qui sont, d'une manière ou d'une autre, incroyables... choquants, singuliers, inquiétants, insolites[8]. » Or, nous verrons que, dans *Les Chambres de bois,* il s'agit, effectivement, d'une représentation d'éléments singuliers, inquiétants et insolites. Toutefois une gêne se glisse dans ces propos, car Todorov avoue lui-même que cette définition est « large et imprécise, mais tel est aussi le genre qu'elle décrit : l'étrange n'est pas un genre bien délimité, au contraire du fantastique[9] ». Il ajoute par ailleurs très peu à sa définition de l'étrange, outre quelques allusions aux thèmes dits étranges dont « des scènes de cruauté », « la jouissance dans le mal », « le meurtre », thèmes qui « sont liés à des tabous plus ou moins anciens[10] ».

Ce qui aggrave davantage la gêne ressentie dans les commentaires de Todorov, c'est, selon Bellemin-Noël, le fait qu'en réalité il n'y a pas de genre étrange : « pour tout dire, il n'existe pas de « genre étrange », l'étrange n'est pas une catégorie littéraire, n'est même pas une catégorie esthétique[11] ». Pour pallier la confusion conceptuelle qu'il perçoit dans la classification de Todorov, Bellemin-Noël propose de son côté trois catégories : « une nouvelle fantastique, un conte merveilleux et un récit de SF[12] » (SF : science-fiction). Or, toute pertinente que cette classification puisse être à l'étude du fantastique, elle n'apporte rien au concept de l'irréel, notion à laquelle Bellemin-Noël fait pourtant allusion plusieurs fois, mais toujours dans le cadre du fantastique[13]. Cette classification n'éclaire certainement pas la question de l'irréel dans *Les Chambres de bois,* où de toute évidence il n'est question ni de nouvelle fantastique, ni de conte merveilleux, ni enfin d'un récit de science-fiction, mais où, par contre, il émerge incontestablement un effet de non-réel, voire d'irréel. On voit alors que les commentaires critiques concernant l'irréel posent plus de problèmes qu'ils n'en résolvent et que ce concept, comme l'indique Christine Brooke-Rose, reste à définir clairement[14].

---

8. TODOROV, *Introduction...,* p. 51.

9. TODOROV, *Introduction...,* p. 52.

10. TODOROV, *Introduction...,* p. 53-54.

11. BELLEMIN-NOËL, « Des formes... », p. 107.

12. BELLEMIN-NOËL, « Des formes... », p. 108.

13. Voir, par exemple, pp. 109, 112 et surtout 111 où Bellemin-Noël, en se référant au fantastique, parle des mécanismes « qui dessinent le contour de ce qu'il faut bien nommer l'irréel ». Tout en nommant l'irréel, ce critique n'en précise aucunement le sens.

14. Voir l'article de Christine BROOKE-ROSE, "The Evil Ring : Realism and the Marvelous", dans *Poetics Today,* vol. 1, n° 4, 1980, pp. 67-90, où elle discute la présence, jusqu'ici ignorée, d'éléments « réalistes » dans toutes les catégories du fantastique. Au sujet de *Lord of the Rings,* Brooke-Rose démontre en quoi une articulation réaliste (*"this machinery of realism",* p. 67), modifie le merveilleux.

Et la critique hébertienne ? Comment a-t-elle réagi à la présence de ce que nous nommons l'irréel dans le roman ? On peut résumer assez rapidement les commentaires critiques à ce sujet. En suivant l'ordre chronologique, rappelons d'abord la remarque de Guy Robert, qui a souligné l'atmosphère féerique enveloppant le récit : « Nous sommes en pleine féerie, en pleine magie, ou encore... en plein songe[15]. » Il est intéressant de remarquer dans cette observation, que Robert ne développe pas, car tel n'est point son propos, le lien qu'il perçoit entre la féerie et le songe. Dans le même esprit, Grazia Merler écrit dans un article traitant de la « réalité » dans la prose d'Anne Hébert qu'il est souvent difficile pour le lecteur « de croire à la vraisemblance de certaines situations », étant donné que « la limite entre un monde rationnel et logique et un monde imaginaire, crépusculaire et enfoui est si précaire[16] ». Il s'agit d'un monde que Merler décrit comme un « univers d'irréalité matérielle et de surréalité psychique[17] », monde qui retient l'attention de ce critique surtout dans *Kamouraska*. C'est toutefois, sans aucun doute, Adrien Thério qui a souligné le plus fortement la composante irréelle des *Chambres de bois* en nommant ce roman un conte de fées : « Nous revoici en plein conte de fées[18]. » Il précise, par ailleurs, que dans ce récit à la troisième personne « nous retrouvons... une jeune fille qui rêve d'un prince charmant qui demeure dans une grande maison de pierre, au fond de la forêt[19] ». Thério appuie son interprétation sur la présence dans ce roman — et dans d'autres textes hébertiens — de « châteaux », de « princes charmants », de « belles au bois dormant ». Or, si l'appellation « conte de fées » demeure contestable dans la mesure où ce roman ne possède pas les caractéristiques d'un conte telles que Propp les définit[20], il n'en reste pas moins que les commentaires de Thério sont fort justes en ce qu'ils signalent l'effet d'irréel ou de « féerie » présent dans le roman. Quant à Kathy Mezei, elle souligne aussi pertinemment l'importance de l'« atmosphère gothique » qui enveloppe l'ancien domaine et la forêt brumeuse[21]. Pour terminer ce recensement, retenons les commentaires de Denis Bouchard, qui voit dans *Les Chambres de bois* « une fable », c'est-à-dire « l'idéalisme des amours platoniques, mélange de seigneurs, de

---

15. Guy ROBERT, *La Poétique du songe,* cahier n° 4, 1962, p. 64.

16. Grazia MERLER, « La réalité dans la prose d'Anne Hébert », dans *Écrits du Canada français,* n° 33, 1971, p. 47.

17. MERLER, « La réalité... », pp. 48-49.

18. THÉRIO, « La maison... », p. 279.

19. THÉRIO, « La maison... », p. 275.

20. Vladimir PROPP, *Morphologie du conte.*

21. MEZEI, « Anne Hébert... », p. 29.

chasseurs, de manoir, de rendez-vous, d'ogres et de chevaliers imaginaires »; univers mythique où, selon Bouchard, Catherine représente l'archétype « de toutes les jeunes Québécoises[22] ».

Ces commentaires critiques sont importants en ce qu'ils révèlent la réaction de certains lecteurs vis-à-vis de ce texte. Par les termes mêmes qu'ils emploient, « féerie, magie, monde imaginaire, conte de fées, atmosphère gothique, fable », ces propos mettent en évidence non seulement la présence d'une composante irréelle dans le roman, mais, par la variété des mots utilisés, ils soulignent aussi l'aspect indicible voire indéfinissable de l'irréel. Mais si, comme nous l'avons suggéré, Les Chambres de bois ne sont pas proprement dit un conte de fées, qu'en est-il alors de cette magie, de cette féerie, de ce monde imaginaire? On pourrait certes utiliser ces termes, moins pour identifier un genre que pour rendre compte de la présence d'un niveau de représentation dans le roman. Tout comme il ne viendrait pas à l'esprit d'appeler ce roman un texte réaliste à partir de la représentation du réel qui s'y trouve, il est tout aussi imprécis et erroné d'appliquer aux Chambres de bois l'étiquette de conte de fées. Pour sortir de l'impasse qui dès lors nous guette — comment désigner Les Chambres de bois si ce n'est ni un conte ni un récit fantastique? — pourquoi ne pas laisser dans l'ombre l'épineuse question du genre et proposer la notion d'un code irréel? C'est-à-dire un code qui fonctionne à l'intérieur du roman et qui produit une certaine signifiance par la structure qui le caractérise et par ses rapports d'articulation avec les deux autres codes. C'est proposer, en d'autres mots, que la spécificité du roman Les Chambres de bois (tel est en réalité son genre) provient de l'interrelation de plusieurs réseaux (réels, oniriques, irréels), interrelation où, comme l'écrit Barthes, « tout signifie sans cesse et plusieurs fois[23] ».

En relisant le texte pour déceler les marques de l'irréel, on se rend compte que la notion d'irréel tient si fortement de son étymologie qu'il est en fait impossible d'en parler sans passer par le réel, sans reconnaître la distinction fondamentale entre un discours du réel, où « des objets, des circonstances, des détails de comportement... proclament : nous sommes le réel, c'est avec nous que le sérieux doit compter », et le discours de l'irréel, où comme l'écrit Bellemin-Noël « on assiste au retour obsessionnel de certains mécanismes (vision imprécise, bruits inquiétants, phénomènes parapsychologiques) qui dessinent le contour de ce qu'il faut bien nommer l'irréel[24] ». Ainsi dans notre texte, le premier écart du réel, tout embryonnaire qu'il soit, se manifeste dans l'incipit « C'était au pays de Cathe-

22. BOUCHARD, Une lecture..., p. 143.

23. BARTHES, S/Z, p. 18.

24. BELLEMIN-NOËL, « Des formes... », p. 111.

rine... » où les sémèmes de l'imaginaire dans « pays » s'opposent aux sèmes référentiels de ce mot. D'où l'effet immédiat et immédiatement repérable d'une opposition fondamentale entre le réel et l'irréel. Pourtant, cet effet de sens posé au début du texte ne s'actualise pas dans les quatre premiers paragraphes du roman où, au contraire, les sémèmes du réel se disséminent dans le texte. On se rappellera qu'il s'agit dans ces passages de la « ville », des « maisons », du travail quotidien « nourrir, laver, peigner, habiller » (27), de la chaleur de l'été et d'une visite « chez un oncle âgé qui ne travaillait plus ». (28) Mais au moment où le lecteur s'installe confortablement à l'intérieur d'un discours réaliste, qui devient de plus en plus prévisible, au moment où il se croit dans le domaine du réel, il lit le paragraphe suivant :

> Puis un jour, en allant au village, elles se perdirent dans le brouillard. Toutes les routes se ressemblaient, traversant des canaux, longeant des champs d'herbages aux arbres fins, bleus de brume, se répétant de-ci de-là, comme des motifs. (28)

Une première lecture de ce passage révèle un contraste sémantique avec les mots précis et détaillés des paragraphes précédents. Il ne s'agit plus de maison, de travail ou de famille mais plutôt de « brouillard », de « brume », de répétition et de « motifs ». Tout se passe comme si l'action d'aller au village s'embrayait sur le passage d'un code à un autre ou bien, inversement, comme si le passage du réel à l'irréel s'axait sur un changement narratif. En fait, cet embrayage dans le discours d'un code à un autre repose sur plusieurs facteurs. D'abord, le mot « puis » annonce une transition temporelle dans le récit tout en suggérant un développement dans la fiction, développement dont le sens est immédiatement renforcé par les expressions « un jour », « en allant » et « au village ». Autrement dit, le passage initial d'un code à un autre s'articule en partie sur des déplacements spatio-temporels. Pourtant, cette promenade vers le village pourrait s'insérer dans l'écriture du réel, puisque du moins ce voyage (dont le sens devient lui-même motivé) donne lieu à un *égarement :* « elles se perdirent dans le brouillard ». (28) Ici le contexte nous invite à ne pas nous renfermer dans le sens littéral du mot « brouillard » ou bien dans le sens anecdotique de « se perdirent », puisque ces mots suggèrent une perte du réel, c'est-à-dire du réel concret de la ville et de la maison familiale; bref, Catherine et ses sœurs ne savent plus où elles sont. Pour emprunter un concept aux formalistes russes (et pour le modifier quelque peu) on peut parler ici de *dépaysement*[25], du passage littéral et figuré d'un *pays* à un autre. Car, dans

---

25. Nous renvoyons ici au concept de *ostranenie.* Voir Viktor CHLOVSKI, « L'art comme procédé », dans *Théorie de la littérature,* Tzvetan Todorov, éd., pp. 76-97.

la mesure où le mot « brouillard » implique le sens d'une vision imprécise, d'une vision qui brouille une perception du réel, qui la modifie en fait, ce mot permet le glissement d'un code à un autre. À cet égard, il n'est pas indifférent que brouillard et brume possèdent des signifiés de l'irréel au sein d'une certaine tradition littéraire. Nous pensons, par exemple, aux effets insolites produits par la brume dans *Le Tour d'écrou, Le Grand Meaulnes* et *Le Château d'Argol.* À ce sujet, Bellemin-Noël souligne que chez Lovecraft la brume est là « pour justifier une aperception impressionniste[26] ».

Dans le passage que nous venons de citer, l'effet de dépaysement produit par les mots « brouillard » et « se perdirent » est immédiatement renforcé dans la phrase suivante : « Toutes les routes se ressemblaient, traversant des canaux, longeant des champs d'herbages aux arbres fins, bleus de brume, se répétant de-ci de-là, comme des motifs ». (28) Ce renforcement du sens de l'irréel est le résultat de trois procédés : 1) la *répétition* des sèmes de « brouillard » dans « bleus de brume » ; 2) la *dissémination* des sèmes de l'égarement, « Toutes les routes se ressemblaient », « se répétant de-ci de-là » ; 3) la présence d'une expression *métaphorique,* « comme des motifs », qui suggère un nouvel ordre de lecture : « puis », « allant », « se ressem-blaient », « se répétaient », « comme des motifs ». Motifs qui inscrivent dans le texte le passage d'un code à un autre en ce qu'ils actualisent au sein d'une métaphore la transition du réel à l'irréel ou, autrement dit, du littéral au figuré. On s'aperçoit alors que si, dès la première lexie, le texte déplace notre lecture du code du réel, s'il peut produire ces effets de *magie* et de *monde imaginaire* signalés par les critiques, c'est parce qu'il y a cohésion entre diverses formes : la modulation annoncée par les signes spatio-temporels « Puis un jour, en allant au village » se reproduit au niveau sémantique par l'introduction dans le texte des mots « se perdirent » et « brouillard ». En outre, les sèmes de ces mots se répercutent dans la phrase suivante dans laquelle sous la pulsion d'une forte surdétermination, tous ces glissements convergent dans le contenu et la forme de l'expression métaphorique « comme des motifs ». C'est ainsi que nous pénétrons dans un autre espace textuel, dans un espace où l'effet véhiculé par des mouvements de transition et d'écart s'oppose à l'effet de réel. Il ne reste plus alors au discours qu'à soutenir, qu'à diffuser ces codes et leurs effets de sens.

Aussi est-ce dans une atmosphère brumeuse, dans un état d'égarement, que Catherine glissant « un regard entre des mèches de cheveux » voit « le chasseur et les enfants qui sortaient du bois ». (28-29) Quoique décrite en termes précis (« L'homme marchait devant, en de longues enjambées... Le fils venait loin derrière, tête basse, accablé sous le poids de la gibecière », et plus loin « La fille du chasseur avait un visage couleur de muscade, des

26. BELLEMIN-NOËL, « Des formes... », p. 112.

yeux minces très noirs lui remontant vers les tempes ») l'apparition du chasseur et des enfants (qui seront appelés ensuite le « seigneur » et les « enfants du seigneur ») produit chez le lecteur un certain malaise, voire un sentiment d'étrangeté. On est très loin tout à coup de la ville de Catherine, de sa petite vie de famille. D'où provient ce sentiment d'étrangeté ?

À première vue, on n'explique pas aisément cet effet, car la description du chasseur et des enfants ne s'écarte pas visiblement d'une mimésis du réel. Toutefois, si l'on analyse cette description pour identifier l'organisation des champs sémantiques, on repère les catégories suivantes :

---

*1. Le petit garçon*
venait loin derrière, tête *basse, accablé,* dit qu'il avait la *fièvre,* son visage *effrayé,* baigné de *larmes*... il ajouta, tout bas, que son père l'obligeait à porter la *gibecière lourde* d'oiseaux *blessés*... les traces de *larmes,* Une *âcre* senteur de gibier *souillé* montait de l'enfant comme la propre odeur de sa *détresse*

*2. La fille du chasseur*
La fille suivait, s'efforçant d'aller vite et droit, malgré le *fusil*... Elle dit d'un air *pointu, sans regarder* Catherine et ses sœurs, qu'elle avait *chassé* dès avant le jour, à travers les marais et que la *gibecière* était pleine de *cailles*

*3. Le chasseur*
L'homme répondit d'une voix *brève,* avec *ennui,* puis, comme il regardait Lucie, quelque chose de *vif* et de *rusé* se réveilla sur son visage las... Puis il s'ennuya à nouveau sous la pluie avec une grande *hauteur*... de compagnie avec de grands chiens maigres

---

En condensant davantage le noyau sémique indexé sur ces champs sémantiques, on dégage les éléments suivants : *l'angoisse :* « accablé », « fièvre », « larmes », « détresse » ; la *meurtrissure :* « oiseaux blessés », « âcre senteur de gibier souillé », « la gibecière... pleine de cailles » ; le *dédain et l'ennui :* « L'homme répondit d'une voix brève avec ennui », « Puis il s'ennuya », « avec une grande hauteur » ; la *lascivité :* « comme il regardait Lucie, quelque chose de vif et de rusé se réveilla sur son visage las ». Si on se rappelle la description préalable des trois petites sœurs qu'il fallait « nourrir, laver, peigner, habiller » (27), on voit que par une opposition de structures sémantiques, où l'insolite s'oppose manifestement au registre du quotidien, l'irréel inscrit petit à petit son effet dans le texte. À cet égard, il est significatif que l'odeur, étrange, qui caractérise l'enfant soit celle d'une « âcre senteur de gibier souillé » (30), puisque le mot souillé possède les sèmes de contaminer, profaner, avilir, entacher.

Mais il y a plus. Comme si le texte ne faisait que répéter sous diverses formes le même sens, comme si pour signifier il lui fallait se redire, cette description du chasseur et des enfants est réitérée, deux paragraphes plus loin, par l'intermédiaire des paroles de l'oncle. Or, par son style, cette répétition s'inscrit dans un discours dont la spécificité est visiblement littéraire :

> Lucie regarda l'oncle par en dessous et elle lui parla du chasseur qui l'avait trouvée forte pour son âge.
>
> ... Il jura, s'étouffa, puis il parla, moitié avec ressentiment, moitié avec joie aigre, des droits usurpés de chasse et de pêche, de toute la campagne ravagée par un seul seigneur, des bêtes blessées pourrissant dans les fourrés et des filles pures rendues mauvaises en une seule nuit.(30)

Par le biais de procédés anaphoriques et hyperboliques (« des droits usurpés », « de toute la campagne ravagée », « des bêtes blessées », « des filles pures rendues mauvaises ») et par le biais aussi de structures antinomiques (« toute la campagne » / « un seul seigneur », « des filles pures rendues mauvaises » / « en une seule nuit »), ce récit, qui affirme l'irréel en le consacrant au niveau de l'écriture, répète la structure sémique repérée dans la description du chasseur. Plus précisément, ce récit réitère les sens de la *meurtrissure* « des droits usurpés... des bêtes blessées pourrissant dans les fourrés », et de la *lasciveté* « des filles pures rendues mauvaises ». C'est ainsi par une reprise textuelle que la première description du chasseur et des enfants, qui créait par ses structures sémantiques un effet d'irréel, déplace, à coup sûr, notre lecture d'un registre du réel pour l'inscrire dans l'irréel. D'autant plus que le récit de l'oncle dépasse les paramètres de la description du chasseur et de ses enfants pour enfoncer le texte encore plus profondément dans une épaisseur irréelle où viennent se greffer aux détails soulignés de nouveaux éléments : « la maison trapue aux fenêtres longues et étroites... la femme qui vivait là, en un désœuvrement infini, s'entourait souvent de faste et de cruauté... la maison des seigneurs, un soir de pluie ». Est-il nécessaire de souligner ici l'expansion d'un sens irréel, lequel provient, d'une part, de la répétition des sèmes de l'angoisse « désœuvrement, faste, cruauté » et, d'autre part, de la double allusion, progressivement articulée, de la « maison trapue » à la « maison des seigneurs », où de toute évidence le mot « seigneur » accentue la présence d'un code irréel dans la première lexie ? Ce n'est sûrement pas par hasard que cette lexie se termine en évoquant « la maison des seigneurs » et « un soir de pluie », car, par là, elle renvoie au début du texte, à l'incipit « C'était au pays de Catherine », où déjà « pays » recelait des sémèmes de l'irréel. Dans cette lexie, le *pays* acquiert progressivement une opacité sémantique par la collocation des sèmes de l'irréel. Cette collocation s'amorce d'abord par les notions de brume, d'égarement et de vision, signes de transition qui permettent un passage à la description du chasseur et des enfants, et ensuite les signes de l'irréel éclatent et se confirment dans le récit de l'oncle.

Mais comme si l'irréel pouvait se dissoudre dans la brume qui l'enveloppe, le début de la deuxième lexie nous ramène de plain-pied dans le réel : « Une fois le vin, le tabac, le bois, la farine, le sucre et le sel rentrés... l'oncle renvoya ses nièces ». (32) De fait, on apprend que « Catherine et ses sœurs ne retournèrent plus à la campagne ». (32) Ce dernier détail est important dans la mesure où l'irruption de l'irréel était gouvernée dans la première lexie par une modulation des dimensions spatiales, c'est-à-dire par le passage de la ville à la campagne. Or, si la fiction nous éloigne de cette campagne mystérieuse, on peut se demander ce qui assurera dorénavant la persistance de l'irréel. Une lecture attentive de la deuxième lexie nous apprend que cette survie tient surtout à la présence de signes de l'irréel qui, pour contrecarrer le blocage anecdotique, s'expriment par le biais du code onirique : « Pendant longtemps, un paysage noyé de pluie et de brume vint visiter les petites filles » (32), « Catherine, la première... rangea la maison des seigneurs, très loin en son cœur... Elle eut un songe ». (33) Et comme nous le savons, ce songe fait de nouveau apparaître dans le texte « la maison des seigneurs... le parfum des arbres... la peine d'un petit garçon... la pluie et le brouillard ». D'où la présence d'une jonction éminemment significative entre les codes de l'irréel et de l'onirique. Dans notre étude de l'onirisme, nous avons souvent remarqué que ce code s'axait en partie sur la notion d'un micro-récit. Il n'est pas étonnant alors qu'un mouvement inverse se produise, mouvement selon lequel le code irréel s'insinue dans notre lecture par le biais du rêve. Comme le signale Bellemin-Noël, ce genre d'engrenage, qui repose sur une dialectique fondamentale entre le fantasme et le fantastique, est chargé de sens : « Un conte fantastique présente en langage écrit... un fantasme exactement semblable à ceux que présentent, dans la psyché individuelle, la rêverie diurne, le rêve nocturne[27] ». Ainsi dans *Les Chambres de bois,* la jonction de l'irréel à l'onirique — jonction qui se subsume dans la polysémie du « paysage noyé de pluie ou de brume » où le paysage détient des sémèmes de l'irréel et de l'onirique — laisse entendre l'appartenance de l'irréel au discours du rêve.

Toutefois, le texte ne bascule jamais complètement dans le rêve ni dans l'irréel. Le réel fait toujours irruption. D'où les phrases qui, tout de suite après le rêve, indiquent au lecteur un changement de code : « Mais le jour criait après Catherine. Il y avait des matins pleins d'odeur de filles-enfants... Le père au travail, les sœurs à l'école, Catherine penchait un visage d'innocente sur la tâche quotidienne. » (33) Et d'où également l'irruption significative du réel : « Un hiver vint qui fut très froid... La neige couvrit le pays. » (35) On dirait cependant qu'axé sur un système dyna-

---

27. Jean BELLEMIN-NOËL, « Notes sur le fantastique », dans *Littérature,* n° 8, 1972, p. 6.

mique selon lequel les codes fonctionnent par des mouvements continuels, le réel, à peine réinscrit dans le texte, engendre une structure opposée. La description du froid, du silence, de la solitude, de l'hiver donne lieu dans la même lexie au code irréel : « Elle désira donner asile au rêve et devint lointaine, pleine de défi et de mystère comme celle que flaire un prince barbare en secret. » (37) De nouveau dans cette phrase, le lexique, comme pour subvertir l'effet de réel, comme pour le nier, exprime le passage du rêve à l'irréel.

À vrai dire, la logique qui gouverne le sous-texte, c'est-à-dire non pas l'intrigue mais l'agencement des codes, est ici particulièrement intéressante. C'est à la suite de cette allusion au « prince barbare » que dans la prochaine lexie Catherine, « fascinée » par une musique merveilleuse, rencontre un jeune homme à la face « inquiète et rare ». (38) Cette articulation qui s'effectue par l'embrayage de plusieurs niveaux sémantiques produit des effets de sens complexes. Par la phrase « Elle désira donner asile au rêve et devint lointaine, pleine de défi et de mystère comme celle que flaire un prince barbare en secret », la fin de la troisième lexie fait nettement appel à l'irréel. Gouvernée par la mémoire de ce sens, la description de Michel dans la quatrième lexie renvoie subtilement à l'irréel exprimé dans le syntagme « un prince barbare ». De fait, la description de Michel jouant du piano répercute les sens de l'irréel par l'accumulation de plusieurs éléments. On remarque d'abord un écart du réel au niveau du *lexique :* « « Le piano est accordé », s'était-elle répété, le long du corridor, avec *émerveillement* comme s'il se fût agi de l'entente soudaine, *débordante, de toutes les choses* de la terre » (38), « Catherine s'est assise tout près du piano, *fascinée* par ce passage visible de la musique » (38) et aussi « la musique s'emballa, sembla devenir *folle* ». (39) Ensuite, on s'aperçoit que la description de Michel, l'« *inconnu* », tient aussi de l'irréel, « sa face *inquiète* et *rare* », « cet *étonnant* regard en amande le plus souvent au guet entre les cils, et, parfois, s'abattant sur elle comme un *éclair d'or* ». (39) Ses mains sont décrites comme étant « précieuses » et ses gestes sont théâtraux : « Il s'inclina devant Catherine comme on salue après un concert ». (39) Enfin, au terme de cette lexie, on se retrouve dans le « *pays* de *brume* et de *forêt* » dont la réitération a pour effet de réactiver les sens préalablement inscrits du *pays* irréel : « Un *pays de brume* et de *forêt* se levait en Catherine. Elle y retrouvait un *seigneur hautain,* en bottes de chasse, une fille noire, affilée comme une épine, tandis qu'un petit garçon effrayé *s'illuminait soudain* et prenait taille d'homme ». (40) Il est entendu que si ces divers éléments — l'écart du réel, la description de Michel, l'allusion au « pays de brume » — produisent un effet d'irréel, c'est parce qu'une isotopie de l'irréel se construit à partir du lexique : « émerveillement, débordante, fascinée, folle, l'inconnu, inquiète, rare, étonnant, un éclair d'or, précieuses, pays de brume et de forêt, s'illuminait, soudain ». Tout se passe comme si cette collocation se formait pour dire au lecteur : « nous signifions l'irréel ». En modifiant une observation de Bellemin-Noël, on peut suggérer qu'il n'y a perception de l'irréel dans l'écrit que si l'irréalité « est soulignée par le discours lui-même[28] ». D'autant plus que l'irréel se greffe ici sur le motif de l'art qui en est un corollaire significatif.

Encore faut-il souligner que, par l'intermédiaire de ces divers éléments, le code de l'irréel s'installe d'une façon définitive dans le texte à la fin de la quatrième lexie. S'opposant au code du réel avec lequel il est en conflit, — conflit qui dicte le passage fréquent chez le lecteur d'un code à un autre, — le code de l'irréel se manifeste dès lors dans chaque lexie de la première partie. Évidemment, ces manifestations tiennent toujours d'une certaine redondance, sinon le code se déconstruirait. Ainsi, trouve-t-on dans les cinquième et sixième lexies non seulement la répétition de formules comme « jeune seigneur oisif et beau » (43), « ardent, fabuleux château d'enfance, prisonnier d'un pays de brume et d'eau » (45), mais on retrouve également l'interpénétration de l'irréel et du rêve, « — Tante Anita, j'ai peur que tout cela ne soit un rêve et que Michel ne m'épouse jamais ». (49) Quant aux rencontres de Michel et de Catherine, elles ont lieu d'abord dans un « parc aux arbres noueux » (42) et ensuite dans la ville ; renvoyant à la première vision de la forêt et du chasseur, ces rencontres sont indexées sur le discours de l'irréel. Lorsque Michel cherche Catherine, le texte nous dit qu'il semblait « continuer une exaltante promenade en *forêt,* longeant les marais, parmi les herbes et les branches, faisant lever le *gibier* d'eau sur son passage ». (46-47) Et le texte continue : « Où que Catherine allât dans la ville, il y avait une heure entre le jour et la nuit d'automne au cours de laquelle le *jeune homme* surgissait, à ses côtés, chaussé de bottes pleines de *boue,* suivi d'un chien efflanqué ». (46) En outre, lorsque Catherine et Michel se querellent, celle-ci voulant percer les mystères de la « maison des seigneurs » (« — Michel, je veux savoir. Il faut que je sache. Qu'est-ce qui se passe dans votre maison et dans la forêt qui est autour ? » [51]), le résultat de leur dispute est exprimé non seulement en termes d'une oppo-sition entre les deux maisons, mais aussi en fonction d'un refus de la brume de la part de Catherine : « Elle ordonna que l'on fermât plus tôt les volets et la porte, prétextant la *brume* et cette *odeur* de terre montant tout alentour de la ville, à l'assaut des longues soirées d'automne ». (51) Mais, comme si rien, ni maison, ni volets, ni porte, ne pouvait finalement freiner la puissance du « pays de brume », celui-ci envahit la psyché de Catherine par la voie de l'inconscient : « Un chœur de voix enfantines alternées *assail-lait* Catherine en son *demi-sommeil,* rejoignant à mesure la voix même de ce

---

28. BELLEMIN-NOËL, « Notes sur... », p. 20.

sombre *enchantement* auquel, au plus profond d'elle-même, elle se trouvait livrée ». (52) C'est encore une fois par l'union du rêve et d'un micro-récit que l'irréel, rejeté par Catherine au niveau de la fiction, s'empare ici du texte, l'envahit provisoirement pour y inscrire un discours fantasmatique : « On peut se perdre dans la cuisine comme dans une ville chaude encombrée d'épices, d'odeurs qui cuisent, de cuivres rouges qui flamboient. Les femmes surtout sont méchantes et dorment dans les chambres les plus éloignées, sur des lits grands comme des maisons » (52); discours où se répète, écho étrange et hallucinant, l'histoire des deux enfants abandonnés : « — La mère est morte toute seule... » (52)

Comme on le sait, Catherine accepte ensuite d'aller chez Michel : « si vous venez... je vous accueillerai en ce monde de mon enfance ». (54-55) Aidée par sa tante Anita, elle prépare un « long voyage » chez Michel. Dans un mouvement analogue à celui qui caractérise la transition du réel à l'irréel dans la première lexie, ce voyage dans la fiction dédouble le passage d'un code à un autre. Autrement dit, ce voyage nous permet de pénétrer dans l'univers étrange de la maison des seigneurs. Reste à savoir comment cet univers se structure. Une lecture attentive de la dixième lexie, dévoile les éléments suivants. 1) Catherine entreprend son voyage le *soir*. 2) Une *frontière* sépare le domaine de Michel du monde réel : Catherine « demeura seule un moment contre la *grille,* le temps que s'éteignît la sonnette rouillée » (57), Michel « *hésita* à ouvrir... *ouvrit,* laissa passer la jeune fille et *referma* la *grille* sur elle ». (58) 3) La maison est décrite comme étant un lieu *clos* et *obscur :* « massive, avec ses fenêtres fermées, sans un filet de lumière ». (57) 4) L'*odeur* du jardin est âcre : « l'haleine *violente* de la terre d'automne et des feuilles *macérées* lui montait au visage ». (59) Autrement dit ce sont des sémèmes d'*obscurité,* de *clôture* et de *pourriture* (odeur qui rappelle celle du « gibier souillé » dans la première lexie) qui caractérisent dans un premier temps la maison des seigneurs. Dans un deuxième temps, alors même que « Catherine ne pouvait détacher ses yeux de cette *singulière,* lourde demeure reprise par la *nuit* », le texte nous enfonce encore plus profondément à l'intérieur de la « maison des seigneurs » par le truchement d'un mot à sens ambigu : elle « songeait ». (59) C'est là, dans l'espace indicible qui sépare le conscient de l'inconscient, le réel de l'irréel, qu'émergent les signes de l'*art :* « le piano de Michel », « sa palette de couleurs »; les signes de l'*oisiveté :* « son amer loisir et toute la vie de château »; et les signes de la *mort :* « Elle évoquait ces femmes de grande race, cruelles et oisives, maintenant couchées en leurs moelles crayeuses ». (59) Mais au moment où « l'image » (dont le sens aussi demeure ambigu) de Lia surgit (« et soudain, l'image vivante et aiguë de Lia, sœur de Michel, se dressa dans le cœur de Catherine » [59]) il s'effectue une rupture et un départ de l'irréel. Ayant ouvert et refermé « la *grille* avec d'infinies précautions » (59-60), Michel demande à Catherine de partir.

Toutefois, l'ayant ramenée à la ville, Michel ne se sépare pas de Catherine, mais lui demande, au contraire, de ne pas l'abandonner. Son discours se caractérise par des effets insolites : « Il parla de la solitude de la ville pierreuse... de l'homme qui est sans gîte, ni recours, de la violence du sang chez les filles qui se damnent ». (63) Par ailleurs, ses paroles se désignent comme « étranges » : « Michel chuchotait ses *étranges* paroles... Il parlait comme s'il avait eu la *fièvre* ». (63) Et c'est en proie à un curieux « vertige » que Catherine accepte de partir avec Michel à Paris.

Ayant suivi sur un plan chronologique les manifestations du code de l'irréel dans la première partie du roman, résumons maintenant les procédés qui gouvernent la production d'un sens irréel. 1) De même que le discours onirique se démarque du récit global par des signes sémantiques ou typographiques, le discours irréel s'introduit dans le texte par des charnières qui signalent au lecteur le passage d'un code à un autre (« puis », « allaient », « brouillard », « se perdirent » etc.). 2) Le code de l'irréel se construit par l'intermédiaire d'un champ sémantique qui s'organise autour des éléments suivants (cette liste n'est pas exhaustive, son but étant de signaler des exemples ponctuels).

---

*lieu*
La campagne (28), les bois (29), la maison trapue (30), la maison des seigneurs (31), un paysage noyé de pluie et de brume (32), la maison des seigneurs, les arbres (33), Un pays de brume et de forêt (40), le parc aux arbres noueux (42), à travers bois (44), ardent, fabuleux château d'enfance, prisonnier d'un pays de brume et d'eau (45), une exaltante promenade en forêt (46), dans votre maison et dans la forêt qui est autour (51), cette maison au fond des bois (52), La maison de pierre (57), cette singulière, lourde demeure, toute la vie de château (59)

*atmosphère*
1. brouillard, brume (28), un soir de pluie (31), un paysage noyé de pluie et de brume (32), la pluie et le brouillard (33), Un pays de brume (40), prisonnier d'un pays de brume et d'eau (45), la brume (51)
2. en une seule nuit (30), un soir (31), ce soir (41), plein d'ombre (44), Le soir (57), la nuit (59), La campagne nocturne (60), nuit (64)

*les figures et les figurations de l'irréel*
un seul seigneur (30), mystère, prince barbare en secret (37), sa face inquiète et rare (38), folle, cet étonnant regard, cette exaltation (39), un seigneur hautain, un petit garçon effrayé s'illuminait soudain (40), jeune seigneur oisif et beau (43), fabuleux château d'enfance (45), toute la vie de château (59), cette fille sacrée (60), ses étranges paroles, le vertige, la fièvre (63)

*les thèmes de l'irréel*

*l'angoisse :* accablé (29), fièvre, larmes, détresse (30), la trace d'un drame, d'un mal, d'une fièvre (45), Michel se met à trembler (51), malheureux (62), la fièvre (63)

*la meurtrissure et la pourriture :* oiseaux blessés, âcre senteur de gibier souillé, des bêtes blessées pourrissant dans les fourrés (30), faste, cruauté (31), cette odeur de terre (51), l'odeur du jardin devenait âcre (58), l'haleine violente de la terre (59)

*le dédain et l'ennui :* L'homme répondit d'une voix brève, avec une grande hauteur (29), Michel parut s'ennuyer (50), son amer loisir (59)

*la lascivité :* des filles pures rendues mauvaises en une seule nuit (30), Cette petite sœur... si jeune et presque maudite (51), Tout est sali, perdu, fini, De la boue, voilà ce qu'elle est devenue (60), la violence du sang chez les filles qui se damnent (63)

*la mort :* ces femmes de grande race, cruelles et oisives, maintenant couchées en leurs moelles crayeuses (59)

*l'art :* la musique s'emballa, sembla devenir folle (39), le piano de Michel, sa palette de couleurs (59)

---

3) Cette construction est gouvernée par plusieurs processus : l'*accumulation* des signes de l'irréel, garantissant certains effets de sens; la *réitération* des expressions « pays de brume et de forêt » et « la maison des seigneurs », répercutant les sèmes de l'irréel dans le texte entier; l'*autodésignation* du code irréel dans des expressions comme « fabuleux », « étrange », « barbare », « vertige »; l'*opposition* entre le lexique du réel et celui de l'irréel comme, par exemple, dans « maison » [de Catherine]/« maison des seigneurs », « jour »/« nuit », « travail »/« oisiveté ». Par ailleurs, ce code confirme des sens irréels en s'imbriquant dans le discours onirique et en s'exprimant souvent par des récits à traits littéraires. C'est évidemment par le biais de tous ces divers procédés, et non pas selon leur itération singulière, que sous la pulsion d'une forte surdétermination le texte produit chez le lecteur un effet d'irréel et c'est aussi par la convergence de tous ces éléments qu'il nous permet de pénétrer, en même temps que Catherine, dans l'univers insolite des « enfants du seigneur ».

Curieusement, toutefois, le début de la deuxième partie, qui nous situe dans l'appartement de Michel à Paris, tient d'une écriture du réel; les détails concrets abondent et on apprend que Catherine veut surtout « trouver du café, un moulin, des allumettes, du lait, des tasses, du pain, du beurre, des assiettes, des couteaux » (68) et « mettre de l'ordre » (69) dans l'appartement. En fait, on pourrait se croire complètement dans le domaine du réel jusqu'à ce que deux signes, anodins à première vue, signalent la présence d'un système d'inversion qui vient subvertir la représen-

tation du réel. Il s'agit des oppositions sémantiques clarté/obscurité, travail/
immobilité. On apprend, en effet, que Michel insiste pour que Catherine
tire les rideaux et qu'il lui défend de travailler : « Je ne veux pas que tu
travailles. C'est l'affaire de la servante... Catherine demeurait immobile ». (69) Or il ne faut pas oublier que la clarté du jour et le travail
quotidien représentent des éléments significatifs du code du réel dans ce
roman.

L'importance de ces inversions se confirme dans la lexie suivante où
la nuit s'associe au motif de l'angoisse, où les journées disparaissent en fait :
« Et les journées de Michel, à moitié sombrées dans le sommeil, s'écou-
laient, sourdes et aveugles ». (70) C'est dans ce monde obscur que progressivement les caractéristiques de l'univers irréel des « chambres de bois » se
concrétisent, soit un *espace* caché et clôturé qui sert de refuge à Michel :
« Le jeune homme avait repris son étroit lit de fer qu'il plaça tout près du
piano, derrière le paravent. Cela lui faisait une petite maison de paille pour
la nuit » (74); soit la *description* de Michel en termes d'une « ombre » :
« Elle appela. Nulle voix ne répondit. Il y avait toujours cette *ombre* immobile penchée » (71); soit, enfin, les allusions à l'*art,* en l'occurrence le
« piano » aux « accords stridents » (71) et la « palette » de Michel à laquelle
Catherine doit « ressembler ». (73) Et même si Catherine se dresse contre
la puissance envahissante de l'irréel en criant d'une voix rauque « qui n'était
pas de ce pays calme et mouillé » qu'elle désire « courir à perdre haleine »
avec ses petites sœurs (73), les deux derniers paragraphes de cette lexie
situent le discours dans l'irréel par le biais du lexique et d'une allusion au
rêve : « Catherine possédait déjà plusieurs robes *merveilleuses,* de la lingerie
*fine,* des bijoux *étranges* et légers » (74), « Si parfois Catherine s'éveillait
au milieu de la nuit, elle apercevait *comme en rêve* une *étrange* paillote trans-
portée dans un coin de sa chambre et l'*ombre* d'un homme penché sur la
musique qui souvent venait à manquer sous ses doigts ». (74)

C'est dans cette atmosphère d'obscurité et d'étrangeté que l'irréel s'in-
tensifie par des allusions à la sorcellerie. Un soir, lorsque Michel caresse sa
femme, le texte précise qu'il « rêvait d'*exorciser* cette chair tendre » (75);
par la suite quand Michel possède Catherine, on apprend qu'il « s'écroula
à ses côtés comme un noyé et... répétait : « Tu es le *diable,* Catherine tu
es le *diable* » ». (76) Dès lors l'irréel s'empare temporairement du récit.
Enfermés dans un « monde captif sous la pluie » (76), (monde qui renvoie
au « pays de brume et de forêt »), Michel et Catherine s'écartent de plus
en plus du réel : « Michel défendit à sa femme de s'occuper des comptes
et de renvoyer la servante ainsi qu'elle l'en priait. Il devint de plus en plus
taciturne, *son œil d'or fixe* comme un *soleil brûlé,* et il voua sa femme à un
*songe parallèle.* » (76) Les lexies où l'existence de Michel et de Catherine

est décrite, multiplient les sens de l'irréel, déjà repérés, pour organiser un univers sémantique de l'irréel qui se construit principalement autour des rubriques suivantes : l'*espace clos :* « Michel et Catherine habitèrent encore longtemps ces deux seules pièces lambrissées de bois » (81); l'*immobilité :* « Je ne veux pas que tu pleures, ni que tu ries » (83); l'*art :* « Je veux te peindre en camaïeu » (83), « Elle apprenait des fables et des poèmes par cœur », « le son du piano » (84); et la *mort :* « ce n'est rien qu'une petite mort ». (88)

Mais en lisant le texte de près, on se rend compte que tous les signes de l'irréel, ceux du « pays de brume et de forêt » et ceux des « chambres de bois » se réunissent dans le grand récit de Michel où, si l'on peut dire, l'irréel éclate. Dans ce récit délirant (91-93), Michel « les yeux perdus au loin » n'évoque pas seulement « la maison », « le jardin nocturne », les « vrais seigneurs », « le clavier », « les fêtes nocturnes de la fièvre et de l'angoisse » mais ses « paroles » sont ponctuées par celles de Catherine, qui font allusion aux « chambres de bois », à des « poèmes » et à des « fables » : « Ai-je assez pâli et langui dans ces deux chambres de bois? Ai-je lu les plus beaux poèmes et appris par cœur les fables les plus amères. » (91-92) Et dans un mouvement inverse à celui où l'irréel est consacré par le truchement d'un micro-récit, le récit de Michel se confirme et s'actualise dans la fiction : l'écart du réel véhiculé par ce récit s'exprime à un autre niveau par la réification de Catherine qui habillée dans « sa plus grande robe de fête couleur de camélia » prend la forme d'une « idole ». (92) La perte du réel se manifeste aussi dans la fiction par la démesure et le débordement. D'où, par exemple, la signification de « la fureur » d'un « accord dissonant [qui] fit tressaillir la jeune femme », d'où le sens de l'« excessive dureté » de Michel qui « sentait l'alcool et la sueur », d'où surtout le décentrement et le dédoublement du personnage de Catherine : « Il lui parlait à la troisième personne, avec reproche et fascination. Il disait : — Elle est si belle, cette femme, que je voudrais la noyer. » (93) C'est principalement par la modulation des formes pronominales, d'un *tu* implicite à un *elle* explicite, modulation renforcée par le démonstratif *cette,* que cette phrase peut exprimer la consommation de l'irréel dans la mort, « je voudrais la noyer ». On voit, dès lors, que l'éclatement manifeste de l'irréel dans cette lexie tient de la convergence de plusieurs niveaux textuels. Cette lexie ne récupère pas seulement les champs sémantiques de l'irréel (à savoir maison, jardin, clavier, etc.), lesquels se greffent au rêve et à l'acte de raconter (« Michel crut qu'elle n'avait rien de mieux à faire que de céder à la plus haute rêverie... Il se mit à raconter » [90]), mais elle actualise aussi le potentiel signifiant de l'irréel en fusionnant le récit de Michel au récit global, c'est-à-dire en les brouillant, et en intégrant dans la dernière phrase (« Elle est si belle, cette femme, que je voudrais la noyer »), un fragment du premier rêve : « L'image entière fut noyée ». (33) On passe ainsi du récit à la fiction, de la fiction au rêve; mouvement qui produit en soi des effets d'irréel. Des structures sémiques à l'articulation d'une histoire délirante, de l'histoire à une mutation dans la fiction, de cette fiction au rêve, le texte engage notre lecture dans un mouvement circulaire où récit, fiction et rêve se fondent et se confondent, où, récusant toute délimitation spatiale, temporelle et sémantique, le discours de l'irréel subvertit les contraintes d'une écriture du réel.

Si cette lexie marque l'éclatement de l'irréel, elle marque aussi la fin d'une étape. Dès ce moment, le code de l'irréel est modifié par la présence, dans l'univers de Michel et de Catherine, du personnage de Lia. Émergeant de « l'obscurité de l'escalier », celle-ci « franchit le seuil » (94) de l'appartement pour y apporter l'irréalité, doublement articulée, de l'étrange vie des « deux enfants abandonnés ». Que le personnage de Lia appartienne à l'irréel tient autant de la place que celle-ci occupe dans le champ sémantique du « pays de brume et de forêt » que de la représentation de ce personnage dans la deuxième partie du roman. D'abord perçue par Catherine, Lia est décrite par une métaphore animale filée : « *cet œil de profil,* long, très noir et étroit, ce nez de fin rapace, ce petit derrière haut perché sur de longues jambes sèches; toute cette allure *noble* et *bizarre d'oiseau sacré* » (95-96); ses actions rappellent « les grandes manières de Michel » (95), alors que son discours (également semblable à celui de Michel) se caractérise par son style littéraire : « — Je suis Lia pour l'éternité comme vous êtes Catherine pour le temps que vous pourrez! Est-ce que cela ne vous semble pas bizarre de ne pouvoir être autre chose que soi, jusqu'à son dernier souffle, et même au-delà, dit-on? » (95) Qui plus est, Lia réintroduit et réactive la mémoire et le sens du « pays de brume et de forêt » en parlant de l'enfance de Michel, du désir de celui-ci de « rester sous l'ombre fraîche de la maison jusqu'au soir ». (96)

Évidemment, la présence de Lia dans les chambres de bois a des répercussions sur le rapport fragile de Michel et Catherine. En fait, cette présence crée une disjonction entre ces deux personnages au profit d'une nouvelle jonction entre Michel et Lia : dans les lexies suivantes, la représentation d'un monde irréel est centrée sur l'étrange alliance entre le frère et la sœur et l'exclusion progressive de Catherine de cet univers insolite. Aussi lira-t-on : « Michel et Lia firent leur *apparition,* encore tout brillants de l'éclat de leur dispute, dans la *même fureur exaltée, semblables* et *fraternels,* deux longues *bêtes de race,* efflanquées et *suffisantes.* » (99)

Mais si l'univers de Michel et Lia est irréel, ce n'est pas tellement à cause de leur rapport incestueux — thème tabou, qui selon Todorov caractérise le genre étrange[29] — mais parce que cet univers s'organise autour de structures spatio-temporelles et de codes intertextuels et intratextuels qui médiatisent un effet d'irréel. Aussi, l'espace qui caractérise le monde de Michel et Lia est-il un espace *double*. Double et, par là même, hallucinant. En effet, dans la deuxième partie du roman plusieurs passages décrivent en détail l'endroit où Michel et Lia passent leur temps :

> *Au coin du feu,* en cet *espace réduit,* tour à tour poudré par les cendres et brûlé par les tisons, le frère établit une sorte de *campement* baroque auquel il convia sa sœur. Des verres, des livres... s'entassèrent sur le tapis et marquèrent les *places* de *Michel* et *Lia.* Ils ne bougeaient guère. (129)

Ou encore, « Le *frère* et la *sœur* reprirent leur poste devant le *feu,* pareils à deux santons de bois noirci. » (136) De même, lorsque Catherine revoit Michel une dernière fois, à la fin du roman, elle reconnaît « leur ordre à *eux,* cette sorte de campement établi sur le tapis, au coin du *feu* ». (187) Or la répétition dans ces passages de deux éléments, à savoir « Au coin du feu » et « Le frère et la sœur », projette le lecteur dans un autre espace, dans l'espace propre à l'histoire des deux enfants abandonnés : « — La mère est morte toute seule, au petit matin, les *enfants* endormis *au bord du feu* ne s'en sont pas aperçus » (52), « Le père chasse tout le jour... et les *deux enfants,* seuls, blottis au bord du *feu de bois,* dans la maison abandonnée, font un pacte et se jurent fidélité! » (127) D'où la superposition d'un espace *fictif,* mémoriel à celui qui caractérise les « chambres de bois ». Conjointement, le temps qui définit la vie de Michel et de Lia dans les « chambres de bois » n'est pas un temps habituel, ni même un temps réel. C'est plutôt « une espèce de temps à eux, immobile, antérieur ». (102) Temps qui se fusionne avec un passé : « Ne sens-tu pas à l'instant même ce parfum irritant de bure roussie? C'est ta pèlerine que tu as brûlée » ; temps qui évoque le « pays de brume » par les allusions à la « chasse aux canards », à la « brume », aux « marécages »; temps enfin qui affirme un écart du réel : « Qu'est-ce que le présent, en somme? » (136)

Or, c'est précisément la superposition de ces dimensions spatio-temporelles — de celles du « pays de brume » à celles des « chambres de bois » — qui gouverne le dédoublement des personnages de Michel et de Lia. Ceux-ci sont, en effet, *à la fois* les deux adultes qui habitent l'appartement à Paris et les deux enfants abandonnés. Et, soulignons-le, il ne s'agit pas d'un lien indirect ou d'une allusion à l'histoire des deux enfants abandonnés, mais bien d'un dédoublement actantiel. Pour s'en convaincre, il suffit ici de rappeler les paroles de Lia : « — Rien, rien, Michel, nous ne

---

29. TODOROV, *Introduction...,* pp. 54, 138, 146.

sommes rien, absolument rien, que deux pauvres enfants perdus. Oh! cette fumée me brûle les yeux. » (127)

Des superpositions de l'espace, du temps et des personnages, on passe aisément aux structures corollaires des thèmes de la mort et de la fictivité. Parler de fusion dans les temps et dans les lieux, c'est déjà récuser le réel; c'est aussi implicitement reconnaître la présence de dimensions proprement textuelles. Or, dans un mouvement qui consiste à écarter le réel, à l'anéantir, le texte par le truchement du thème de la mort dépasse les paramètres de l'univers des enfants du seigneur pour intégrer la fiction à un monde explicitement fictif. Il est certes significatif que Lia soit décrite en termes de « squelette » (108) ou de « corbeau calciné » (119), car à mesure que le récit progresse et à mesure également que l'irréel s'amplifie, la mort, déjà exprimée dans le motif de la noyade, se dévoile comme étant une force primaire qui plane sur l'univers des « chambres de bois ». Il est d'abord question de jeûne : « Lia refusa le vin, la viande, le café et tous les condiments. Catherine lui prépara un peu de riz, comme on offre aux morts. » (104) Ensuite lorsque Catherine fait la lecture à Lia il s'agit de « mort extatique », d'« abîme » et d'« enchantement profond ». (110) Et enfin le personnage de Lia est explicitement associé à la mort : « Lia croisait ses mains, inclinait sa tête sur son épaule et paraissait se couvrir de cendres » (118), « Mais Lia s'épuisait, scellait sa vie, et ses lèvres s'amincissaient comme celles des très vieilles femmes ». (120) Thème significatif dans le roman, la mort embraye le discours vers la représentation d'un espace explicitement fictif où Lia est comparée à une « reine d'Égypte » (106), où le frère et la sœur assument les formes diverses de « rois et reines de cartes » (103-104), de « deux romanichels impuissants, couleur de safran » (131) et de « deux santons de bois noirci ». (136) L'irréel se pose ainsi en corrélation étroite avec la notion de littérature. D'où s'inscrit la présence de livres, d'allusions à des poèmes et à des fables, et d'où, également, le sens de la référence au conte « La princesse et du pois ». (112) S'introduisant subtilement dans le roman par le biais de la brume et des sèmes de l'égarement, l'irréel révèle le procès de son écriture en débouchant sur la notion du littéraire qui lui donne tout son sens. Les champs sémantiques de l'irréel et les dédoublements spatio-temporels et actantiels ne font en dernière analyse que structurer un code qui permet à la fiction de se dédoubler et, par là, d'accuser l'irréalité qui la gouverne. Loin d'enfermer le roman dans un système tautologique, où le texte ne ferait que renvoyer au texte, ce code ouvre le discours vers un autre niveau de lecture où le « signe des poètes » (99) tracé sur les fronts de Michel et Lia constitue effectivement le *signe* d'une structure de sens.

Et voilà pourquoi sans doute la troisième partie du roman, où l'irréel est largement absent et où il y a surtout une représentation du réel, nous replonge par le biais d'un *retour* dans l'univers des enfants du seigneur, dans un univers irréel qui, au terme même de la clôture du texte ouvre la voie à d'autres sens par des allusions à un livre ouvert et par la répétition du vers de Supervielle : « — « Une toute petite bague pour le songe », Michel, rien qu'une toute petite bague. » (190)

Avant d'examiner comment ce livre et cette allusion modifient la production du sens, résumons les conditions textuelles qui créent un effet d'irréel dans le texte. L'analyse du code irréel nous a révélé que, si ce roman crée des impressions de *féerie*, de *magie* pour reprendre certains commentaires critiques, et s'il réussit à *représenter* un univers insolite qui fait appel à notre imaginaire, c'est à cause de la cohérence et de la convergence de ses structures. En premier lieu, d'une vaste structure qui, fidèle au sens du mot *irréel*, engendre un système d'opposition entre le réel et l'irréel ; système qui gouverne l'organisation des structures spatio-temporelles et des réseaux lexicaux ; système qui contraint le lecteur à passer, dans un mouvement qui tient presque de l'hallucination, du réel à l'irréel, de l'irréel au réel. La description au début du roman de la vie quotidienne de Catherine, description où les détails réalistes abondent, donne lieu à la représentation d'un « pays de brume et de forêt » qui ne cesse par la suite de se manifester dans le roman. Ainsi, dès la première lexie, comme Catherine, nous sommes perdus dans un brouillard, c'est-à-dire dans un espace textuel où le réel et l'irréel se juxtaposent, s'écartent, s'opposent ; où ils se rencontrent des fois par le truchement de deux structures charnières, celles de l'*onirisme* et du *micro-récit*. C'est certes en grande partie à cause de ces charnières que ce roman possède une certaine logique et qu'il crée, en dépit de la diversité de ses codes, un univers fictif dont la cohérence narrative demeure intacte. Car, dans la mesure où la représentation du rêve permet des effets de sens non réels, elle ouvre la voie à l'irréel ; autrement dit, elle permet l'engrenage, dont parle Bellemin-Noël, entre le fantasmatique et le fantastique[30]. Même au niveau du sens, la distance qui sépare le rêve de l'irréel, l'hallucination de l'imaginaire, n'est pas très grande. D'où l'importance de la deuxième charnière, celle de l'histoire des deux enfants abandonnés, issue du rêve et qui sert de pivot à l'irréel. Participant à la fois des codes oniriques et irréels, le récit des deux enfants abandonnés permet des effets de sens complexes où le rêve et l'irréel, plus précisément le déjà-vu et le déjà-raconté, se rencontrent dans un discours qui marque l'émergence de l'inconscient.

Quant à la spécificité du code irréel dans ce roman, elle tient surtout à l'organisation d'un champ sémantique qui répond à des structures doubles et dédoublées. L'espace dans les « chambres de bois » subsume celui du « pays de brume et de forêt » ou, alternativement, est subsumé par celui

---

30. BELLEMIN-NOËL, « Notes sur... », surtout pp. 3-10, 22-23.

du *pays,* étant donné l'articulation fréquente entre ces deux structures spatiales. C'est cette articulation qui motive un sens du mot « bois » par la convergence implicite entre *bois* et *forêt* dans les expressions les « chambres de *bois* » et « un pays de brume et de *forêt* » ; sens qui acquiert de l'ampleur par une autre superposition, souvent exprimée dans les micro-récits, des « enfants blottis au bord du *feu* de *bois* », et dans la fiction, « Le frère et la sœur reprirent leur poste devant le *feu* ». À partir de là le lien métonymique entre les « chambres de bois » et la « maison des seigneurs » saute aux yeux. Car, là aussi, il y a motivation. Sinon pourquoi la maison des seigneurs serait-elle décrite dans le récit de Lucie comme « cette *maison* au fond des *bois* », où « cela sent l'*armoire* de *cèdre* et la fougère mouillée », où « On peut se perdre dans la *cuisine* comme dans une *ville chaude* encombrée... de cuivres rouges qui *flamboient* » et où enfin « Les femmes surtout sont méchantes et dorment dans les *chambres* les plus éloignées, sur des lits grands comme des *maisons* » ? (52) Dès le titre, *Les Chambres de bois,* dès l'incipit où la « ville de hauts fourneaux flambant sur le ciel » donne lieu à la maison de Catherine, aux « bois » d'où sort le chasseur, à la « maison des seigneurs » (qui est située au fond des bois), le texte établit par le truchement du mot *bois* des rapports entre divers niveaux spatiaux et textuels. Axés sur une logique de l'irréel, ces rapports subissent des transformations constantes. Ainsi l'image de la « maison des seigneurs » au creux d'une « boule de verre » inscrit-elle la présence en creux des « chambres de bois » dans le texte.

Ce dédoublement de l'espace dans la fiction, par ses mouvements hallucinatoires, fait rebondir le discours vers des points-limites où les personnages de Lia et Michel, eux-mêmes dédoublés, deviennent, pour tout dire, irréels. Au sein de ce système, les thèmes de l'art, de l'obscurité, de l'immobilité, du délire et de la mort sont chargés de sens ; écartant un niveau du texte d'une mimésis du réel, ces thèmes, comme l'espace, comme le temps et comme les personnages, consacrent la nature irréelle et, par là, fictive du texte.

Ainsi construit et disséminé dans le roman, l'irréel crée une structure significative de sens. Dans un geste double qui consiste à rattacher l'irréel au rêve et au micro-récit, ce code révèle une vérité essentielle du texte : la signification des *Chambres de bois* relève moins de l'anecdote ou des thèmes que de la confrontation et de l'articulation de ses codes. Se situer au niveau de l'intrigue, comme certains critiques l'ont fait, c'est rester à la surface du texte ; étudier les thèmes, ceux de l'enfance, de la mort, de la libération, c'est aussi (en dehors de l'intérêt d'une telle démarche) rester en deçà de la structure tripartite qui engendre tous les thèmes et tous les sens. Toutefois, au terme de l'étude de l'irréel où s'est révélé le croisement des réseaux textuels, on rencontre un dernier paradoxe. Compris en fonction d'un écart et d'une négation, le concept d'*irréel,* tout en étant utile comme outil d'analyse, accuse une insuffisance. Ce concept ne peut tenir compte des liens étroits et profonds que l'irréel entretient avec le réel, avec ce que Bellemin-Noël appelle « notre vrai rapport au monde » :

> ce ne sont peut-être pas les longs romans réalistes, ceux qui se soucient de copier peu ou prou le réel de notre monde quotidien, qui nous en disent le plus long sur ce qui constitue au fond notre réalité la plus profonde, notre vrai rapport au monde : ce sont les contes de la nuit, du délire et de la fantaisie[31].

Tout aussi paradoxalement, c'est cette insuffisance qui garantit la pluralité de ce texte, qui assure que, par l'irréel, notre lecture est dirigée vers le réel, vers le rêve et, comme il reste à voir, vers le récit.

---

31. BELLEMIN-NOËL, « Notes sur... », p. 23.

# 6. La multiplanéarité : une forme signifiante

Au cours de notre analyse des codes du réel, de l'onirique et de l'irréel nous avons souvent constaté que ces codes ne se séparent pas aisément ; le discours du réel est souvent envahi par le discours onirique alors que celui-ci acquiert son sens par son rapprochement sémantique avec le code de l'irréel. Que nous révèle ce croisement des codes sinon que le texte se structure et structure le sens par le biais de cette multiplanéarité ? C'est finalement moins la présence en soi du code du réel, du code onirique et du code irréel qui génère le sens autant que la *cohabitation* de ces trois codes à l'intérieur du roman. Si chaque code possède ses propres effets de sens, c'est surtout le *croisement* de ces trois codes qui est source de signifiance. Or, cette signifiance comme nous l'avons souvent signalé découle non pas d'une mimésis, comprise au sens d'un reflet, mais d'une sémiosis textuelle qui s'opère aux niveaux intratextuels et intertextuels. Issus de trois lexiques différents, qui sont régis par des systèmes descriptifs particuliers, les trois codes produisent le sens en demeurant toujours tributaires d'un lexique et de son organisation sémantique. C'est uniquement par cette organisation que le lexique actualise pour le lecteur un effet de réel, un effet de rêve et un effet d'irréel.

Si la cohabitation des codes est essentielle à la structure signifiante du roman, quel sens se dégage de cette cohabitation ? et en quoi le fonctionnement de ce texte diffère-t-il par ce croisement de celui d'un autre texte ? d'un texte réaliste, par exemple ? Par le conflit qu'il engendre et par les tensions qu'il crée, ce croisement est à la base de ce qu'on peut appeler l'énergie ou le dynamisme du texte[1]. Si Lotman s'inspirant des structu-

---

1. À partir de la notion de structure comme opposition, LOTMAN développe dans *La Structure...* le concept dynamique de l'énergie du texte, pp. 277-285. Selon Lotman, cette énergie provient de la collision des éléments constitutifs du texte, par exemple, de ses oppositions sémantiques. Lotman souligne que c'est le conflit et non la résolution qui forme le dynamisme du texte, p. 278 : « Ainsi, la tension mutuelle des différentes sous-structures du texte, premièrement augmente la possibilité du choix, la quantité des alternatives structurales et, deuxièmement, fait disparaître l'automatisme, obligeant diverses lois à se réaliser par de multiples transgressions. »

ralistes tchèques soutient à juste titre que « L'effet artistique est créé précisément par le fait de la lutte[2] », force nous est de constater que la richesse dynamique des *Chambres de bois* résulte justement de la confrontation de trois codes à l'intérieur d'un seul espace textuel. L'opposition qui se joue entre le réel et l'irréel et l'ambiguïté qui relie le songe et l'irréel produisent une lutte entre les principaux éléments du texte, une lutte qui est à la source du dynamisme de l'œuvre ; de son dynamisme ou bien de sa jouissance, c'est-à-dire de cette jouissance, dont parle Barthes, de cette jouissance qui à l'encontre de toute esthétique réaliste mélange les langages, « fussent-il réputés incompatibles[3] », de cette jouissance « qui met en état de perte... qui déconforte... [qui] fait vaciller les assises historiques, culturelles, psychologiques, du lecteur[4] ». Juxtaposer, confronter et mélanger le réel, l'onirique et l'irréel, c'est effectivement mettre le lecteur « en état de perte » dans la mesure où cette structure plurielle subvertit l'ordre rationnel de notre perception du monde. À cet égard, il est important de rappeler que jusqu'en 1958, lorsque *Les Chambres de bois* ont paru, le roman canadien se caractérisait surtout par une esthétique réaliste. C'est donc avec une certaine puissance iconoclaste que *Les Chambres de bois* se sont manifestées non seulement comme un roman non réaliste, mais aussi comme un texte pluriel.

On aurait tort toutefois de croire que cette structure plurielle, immanente au texte, opère uniquement comme un système de signes figé à l'intérieur du texte, parce qu'un tel présupposé nierait le processus même de la lecture. S'il semble juste de soutenir que le sens se produit contextuellement par un croisement sémantique, il n'en reste pas moins que ce sens ne peut se réaliser que s'il est décodé par le lecteur. Comme Lotman le souligne, le propre du texte artistique est de fonctionner comme un système de communication : « L'art est un des moyens de communication. Il réalise incontestablement une liaison entre un émetteur et un récepteur[5]. »

La notion même de *code* implique celle de *décodage*. Or qu'est-ce que le décodage sinon une pratique effectuée par le lecteur, une pratique de déchiffrage, de compréhension et d'intégration ? À titre de structure immanente au texte, la multiplanéarité ne peut signifier que si elle est actualisée par le lecteur. Actualisée au sens philosophique que ce mot détient, « passage de la puissance à l'acte[6] » : la puissance signifiante inhérente aux mots ne peut se dégager que par l'acte de la lecture. En actualisant la structure

---

2. LOTMAN, *La Structure...*, p. 280.

3. BARTHES, *Le Plaisir...*, p. 9.

4. BARTHES, *Le Plaisir...*, p. 25.

5. LOTMAN, *La Structure...*, p. 33.

6. ROBERT, *Dictionnaire alphabétique...*, vol. I, article « actualiser ».

plurielle des *Chambres de bois,* le lecteur fait lui-même l'expérience de cette multiplanéarité. D'où une certaine tension puisque cette structure remet en question la limite entre le réel et l'irréel et entre le rationnel et l'irrationnel, et d'où aussi un certain malaise, car cette structure fait appel à la fois aux niveaux conscients et inconscients de la psyché du lecteur. Pour pratiquer une lecture des *Chambres de bois,* il faut soit réconcilier l'irréconciliable, ce qui n'est guère facile, soit accepter qu'il y ait de l'irréconciliable dans une unité textuelle. Par sa pluralité, la structure profonde de ce roman subvertit toute vision fondée sur une perception rationnelle ou consciente de l'univers. Récusant toute unicité du mode de représentation, et par là du sens, la multiplanéarité médiatise la vision d'un monde éclaté, d'un monde où le réel, l'onirique et l'irréel s'entrecroisent d'une façon presque hallucinatoire dans un texte qui déborde et qui fait jouir le lecteur par l'excès même de ce débordement. Le roman *Les Chambres de bois,* qui au départ met en scène le réel, va là où le réel ne peut pas entrer ; ce roman qui simule l'onirisme ne se livre jamais totalement à une activité fantasmatique et s'il traverse les frontières de l'irréel il ne bascule pas pleinement dans le fantastique. Lire *Les Chambres de bois,* c'est donc passer d'un code à l'autre, quelquefois dans un même moment sémantique, c'est abandonner les contraintes d'une lecture logique pour pénétrer dans un au-delà du réel tout en acceptant la présence de celui-ci, c'est vaciller entre le conscient et l'inconscient, c'est finalement pratiquer cette structure plurielle qui régit le sens.

Notre analyse n'a cessé de mettre en évidence que ce roman détient la puissance de son dynamisme par l'entrecroisement d'éléments significatifs qui produisent une structure sémantique qui les contient et les rend intelligibles. Étant donné l'importance de cette multiplanéarité il n'est sûrement pas fortuit que cette grande structure signifiante s'amorce en premier lieu là où le sens émerge, au début du roman dans la structure polysémique de *pays.* En juxtaposant au niveau des unités minimes le réel, l'onirique et l'irréel, le texte cristallise dans la poétique d'un mot une vaste pratique de sens qui donne lieu à des réseaux thématiques et médiatise la représentation d'un univers fictif.

Certes, cette structure plurielle permet d'enrichir le sens et nous avons voulu mettre ce phénomène en évidence en analysant la matière langagière. Et certes, cette structure produit une lecture dynamique par les conflits et les tensions qu'elle met en place. Mais c'est toutefois dans un espace textuel beaucoup plus vaste que celui des *Chambres de bois* que cette structure révèle son pouvoir de signifier et d'organiser la vision d'un monde inversé, puisque cette structure est celle-là même qui confère aux autres romans d'Anne Hébert leur forme et leur sens.

# L'ARCHITEXTURE
# DES *CHAMBRES DE BOIS*

Le texte
comme inscription du sens

> ... les grands récits se reconnais-
> sent à ce signe que la fiction qu'ils
> proposent n'est rien d'autre que la
> dramatisation de leur propre fonction-
> nement.
>
> RICARDOU.

NOTRE ANALYSE de la production du sens dans *Les Chambres de bois* a mis en évidence l'importance capitale du récit, comme *récit* unique et multiple, dans l'élaboration des codes oniriques et irréels; le discours onirique demeure essentiellement lié au motif de « raconter » alors que l'irréel reste branché sur la notion du littéraire qui amplifie son sens. Comme nous l'avons noté, cette primauté du récit dans la fiction se manifeste sur un plan structural surtout par la redondance et l'emboîtement. Les récits, notamment les micro-récits des deux enfants blottis auprès du feu, se répètent, se font écho et s'imbriquent les uns dans les autres hors de toute délimitation spatiale et temporelle et hors de toute linéarité logique. Ainsi disséminé, ainsi diffusé à travers le texte, le récit représente une composante fondamentale dans la création de l'univers fictif.

Mais est-ce là tout dire? Le récit ou plus précisément ces récits répétés et emboîtés ne font-ils qu'articuler pour le lecteur la vision d'un univers fictif? Est-ce uniquement au niveau de la représentation que la multiplicité des récits produit une richesse de sens? Si ce roman qui raconte une histoire expose, par une répétition incantatoire et par une imbrication à effet verti-gineux, le fait qu'il y a récit, ne faut-il pas se demander si ces multiples effets de sens se produisent uniquement au niveau de la fiction? En fait, n'est-il pas possible que, par son importance, le récit puisse diriger notre lecture vers un autre système de sens? Vers un système où, comme le suggère

Todorov, le texte nous parlerait « de sa propre existence[1] ». Admettre la possibilité d'un tel niveau de sens, c'est proposer essentiellement qu'au-delà et en dehors de la fiction qu'il articule, le récit servirait à indiquer la présence dans le texte d'une grande structure signifiante qui s'exprime par la voie de l'autoreprésentation.

Avant d'examiner s'il y a effectivement dans *Les Chambres de bois* un niveau de signification relié à l'autoreprésentation, précisons le sens de ce concept. L'autoreprésentation se définit, en premier lieu, par opposition à la représentation. Car, il est entendu que, si la fonction essentielle de la représentation consiste à médiatiser la création d'un univers fictif, celle de l'autoreprésentation en revanche, comme le préfixe *auto* l'indique (du grec αὐτός, « soi-même »), sert à mettre en évidence la présence du texte au niveau de sa dimension littérale. Un texte qui se représente est un texte qui parle de soi. Comme l'écrit Ricardou :

> Par un processus d'*auto-représentation* agissant à tous niveaux, éliminant tout enlisement dans une quelconque substance, débutant en son efficace circularité toute manœuvre de réduction naturaliste, le texte se signale comme tel et insiste, à d'autres niveaux, sur maints aspects de sa production[2].

Il est important de souligner que le concept d'autoreprésentation, tel que Ricardou le comprend, relève, d'une part, de l'évolution formelle du roman et, d'autre part, d'un présupposé théorique. C'est en effet surtout à partir du développement de la forme romanesque, et plus précisément de l'avènement du nouveau roman, que Ricardou entrevoit la problématique de la représentation et de l'autoreprésentation. Selon lui, l'évolution du roman peut se caractériser par trois tendances principales : 1) l'illusionnisme représentatif de style balzacien, 2) l'autoreprésentation du nouveau roman dans lequel, retournant la fonction représentative, le récit « se désigne mille fois lui-même », 3) la tentative d'antireprésentation pratiquée par le groupe de Tel quel[3]. Ricardou ajoute, par ailleurs, que différentes idéologies gouvernent ces catégories. La première occulte le texte en faveur d'un sens institué (comme dans certains romans naturalistes ou romantiques), la deuxième occulte le sens en faveur d'une spécificité textuelle (comme dans certains nouveaux romans) et la troisième abolit carrément toute tentative

---

1. Tzvetan TODOROV, *Littérature et signification*, p. 49. Dans ce même passage Todorov précise : « Ainsi le roman tend à nous amener à lui-même ; et nous pouvons dire qu'il commence en fait là où il se termine ; car l'existence même du roman est le dernier chaînon de son intrigue, et là où finit l'histoire racontée, l'histoire de la vie, là exactement commence l'histoire racontante, l'histoire littéraire. »

2. RICARDOU, *Pour une théorie...*, p. 109.

3. RICARDOU, *Pour une théorie...*, p. 32.

de représentation[4]. L'avantage de cette classification relève du fait qu'en opposant le nouveau roman à celui de type balzacien, Ricardou met en évidence sur un plan pratique, c'est-à-dire à partir d'un certain corpus, la distinction entre la représentation et l'autoreprésentation. Il est certain que si l'on compare un roman de Robbe-Grillet à un roman balzacien, la notion de représentation s'éclaircit dans la mesure où ce dernier demeure branché sur l'esthétique d'une illusion mimétique alors que celui-là vise à détruire cette illusion en exhibant sa composante textuelle. Par contre, il est certain aussi que Ricardou simplifie la question en passant sous silence le fait que *tout* texte — ancien, traditionnel, nouveau ou nouveau nouveau — détient à un degré plus ou moins marqué des fonctions à la fois représentatives et autoreprésentatives. D'où, pour ne mentionner que deux exemples bien connus, la mise en évidence du texte dans *Jacques le fataliste* de Diderot et la production d'un sens représentatif dans *La Jalousie* de Robbe-Grillet. Comme le signale pertinemment Linda Hutcheon[5], l'autoreprésentation ne se limite pas aux textes dits « modernes ».

Si l'étude de l'évolution du roman ne suffit pas à expliquer le sens de l'autoreprésentation, une incursion dans le domaine théorique éclairera davantage les fondements de cette question. S'inspirant des écrits de Jakobson, Ricardou reconnaît la distinction fondamentale entre la dimension *référentielle* d'un texte (où le texte tend à représenter autre chose que lui-même) et sa dimension *littérale,* selon laquelle le texte tend à se représenter[6]. Curieusement, même au niveau d'une discussion théorique, Ricardou énonce une polarisation qui peut paraître excessive. Tout se passe comme si, pour ce critique, la présence d'une composante occultait ou bien gommait l'autre : « *La fascination qu'exercent les aventures d'un récit est inversement proportionnelle à l'exhibition des procédures génératrices...* un récit dégénère qui montre un seul instant comment il se génère[7]. » Or, il faut rappeler que selon Jakobson la fonction poétique, qu'il définit comme « la visée (*Einstellung*) du message en tant que tel, l'accent mis sur le message pour son propre compte[8] », peut *coexister* avec la fonction référentielle, qu'il décrit comme l'orientation

---

4. RICARDOU, *Pour une théorie...*, pp. 20-27.

5. Linda HUTCHEON, « Modes et formes du narcissisme littéraire », *Poétique*, 29, 1977, 91.

6. Jean RICARDOU, *Nouveaux problèmes du roman*, pp. 151-164.

7. Jean RICARDOU, *Le Nouveau Roman*, p. 76. C'est Ricardou qui souligne.

8. Roman JAKOBSON, *Essais de linguistique générale*, p. 218. Jakobson précise, dans ce même passage, que la fonction poétique ne se limite pas à la poésie : « Toute tentative de réduire la sphère de la fonction poétique à la poésie, ou de confiner la poésie à la fonction poétique, n'aboutirait qu'à une simplification excessive et trompeuse. »

du message « vers le contexte[9] », même si souvent l'une des fonctions domine. Parler, comme le fait Ricardou, en termes d'exclusion ou d'effacement ne tient pas compte de ce facteur important qui est certainement opératoire dans tout texte poétique où il y a coexistence entre ces deux fonctions[10].

Dans notre analyse nous allons procéder de façon heuristique afin de découvrir par quels moyens le roman *Les Chambres de bois* est un texte qui nous parle de lui-même et de « sa propre existence ». Considérant le texte comme un palimpseste où, derrière chaque surface, s'en cache encore une autre, nous passerons du manifeste à l'occulté en commençant par la mise en évidence d'un certain lexique. Car, il est évident que, si la répétition des micro-récits ouvre la lecture vers un système d'autoreprésentation, celui-ci, comme toute structure de sens, se manifestera le plus visiblement au niveau de l'énoncé.

---

9. JAKOBSON, *Essais...*, p. 214.

10. JAKOBSON, *Essais...*, pp. 222-248.

# 1. Le lexique

Une lecture attentive du roman révèle la présence d'un réseau lexical qui s'organise autour des noyaux sémantiques du *récit* et de la *parole*. Le texte, en effet, évoque souvent des formes diverses du récit; il nous parle de « livres », de « fables » et de « poèmes »; fréquemment, il met en scène des personnages en train de lire. On remarque également une attention particulière accordée à la parole et à l'acte de parler. Vers la fin de la première lexie, par exemple, on peut lire : « La parole se frayait de durs chemins à travers le silence de l'oncle ». (30)

La schéma suivant fait ressortir l'étendue, et par là l'importance, des instances lexicales du récit et de la parole dans le roman[1].

---

*Récit*

lettre(s) : 41(2), 54, 178
lisait : 79, 82, 87, 105, 110
livre(s) : 81, 87, 105, 110, 111, 122(2), 129, 187(2)
lecture : 105, 110
lire, lis : 106, 111
lisions : 187, 188
récit : 50, 52
poème(s) : 84(2), 91, 190
poètes : 99
poésie : 180
fables : 84(2), 92
caractère : 99
y : 99 (caractère imprimé)

*Parole*

parole(s) : 30, 48, 52, 61, 63, 64, 90, 96, 101(2), 103, 125, 161, 184(2)
parla : 30, 40, 48, 50, 63, 96, 124, 188
parler : 30, 60, 91, 92, 127, 188
parlait : 63, 91, 93, 175(2)
parlant : 127
évoqua : 30
mot(s) : 48(2), 64, 98, 102, 110, 125
raconté(r) : 53, 90
racontait : 124
chansons : 53, 82
chantait : 82
chante(s) : 105(2)
langage : 88

---

1. Cette liste n'est pas exhaustive : seuls sont cités les exemples les plus probants. Les occurrences de « parler » retenues ont le sens de raconter plutôt que de dire. Les chiffres renvoient aux pages du roman et les occurrences d'un mot dans une même page sont notées ici entre parenthèses.

salle d'étude : 105
conte : 112
journaux : 117
revues : 117
article : 117
pages : 133
psautier : 133
écrivit : 156
écrire : 180

signe(s) : 99(2), 101
phrase : 98, 102
syllabes : 98
conversations : 102
noms : 105(2), 108
histoire : 124
conteuse : 127, 188

---

Notons d'abord ce que ce schéma nous apprend. 1) Le réseau sémantique du récit et de la parole est considérable. 2) Sur le plan de la redondance, les mots *livres* et *paroles* sont les plus fréquents. 3) La notion de *récit* forme un paradigme qui recouvre une grande variété de genres littéraires comme les fables, les poèmes, etc. 4) Les catégories du récit et de la parole, différentes à première vue, se rencontrent par le biais de mots comme *raconter* et *conteuse*. Quatre procédés différents, soit une valeur quantitative, une redondance sémantique, une structure paradigmatique et une jonction des signes, contribuent à assurer la persistance du sens.

Une incursion dans le domaine thématique révèle que la fiction corrobore cette structure lexicale. On dégage aisément la présence du thème du langage dans le roman. Lorsqu'ils parlent et lorsqu'ils écoutent, Catherine, Michel et Lia sont souvent conscients de la puissance évocatrice de la parole :

> — C'est une petite mort, Michel, ce n'est rien qu'une toute petite mort.
> Le langage de Catherine surprenait Michel et le ravissait à la fois. Il balbutia :
> — Comme tu as appris à bien dire des choses atroces, Catherine. (88)

Force mystérieuse et puissante, le langage est apprécié jusqu'à ses formes et ses sons :

> Catherine nota soigneusement les *noms* des herbes que lui avait appris la servante. Et parfois, le soir, lorsque le temps durait trop, elle les appelait, un par un, comme des compagnies vivantes. Les *noms surgissaient* tour à tour, se rompant presque aussitôt sur la langue, descellant leur parfum intact : marjolaine, basilic, romarin, laurier, sauge... (105)

Il y a toutefois une parole à laquelle Catherine ne peut accéder : « Catherine reconnaissait, avec une grande tristesse, le *charme* de la *parole* de Lia qui était celui même de Michel. Elle dit... pénétrée... de sa maladresse d'expression ». (96) Or, si Catherine ne peut participer au charme de cette parole, c'est parce que celle-ci appartient à l'univers de l'irréel où elle s'inscrit, par une forte réflexivité, dans la voie du poétique.

Examinons, à l'aide de deux citations, comment ce mouvement se produit :

> Le frère et la sœur étaient livrés aux prestiges de la *parole,* une *parole* légère, elliptique, dont Catherine se trouvait exclue, mais qui s'inscrivait dans son cœur comme les *signes farouches* et *sacrés* du *mystère* de Michel. (101)

Le parcours du sens dans cette phrase peut se résumer de la façon suivante : « parole » (2) —➤ « signes farouches », « sacrés », « mystère ». Aussi faut-il se demander si cette parole sacrée dont Catherine est exclue est signifiante uniquement au sein de la fiction ou bien si elle constitue un reflet de la parole du texte. Pour répondre à cette question, considérons un autre passage :

> N'y avait-il pas jusqu'à ce *caractère* singulier *tracé* par une petite veine en *y* sur le front de Michel qui se répétait sur le front de la sœur? Michel avait déjà dit à Catherine que c'était là le *signe* des *poètes.* (99)

On reconnaît dans cette phrase forte en signification le même sens que dans le passage ci-dessus cité, à savoir qu'une parole mystérieuse, exprimée ici en termes d'un caractère sigulier, gouverne l'étrange rapport entre Michel et Lia. Sur un autre plan, on discerne la présence de plusieurs marques dont la nature est nettement scripturale : « caractère », « tracé », « y », « répétait », « signe », « poètes ». De toute évidence, l'agglutination de ces mots exprime, à un niveau sous-jacent, le processus de l'écriture et nous rappelle la part de la *poïêsis* (compris au sens grec d'une fabrication) dans le roman. En fait, si nous juxtaposons les mots de ces deux citations, n'avons-nous pas, condensée en abyme, une clé de l'esthétique du roman : *a)* parole (2) —➤ signes farouches, sacrés, mystère; *b)* caractère, tracé, y, répétait, signe, poète? Et ces séquences ne révèlent-elles pas au lecteur précisément le genre de reflet dont parle Valéry : « Montre dans la même phrase (le même récit) son reflet, sa réponse, son néant, ses fondements[2] » ?

---

2. Paul VALÉRY, *Oeuvres,* t. II, p. 575. Cité dans Lucien DÄLLENBACH, *Le Récit spéculaire : essai sur la mise en abyme,* p. 68, n. 4.

# 2. Les mises en abyme

LA DIFFUSION des mots *récit* et *parole* et de leurs corollaires sémantiques dans le texte ne représente qu'une première manifestation d'un fonctionnement autoreprésentatif. Comme nous l'avons noté dans l'étude des codes, les récits génèrent un système complexe de réduplications et d'imbrications. Non seulement les micro-récits sont-ils enchâssés dans le récit principal qui les contient, mais le lexique, que nous venons d'examiner, constitue sur un plan sémantique un reflet de ce miroitement. Cet effet de miroir représente à coup sûr une manifestation du procédé d'autoreprésentation le plus connu, soit la mise en abyme.

## Les récits

D'abord signalé par Gide dans un passage maintenant célèbre de son *Journal 1889-1939*[1], la mise en abyme — comme le démontre Dällenbach qui a consacré un livre entier à l'étude de ce procédé[2] — a acquis à travers les années des sens divers et souvent imprécis. Pour des besoins de clarté, nous allons utiliser la définition proposée par Dällenbach : « *est mis en abyme tout miroir interne réfléchissant l'ensemble du récit par réduplication simple, répétée ou spécieuse*[3] » (par « spécieuse » Dällenbach entend le genre de réduplication où un fragment de texte inclut l'œuvre qui l'inclut[4]). Il faut ajouter que nous emploierons le terme de mise en abyme seulement dans les cas

---

1. André GIDE, *Journal 1889-1939*, 1948, p. 41. Cité dans DÄLLENBACH, *Le Récit...*, p. 15.

2. DÄLLENBACH, *Le Récit...*

3. DÄLLENBACH, *Le Récit...*, p. 52. C'est Dällenbach qui souligne.

4. DÄLLENBACH, *Le Récit...*, p. 51.

où il existe vraiment une réflexion de l'ensemble du récit. Pour d'autres genres de reflets, notamment pour ceux qui sont partiels ou indirects, nous allons utiliser, selon le cas, les termes de « figurations » ou de « métaphores ». Ceci dit, il reste à expliquer pourquoi la mise en abyme est un procédé qui met en évidence la présence du texte.

Par le fait même de sa redondance, toute réduplication met l'accent non seulement sur la complexité des rapports qu'un fragment de texte entretient avec d'autres, mais, ce faisant, elle révèle, comme le dit Ricardou, « la prise de conscience du récit par lui-même[5] ». Car, pour autant que la mise en abyme établit des reflets entre diverses structures du texte, elle en souligne la présence. Ainsi, la pièce à l'intérieur de la pièce dans *Hamlet,* par exemple, a comme effet de signaler au lecteur ou au spectateur la nature proprement esthétique du drame. Voilà pourquoi la mise en abyme peut rompre, et effectivement rompt la linéarité du texte.

Cette rupture, toutefois, se produit par l'intermédiaire d'une structure double. Comme Dällenbach le signale, la mise en abyme exige deux niveaux de lecture : un premier qui demeure à la surface du texte et un deuxième qui s'ouvre vers l'abîme[6]. En effet, un récit situé à l'intérieur du récit global, par exemple le récit de Lucie dans *Les Chambres de bois,* sera d'abord perçu par le lecteur comme un incident dans la fiction, en l'occurrence comme le fait que Lucie raconte l'histoire de deux enfants abandonnés. Ce n'est qu'à un deuxième niveau de lecture (souvent à une deuxième lecture) que l'on découvre dans ce récit un artifice formel, celui de la réduplication, dont la présence révèle un fonctionnement en abyme. Comme pour tout processus à sens double (nous pensons, par exemple, au symbole et à l'allégorie), la perceptibilité de la mise en abyme dépend de la compétence du lecteur.

Examinons maintenant comment le récit constitue dans *Les Chambres de bois* une mise en abyme capitale. Nous avons déjà signalé qu'un micro-récit fortement marqué par des sèmes *littéraires* se manifeste plusieurs fois dans le roman. Qu'il s'agisse des récits de Lucie (52), de Lia (127) ou d'Aline (175), la répétition d'un même noyau sémantique ainsi que la réitération des signes « récit » ou « conteuse » et « parlait » rendent évidente la présence d'une micro-structure du récit qui se situe à l'*intérieur* du récit global. C'est à partir de cette imbrication qu'on perçoit une première manifestation de la mise en abyme.

Mais, il y a plus. Une relecture du texte révèle deux faits essentiels : le micro-récit ne se limite pas à trois occurrences ; un même noyau séman-

---

5. Jean R<small>ICARDOU</small>, *Problèmes du nouveau roman,* p. 182.

6. D<small>ÄLLENBACH</small>, *Le Récit...,* p. 62 : « Avec ces structures de double sens, le segment réflexif a en commun d'être surdéterminé... et de sédimenter ses significations de telle sorte qu'un sens premier, littéral et obvie, recouvre et découvre à la fois un sens second et figuré. »

tique se construit autour de chaque instance de ce procédé. Pour s'en convaincre, il n'est que d'examiner la liste des micro-récits dans le roman.

## LES MICRO-RÉCITS

### 1. *Le récit de l'oncle*

La parole se frayait de durs chemins. ... il parla... de toute la campagne ravagée par un seul seigneur. ... Il évoqua la maison trapue aux fenêtres longues et étroites. ... et dit que la femme qui vivait là, en un désœuvrement infini, s'entourait souvent de faste et de cruauté. Il avait lui-même aperçu sa figure de hibou immobile contre la vitre de la maison des seigneurs, un soir de pluie. (30-31)

Noyau sémantique : *a*) seigneur, maison des seigneurs, soir, pluie ; *b*) fenêtres, vitre ; *c*) parole, parla, évoqua.

### 2. *Le récit de Catherine*

Catherine continua, parla de la pluie, de ses sœurs, du chasseur et des enfants... Michel parut s'ennuyer pendant le récit de Catherine. (50)

Noyau sémantique : *a*) pluie, chasseur, enfants ; *c*) parla, récit.

### 3. *Le récit de Lucie*

Depuis un instant la voix de Lucie s'élevait, seule, grisée par ses propres paroles ; Catherine tout à fait réveillée s'était levée pour écouter le récit de sa sœur :
— La mère est morte toute seule, au petit matin, les enfants endormis au bord du feu ne s'en sont pas aperçus. ... le père n'était pas rentré de la chasse. ... C'est une maison où les femmes règnent. Elle a gravé son nom sur les vitres et les glaces, Lia qu'elle s'appelle, la sœur de Michel... (52-53)

Noyau sémantique : *a*) La mère est morte, les enfants endormis au bord du feu, le père n'était pas rentré de la chasse, c'est une maison où les femmes règnent ; *b*) vitres, glaces ; *c*) paroles, récit.

### 4. *Le récit de Michel*

Il parla de la solitude de la ville pierreuse, du vent sur la place, de l'homme qui est sans gîte, ni recours, de la violence du sang chez les filles qui se damnent. (63)

Noyau sémantique : *a*) l'homme sans gîte, les filles qui se damnent ; *c*) parla.

### 5. *Le grand récit de Michel*

Il se mit à raconter :
—Je reprendrai la maison et le jardin. ... Je chasserai Lia et cet homme
qui est avec elle. Nous passerons ensemble le portail, ta main sur mon bras,
tous deux en vrais seigneurs et maîtres de ces lieux.
. . . . . . . . . . . . . . . . . . . . . . . . . . . . . . . . . . .
—Elle est si belle, cette femme, que je voudrais la noyer. (90-93)

Noyau sémantique : *a*) la maison, Lia, en vrais seigneurs, le jardin nocturne ; *b*) je voudrais
la noyer ; *c*) Il se mit à raconter, paroles, ivre de parler.

### 6. *Le récit de Lia*

Lia parla du mal que la lumière fit à Michel dès sa plus tendre enfance. ...
Déjà Michel se plaignait, d'une pauvre petite voix d'enfant malade. ... Il
désirait rester sous l'ombre fraîche de la maison jusqu'au soir.
Catherine reconnaissait, avec une grande tristesse, le charme de la parole
de Lia... (96)

Noyau sémantique : *a*) Michel, enfant malade, l'ombre, maison, soir ; *c*) parla, le charme
de la parole.

### 7. *Le récit de Lia*

Lia ferma les yeux, parlant à voix basse et bourrue, pareille à une conteuse
épuisée. ...
— ... La mère est partie. ... Le père chasse tout le jour... les deux
enfants, seuls, blottis au bord du feu de bois, dans la maison abandonnée. ...
— ... comme tout est lointain, abîmé, souillé. (127)

Noyau sémantique : *a*) la mère est partie, le père chasse tout le jour, les deux enfants...
au bord du feu, dans la maison abandonnée ; *b*) abîmé ; *c*) parlant à voix basse, pareille à
une conteuse.

### 8. *Le récit de Michel*

Michel rappela ces soirées d'automne silencieuses, lorsque deux pélerines d'enfant fumaient, pendues dans l'immense cuisine au feu puissant. (136)

Noyau sémantique : *a*) deux pélerines d'enfant, fumaient, dans l'immense cuisine ; *c*) rappela.

### 9. *Le récit d'Aline*

Elle en parlait maintenant avec cette terrible liberté des mourants :
— ... Le premier seigneur m'a prise à treize ans. ... Toutes les nuits...
La maison est profonde comme un coffre... Michel et Lia, petits, petits...
Votre père est tout-puissant, votre mère est belle. (175-176)

Noyau sémantique : *a* ) seigneur, les nuits, la maison est profonde, Michel et Lia, père, mère ; *c* ) elle en parlait.

### 10. *Le récit de Michel*

Michel parla à voix basse et effrayée :
— Elle est rentrée depuis ce matin, couleur de cendres. ... La voici qui dort. ... Nous jeûnons et nous prions ensemble. ... Nous referons le pacte d'enfance et nul n'aura accès jusqu'à nous. (188-189)

Noyau sémantique : *a* ) Elle est rentrée, nous jeûnons, le pacte d'enfance ; *c* ) parla à voix basse et effrayée.

---

Il peut paraître surprenant de constater à quel point ces divers récits, racontés par six personnages différents répètent une seule et même histoire dont le sens se condense autour des éléments suivants : la maison des seigneurs, la nuit ou l'ombre, la pluie et la fumée, la mort de la mère et le départ du père, l'abandon des deux enfants. Or, encore plus révélateur du fonctionnement de cette vaste mise en abyme est le fait que certains micro-récits sont mis en évidence par des *images* qui véhiculent très précisément la notion de reflet, notamment « fenêtre », « vitre », « glaces », et que tous ces récits se *nomment,* d'où la pléthore de mots comme « parla », « récit », « conteuse », etc. Il y a même un récit (celui de Lia, le récit 7) où la mise en abyme est surdéterminée à un point tel qu'elle succombe à son sens étymologique pour se dire littéralement « abîmé », « comme tout est lointain, abîmé ». (127) À ce moment, on comprend que la mise en abyme du récit qui s'insinue dans le texte entier — le premier micro-récit se situant dans la première lexie et le dernier dans la dernière — transcende la notion d'un simple enchâssement pour exprimer le sens d'un *abyme abîmé.* Rappelons que le mot abîmé compris au sens d'endommager et de détériorer relève de la même étymologie que abîme (1170 : latin *abyssus,* altéré en *abismus*) et abîmer (XIV^e : de abîme). Compte tenu de cette parenté étymologique, il n'est pas du tout fortuit que le mot abîmé se manifeste dans un récit en abyme pour en indiquer le sens. Car, finalement, cette histoire en abyme n'est-elle pas essentiellement une histoire abîmée ? à la fois sur un plan formel où ce récit, narré par bribes, est véritablement *cassé* et sur un plan thématique où s'articule le sens de l'abîmé ; d'un abîmé exprimé en termes de *mort* (« la mère est morte »), d'*abandon* (« le père est parti ») et de *solitude* (« les deux enfants seuls ») ; d'un abîmé qui bascule vers l'abîme par les images de profondeur (« La maison est profonde comme un coffre ») et de noyade (« elle est si belle cette femme que je voudrais la noyer »). La mise en abyme du récit agit, si l'on peut dire, littéralement et étymologiquement. Tributaire d'une structure formelle de réduplication, elle déborde dans le contenu, le modifiant et lui donnant un sens.

Nous avons vu qu'un micro-récit se répète dix fois dans le roman. Cette réitération, qui s'accumule à partir de certaines constantes sémantiques, a pour fonction de former une mise en abyme à caractère paradigmatique. Le micro-récit peut, en effet, se concevoir comme un paradigme qui se projette tout au long du roman sur l'axe syntagmatique de la fiction. Or, c'est précisément cette projection qui représente pour Jakobson la nature de la fonction poétique[7]. Tout se passe donc comme si le texte, voulant attirer l'attention sur soi comme forme littéraire, s'articulait par la projection répétée de sa propre mise en abyme. Évidemment, cette projection dote le roman d'une structure forte de sens : à mesure que nous avançons dans notre lecture et que nous reconnaissons ces mises en abyme tautologiques, notre compréhension du texte est sensiblement modifiée parce que cette mise en abyme reflète l'ensemble du récit aux deux niveaux de sa dimension littérale et de sa dimension fictive. Comme le récit global dont elle est le reflet, la mise en abyme attire l'attention sur ce qui constitue la littérarité du texte en rappelant au lecteur que le roman qu'il a en main est, dans tous les sens du mot, un *récit*. En outre, cette mise en abyme reflète aussi le contenu de la fiction. Elle diffuse les thèmes chers au récit global de l'abîme et de l'abîmé ; et elle répercute, par cette réitération, la présence des enfants du seigneur et leur existence atemporelle dans les chambres de bois. Ce n'est pas tout ; ce micro-récit qui répète l'histoire des enfants abandonnés finit par envahir le récit premier. À la fin du roman, lorsque Catherine revoit Michel et Lia, ils sont encore et toujours les deux enfants abandonnés auprès du feu. Catherine reconnaît « leur ordre à eux », « au coin du feu ». (187) Et lorsque Michel parle de Lia, il lui dit : « Nous referons le pacte d'enfance et nul n'aura accès jusqu'à nous ». (189) Significative fusion des récits qui laisse entendre que les micro-récits racontent en abyme l'histoire des deux enfants abandonnés dans *Les Chambres de bois.*

On voit donc que la fragmentation du récit par les mises en abyme et la récupération de celles-ci au niveau de la fiction permettent des effets complexes. Dédoublant à la fois l'univers fictif et sa structure formelle, les multiples réduplications mettent en évidence la nature *esthétique* (à comprendre aux sens très précis du littéral et du littéraire) des micro-récits et du récit global qui les contient.

### Les rêves

Dans notre étude du code onirique nous avons constaté la présence d'un lien fondamental entre le rêve et les micro-récits : rêver et raconter se

_____

7. JAKOBSON, *Essais de...*, p. 220.

rencontrent dans ce roman à l'intérieur d'une même structure de sens. En effet, les rêves, comme les micro-récits, adoptent, pour se dire, la forme de la mise en abyme. Une analyse du premier rêve, que nous citons à nouveau pour la commodité de la démonstration, révèle effectivement la présence d'un rapport réflexif entre le rêve et le récit global :

1.    Elle eut un songe :
        « Sur la plus haute tablette de l'armoire, parmi l'ordre du linge empilé, la maison des seigneurs était posée au creux d'une boule de verre, comme un vaisseau dans une bouteille. Le parfum des arbres y demeurait captif et la peine d'un petit garçon durait à l'abri de toute compassion. Lorsque Catherine eut saisi la boule de verre entre ses mains, la pluie et le brouillard descendirent, peu à peu, sur la maison, les arbres et la peine de l'enfant. L'image entière fut noyée dans un sablier renversé. » (33)

Dans ce passage, l'alinéa et les guillemets signalent sur le plan graphique la présence d'un enchâssement qui indique la possibilité d'une structure en abyme. Celle-ci, en fait, fonctionne à plusieurs niveaux. Au niveau de la dimension *spatiale,* elle se manifeste comme une structure en abyme dans les détails suivants : « *parmi* l'ordre du linge empilé », « la maison des seigneurs était posée au *creux* d'une boule de verre », « comme un vaisseau *dans* une bouteille ». Par ailleurs, cette mise en abyme reflète aussi la matière *anecdotique* du roman, c'est-à-dire la fiction. Dans un premier temps, ce rêve exprime l'attrait mystérieux qui entoure le petit garçon et la maison des seigneurs, et, dans un deuxième temps, ce rêve prévoit par l'image de la noyade l'échec qui résultera pour Catherine de l'appropriation de l'irréel. En réalité, ce rêve miroite une opposition inhérente à la fiction, à savoir le désir de l'irréel et l'échec de l'irréel, tout en réfractant les trois codes du roman : « le linge » évoque le réel, « la maison des seigneurs » rappelle l'irréel et l'onirique est manifeste dans le passage entier. Tributaires de cette structure réfléchissante, des reflets *thématiques* viennent corroborer ce puissant effet de miroir. Le thème de la captivité par exemple, qui on le sait caractérise la vie de Catherine dans les chambres de bois et qui caractérise aussi la névrose de Michel, s'exprime d'une façon probante dans « au creux d'une boule de verre » et « la peine d'un petit garçon demeurait à l'abri de toute compassion ». De même le thème de la mort qui plane sur l'irréel se dit clairement dans « l'image entière fut noyée ». Et infiltrant tous ces niveaux, diverses *figurations* de la mise en abyme dont la « boule de verre », « la bouteille » et « l'image » (qui est un support tautologique de la réflexion) renforcent l'effet de réduplication. Par ailleurs, il faut aussi noter la valeur prophétique de ce rêve (valeur qui représente selon Ricardou une caractéristique de la mise en abyme[8]), car ce rêve, qui apparaît à la septième

_____

8. RICARDOU, *Problèmes du...*, p. 180. Dans *Le Récit...*, p. 154, DÄLLENBACH souligne aussi que le rêve est un support traditionnel de la mise en abyme.

page du texte, bouleverse la chronologie du roman en révélant des éléments essentiels au récit global.

Toutefois, contrairement à la structure essentiellement paradigmatique de la mise en abyme du récit, le rêve reflète le récit premier par le biais de réfractions diffuses et diverses. Le deuxième rêve, par exemple, nous renvoie un reflet partiel et particulier du récit premier :

2.   Une nuit, Catherine rêva que Michel, sans parvenir à la rejoindre, se mettait en route vers elle, empruntant, l'une après l'autre, des rivières sauvages qui soudain se rejoignaient, s'emmêlant toutes en un fracas extraordinaire. (71)

Sur un plan littéral, la mise en abyme dans ce rêve fonctionne de deux façons : 1) par les termes « sans parvenir à la rejoindre, se mettait en route vers elle, empruntant, l'une après l'autre, des rivières sauvages », elle renvoie à la description d'un comportement antérieur de Michel qui « *cherchait* Catherine des yeux... foulant les pavés en de longues enjambées, semblant continuer une *exaltante promenade* en forêt... faisant lever le gibier *d'eau* sur son passage » (45-46); 2) cette mise en abyme reflète également une postérité textuelle immédiate où l'image du « fracas extraordinaire » donne lieu, sur le plan de la fiction, à des « accords stridents plaqués au piano », suivis d'un bruit de « verre brisé ». (71) Or, ce relais, d'une part, de « rivières sauvages » à « verre » et, d'autre part, de « fracas extraordinaire » à « accords stridents » est fortement motivé par une métaphorisation selon laquelle ces motifs expriment l'échec monumental des rapports sexuels entre Catherine et Michel. L'embrayage de « sans parvenir à la rejoindre » à « des rivières sauvages qui soudain se rejoignaient » et enfin à un « fracas extraordinaire » trouve son écho plus loin, dans les passages suivants : « Vers le matin, Catherine était devenue femme. Michel *s'écroula* à ses côtés comme un *noyé* » (76), « Une seule fois encore, le corps amer de Michel couvrit Catherine, s'alluma d'une brève lueur de plaisir, pour ensuite se plaindre, comme une *vague* mauvaise se retirant de ce que « l'amour était pourri » ». (119) Par ces répétitions, ce deuxième rêve ne reflète pas seulement le récit premier, mais, en se situant à l'intérieur d'un immense jeu de miroirs à réfractions multiples, il répercute aussi des reflets d'autres rêves. Par exemple, ceux du premier rêve où l'évocation « d'un vaisseau dans une bouteille » et de « l'image noyée » dédouble manifestement celles des « rivières sauvages » et du « sans parvenir à la rejoindre » qui figurent dans le deuxième rêve. On comprend dès lors la pertinence du motif de l'eau dans ces rêves : il représente à la fois une topique de l'abîme — d'où la présence de la noyade — et une topique du reflet.

C'est ce même genre de reflet, à réfractions multiples, qui caractérise la mise en abyme dans le troisième rêve :

3.   La maison des seigneurs était maudite et vouée au feu. La haute demeure
     flambait sur le ciel et s'écroulait avec fracas. Pendant quelque temps une
     écharde roussie brûla Catherine au poignet, puis disparut tout à fait lorsque
     la jeune femme se fut éloignée sur la route. (128)

Comme dans les autres rêves la réduplication la plus évidente est celle qui
renvoie à la fiction. D'où le motif du *feu* (« flambait », « brûla Catherine
au poignet ») qui exprime la souffrance, la maladie et la révolte de Catherine. Quelques pages plus loin, le texte précise : « les draps brûlèrent la
peau de Catherine » (138), et encore : « Elle murmura qu'elle avait grand
mal et que le souffle de Michel contre sa joue la brûlait ». (152) On reconnaît aussi dans ce rêve le motif du *départ* (« lorsque la jeune femme se fut
éloignée sur la route ») qui exprime l'échec de l'irréel : « Catherine dit
alors, d'une voix claire, lente : « qu'elle ne désirait rien tant que de s'en
aller très loin d'ici pour ne jamais revenir » ». (152) Mais évidemment,
cet échec, dont l'expression dans le rêve prend la forme de « s'écroulait avec
fracas », renvoie de nouveau à « Michel *s'écroula* à ses côtés comme un
noyé » (76) et aussi au « fracas extraordinaire » du rêve précédent. Ce
renvoi a pour résultat de créer une jonction significative entre le motif du
*feu* et celui de la *noyade* (rêve 1). Ces deux motifs constituent non seulement
des moyens de destructions au sein de la fiction, mais ils véhiculent des
réflexions textuelles. Nous avons déjà vu que, reliée à l'eau, la noyade
représente une des topiques de l'abîme. Qu'en est-il alors du motif du feu ?
Le lecteur sensible aux jeux de reflets dans le texte reconnaîtra dans la phrase
« La haute demeure flambait sur le ciel » un écho de la première phrase
du roman, « C'était au pays de Catherine, une ville de *hauts fourneaux
flambant* sur le ciel, jour et nuit, comme de noirs palais d'Apocalypse. » (27)
Un écho motivé par la présence des « hauts fourneaux » et des « noirs
palais » qui constituent des variantes métonymiques et hyperboliques de
« la haute demeure ». Doublement motivé, c'est peu dire puisque la comparaison dans l'incipit « comme de noirs palais d'Apocalypse » contient, par
la référence à l'Apocalypse, une marque explicite du fait littéraire. Ainsi,
par-delà les reflets du récit global qu'elle répercute et par-delà les réfractions
entre les rêves qu'elle diffuse, la mise en abyme dans le troisième rêve met
en évidence le texte dans l'éclat de sa littéralité.

    Le dernier rêve, comme les autres, se caractérise par un double reflet
qui réfléchit à la fois le récit global et les rêves précédents :

4.   Puis, le songe continuant, elle retrouva en elle le ton de l'adoration de Michel
     qui montait, montait comme une vague pour la submerger. (140)

Dans ce passage, les motifs « vague » et « submerger » reflètent de très près le sens de la fiction. En effet, il ne faut pas oublier que c'est immédiatement à la suite de ce rêve, dans cette zone mystérieuse où se confondent le conscient et l'inconscient, qu'émerge la voix d'un délire exprimant la présence de la mort :

> La jeune femme devenait molle, lente, usée, sans force ; elle allait se *fondre*, céder à l'envahissement des *larmes*, lorsque la voix de son délire s'éleva de nouveau... « Elle est si belle, cette femme, que je voudrais la *noyer*. » (140-141)

En même temps, les motifs de l'eau et de la noyade font écho à ceux des autres rêves, en l'occurrence « l'image fut noyée » (rêve 1) et « des rivières sauvages » (rêve 2).

Pour résumer le fonctionnement en abyme des rêves, rappelons les éléments suivants : 1) Essentiellement prophétiques, les rêves reflètent le récit premier surtout par les motifs de la noyade et du feu. 2) À l'exception du rêve 3, les mises en abyme contiennent un lexique de la réflexion (r1 : boule de verre, l'image ; r2 : des rivières ; r4 : vague) qui en signale le fonctionnement. 3) Même si, contrairement aux mises en abyme du récit, les rêves prennent des formes diverses, on y découvre, à partir d'une certaine réitération, un paradigme de la destruction :

---

r1. L'image entière fut *noyée*

r2. empruntant... des rivières sauvages... s'emmêlant toutes en un *fracas* extraordinaire

r3. La haute demeure flambait sur le ciel et *s'écroulait* avec fracas

r4. montait comme une vague pour la *submerger*

---

Il ne serait peut-être pas complètement fantaisiste de voir dans ce paradigme une manifestation de l'anéantissement du code onirique : anéantissement qui s'exprime dans cette phrase à double sens, « L'image entière fut noyée » ; anéantissement qui, on le sait, se réalise au niveau de la fiction.

Ayant démontré que les récits et les rêves constituent d'importantes mises en abyme, il faut brièvement considérer en quoi ces structures en abyme modifient notre lecture. Il est de toute importance à cet égard de signaler que, si la mise en abyme est centrale dans le système d'autoreprésentation, c'est surtout parce qu'elle produit chez le lecteur, d'une part, un effet de *déjà-lu* (comme dans le cas des micro-récits) et, d'autre part, un effet de *déjà-vu* (comme dans le cas des rêves). Autrement dit, c'est précisément par le biais de sa structure réfléchissante que la mise en abyme nous permet d'assumer la nature redondante et réfractrice du texte. Ce faisant, elle nous transmet au niveau de la pratique de notre lecture une vérité inhérente à tout texte littéraire, qui est d'être *répété* et de fonctionner comme un *écho* dans un vaste intertexte. Quant à la réduplication dans les rêves, elle corrobore, par son effet de *déjà-vu,* l'effet du *déjà-lu* en simulant une activité analogue au processus onirique, qui tient aussi de la réitération. Tout se passe donc comme si les répétitions des récits et des rêves se rencontraient dans notre lecture pour y répercuter le sens d'une forme réflé-chissante. Ancrée dans la structure du roman, cette forme contribue magis-tralement à assurer la présence du *texte* dans la construction du sens. Comme le dit Dällenbach, la mise en abyme nous rappelle la nature proprement *littéraire* du roman que nous lisons :

> En tant que *second* signe... la mise en abyme ne met pas seulement en relief les intentions signifiantes du *premier* (le récit qui la comporte), elle manifeste qu'il (n')est lui aussi (qu')un signe et proclame... avec une puissance décuplée par sa taille : *Je suis littérature, moi et le récit qui m'enchâsse*[9].

---

9. Dällenbach, *Le Récit...,* pp. 78-79. C'est Dällenbach qui souligne.

# 3. Les figurations

Puisque *Les Chambres de bois* produisent d'innombrables effets de miroir, il n'y a pas lieu de s'étonner qu'en dehors des mises en abyme des récits et des rêves le texte réalise ce fonctionnement réflexif par l'évocation du miroir.

Comme d'autres figurations[1] que nous examinerons ici, la présence du miroir dans le texte a pour fonction de rappeler au lecteur la structure réflexive qui sous-tend le roman. On apprend, par exemple, qu'à l'occasion d'une promenade Catherine regardait les boutiques « sans que son *image* mièvre la trompât, *reflétée* au passage dans les *glaces* des *vitrines* ». (43) Est-il nécessaire d'insister sur la persistance du sens dans cette phrase, lequel provient de la redondance sémique dans « image, reflétée, glaces, vitrines » ? Et de même lorsque Catherine « s'enfermait volontiers dans le petit cabinet de toilette qui était tout en *glaces*... saluée de-ci de-là dans les *glaces* par ses propres *images* graves et droites » (77-78), n'est-il pas clair que par des effets de réverbération les images saluent Catherine de la même façon que les micro-récits et les rêves saluent le récit principal ? c'est-à-dire en le dédoublant et en répercutant ses reflets à travers le texte. De toute évidence, le miroir, qui joue un rôle décisif dans la fiction, sert aussi de support à l'autoreprésentation par la spécularité qu'il suggère.

C'est sans doute pour cette raison que le motif de l'art qui représente une autre manifestation d'un miroitement textuel a également pour effet de nous rappeler la nature esthétique du roman. Pour mettre ce fait en évidence, examinons quelques-unes des occurrences « artistiques » dans le roman. Vers le début de la deuxième partie, on lit qu'un jour « Michel s'anima soudain, rêvant d'unir la pâleur de Catherine à la beauté de la ville, aussi étroitement que la lumière et l'*eau* ». Or, ce désir de Michel se manifeste au moment où Catherine se « penchait à la fenêtre donnant sur la cour

---

1. Nous intégrons sous cette rubrique divers motifs qui, sans constituer des mises en abyme, suggèrent la présence d'une dimension littéraire dans le texte.

étroite comme un *puits*... [et] gardait un instant sur son visage et ses mains de pâles *reflets* de nacre et d'huître, ainsi qu'un *miroir d'eau* ». (72) L'intéressant, dans ces passages, c'est que, pour Michel, le désir de transformer Catherine adopte la forme concrète de la *peinture* : « — Viens, Catherine, je veux refaire ma palette à tes couleurs, comme il se doit. Michel... refit une palette fraîche telle une grève mouillée ». (73) Mais si, comme nous l'avons déjà constaté, la peinture est importante pour la structuration du code de l'irréel, il importe de savoir comment le motif de la peinture participe à l'autoreprésentation.

Ce n'est évidemment jamais par hasard qu'une œuvre littéraire fait allusion à différentes activités artistiques. Comme Dällenbach le souligne, toute œuvre d'art entretient des rapports analogiques avec le texte qui la contient[2]. Or, dans les passages que nous venons de citer, le motif de la peinture s'exprime en termes de *reflet* (d'où un renvoi au motif du miroir) : « lumière et l'eau », « pâles reflets », « miroir d'eau », « grève mouillée », et en termes de *création* : « je veux *refaire* ma palette », « Michel se mit à enlever... et *refit* ». Il faut maintenant déterminer la nature de la relation entre le *reflet* et la *création*. À cet égard, on remarquera que, pour Michel, l'esthétique de la peinture ne relève pas d'un désir de *représenter* la réalité (au sens d'un miroitement du réel), mais que cette esthétique découle d'un processus inverse où c'est la réalité qui doit se modeler sur l'art : « Michel assura Catherine qu'elle n'avait pas fini de ressembler à son image ». (73) Dès lors tous les mots qui convergent autour du concept d'« image », dont reflet, miroir, l'eau, acquièrent un sens nouveau, un sens inversé, un sens qui, en mettant en relief le processus artistique, subvertit radicalement la notion de la représentation pour éclairer celle de l'autoreprésentation.

Pour s'en convaincre, il n'est que de citer deux autres passages. Lorsque Michel défend à Catherine de faire la cuisine (« Qu'est-ce que cette histoire de gâteau? Je n'ai pas épousé une cuisinière, je pense? »), il ajoute : « Je veux te peindre en camaïeu, toute blanche, sans odeur, fade et fraîche comme la neige, tranquille comme l'*eau* dans un verre ». (83) Et à un autre moment, lorsque Michel reproche à Lia d'avoir détruit sa palette, celle-ci en colère lui répond : « Ta palette, tu la *referas* quand tu pourras et Catherine, tu l'*inventeras* à nouveau, aussi blême, douce, *transparente* et vide que tu voudras. » (115) Et enfin, lorsque Catherine est sur le point de mourir, « Michel parla de faire sur-le-champ le *masque* de Catherine » pendant que

---

2. DÄLLENBACH, *Le Récit...*, p. 95 : « Pour valables qu'elles soient, ces analyses demeureraient incomplètes si elles ne portaient enfin sur les supports thématiques des mises en abyme fictionnelles. ... peinture, pièce de théâtre, morceau de musique, roman, conte, nouvelle, tout se passe comme si la réflexion, pour prendre son essor, devait pactiser avec une réalité homogène à ce qu'elle reflète : *une œuvre d'art.* » C'est Dällenbach qui souligne.

celle-ci « retrouva en elle le ton de l'adoration de Michel qui montait, montait comme une *vague* pour la *submerger* ». (140) On remarque de nouveau dans ces passages la relation entre l'acte de créer (« je veux te peindre », « tu l'inventeras », « faire sur-le-champ le masque ») et la topique du reflet (« l'eau », « transparente », « vague »). Cette relation est chargée de sens : elle suggère que le reflet qui occupe l'art n'est pas celui d'une représentation de la réalité, mais celui d'un reflet de l'activité artistique. Catherine, comme nous l'avons souligné, est *inventée* par la palette ; en d'autres termes, elle n'est que le reflet et la création d'une forme artistique. Forme dont le rapport parallèle émerge par le biais de l'autoreprésentation, au niveau créatif de la fiction.

Comme le motif de la peinture, celui du piano vient confirmer des rapports analogiques dans l'œuvre. Dès sa première occurrence, le piano est décrit en fonction de sa puissance créatrice et de ses pouvoirs mystérieux :

> « Le piano est accordé », s'était-elle répété, le long du corridor, avec *émerveillement* comme s'il se fût agi de *l'entente soudaine, débordante,* de toutes les choses de la terre. ...
> Catherine s'est assise tout près du piano, fascinée par ce *passage visible* de la *musique* aux *doigts* du pianiste. ... Elle s'inquiéta bientôt, car la musique *s'emballa,* sembla devenir *folle* comme le riz qui monte et chavire sur le feu. (38-39)

Les mots que nous avons soulignés révèlent que le piano, comme la palette de couleurs, détient un pouvoir de transcendance inhérent à l'activité artistique. Or, cette activité fait partie du code de l'irréel. Il n'est donc pas surprenant que ce soit en termes hyperboliques, voire poétiques, que s'exprime le désir artistique de Michel : « Ni la maison, ni le jardin nocturne ne demeurent étrangers au beau chant qui naît à la seule pression de mes doigts sur le clavier ». (91)

Et pourtant, il faut aussi noter que cette activité créatrice se présente sous un aspect ambivalent : elle détient en même temps un pouvoir de vie et de régénération et un potentiel d'impuissance et de mort. D'où la jonction dans le texte des motifs du piano et de la noyade (qui répète l'union de la palette et du reflet). C'est en effet à la suite d'une nuit délirante, quand Michel se mit « à jouer avec une grande liberté » et que tout à coup « la fureur d'un accord dissonant fit tressaillir la jeune femme », qu'il dit à Catherine : « elle est si belle, cette femme, que je voudrais la noyer ». (93)

Ainsi les motifs du miroir, du piano et de la peinture, qui entretiennent des rapports d'articulation réciproque, font ressortir pour le lecteur, par le biais de trois modalités qui se recoupent, des reflets de l'activité artistique.

# 4. Les métaphores textuelles

Comme si la convergence du lexique, des mises en abyme et des figurations autour de la notion de récit ne suffisaient pas pour révéler la composante autoréflexive dans le roman, le texte nous propose des métaphores de ce fonctionnement. Occultées par la fiction qui les récupère pour ses besoins, les métaphores textuelles[1] ne sont pas toujours évidentes à une première lecture. Dès qu'on devient sensible à l'articulation des formes diverses de l'autoréflexion dans le roman, on reconnaît la présence d'un riche réseau métaphorique à l'intérieur duquel se cristallise par la voie du figuré, l'essence et les sens du texte.

C'est sans doute la métaphore de la *broderie* qui exprime le plus distinctement les notions de créativité et de matière textuelle. Souvent répétée dans le texte, la broderie assume petit à petit, justement par le biais de sa redondance, une fonction métaphorique. On lit, par exemple : « À longueur de journée, sur sa chaise à haut dossier, Catherine lisait, brodait, cousait (82), « la jeune femme lisait ou tirait l'aiguille » (87), « Catherine tirait l'aiguille, lentement » (103), « Catherine se mit à broder du linge au chiffre de Lia ». (108) Pour savoir comment s'effectue, dans le cas de la broderie, le passage d'un simple motif à celui d'une métaphore, il faut examiner attentivement certains des contextes dans lesquels ce motif se manifeste. Commençons par examiner le passage suivant :

> Mais, tout le jour, elle s'appliquait à devenir ce que Michel désirait qu'elle fût. Elle apprenait des *fables* et des *poèmes* par cœur. Cela lui tenait compagnie durant le silence des longues heures penchées sur la *toile* et le *lin*. Et parfois, *fables* et *poèmes*, en leur *vie possédée, crevaient* comme des veines de couleur, au milieu des plus blanches *broderies*.
> D'autres fois, *l'aiguille* n'en finissait pas de tirer les *fils* de *l'enfance* retrouvée qu'elle repiquait aussitôt en petits points vifs et réguliers, de quoi parer l'immobilité du jour. (84)

---

1. Par métaphores textuelles nous désignons un réseau métaphorique dont le sens renvoie à la pratique du texte.

Dans ce passage, la broderie acquiert un sens métaphorique par deux opérations. En premier lieu, il est évident que, dans l'expression « des longues heures penchées sur la toile et le lin », la broderie détient un sens littéral. Celui-là ne bascule visiblement vers le figuré que dans « l'aiguille n'en finissait pas de tirer les fils de l'enfance retrouvée ». Il ne s'agit là que d'un premier niveau de métaphorisation, car, par l'intermédiaire d'une indirection, la « broderie » induit l'éclatement des « fils » signifiants pour exprimer la texture de l'œuvre. Au départ, seul un rapport temporel (exprimé par « durant ») se révèle entre « apprendre des fables et des poèmes par cœur » et l'action de broder de « longues heures penchées sur la toile et le lin ». En fait, syntaxiquement ces deux activités sont séparées par la division en deux phrases. Ensuite, par l'intermédiaire de la métaphore de la *vie*, ces deux motifs se rencontrent et se réunissent : « fables et poèmes, en leur *vie* possédée *crevaient* comme des veines de couleur, au milieu des plus blanches broderies ». Soit : fables, poèmes, vie, crevaient, broderies. C'est donc par une métaphorisation à un deuxième niveau que les fils de la broderie, s'entremêlant à ceux des fables et des poèmes, acquièrent le sens de fils textuels. Évidemment, il est significatif que cette conjonction se réalise par la métaphore de la vie puisque « vie possédée » et « crevaient » suggèrent littéralement la puissance de l'acte créateur.

Ce même sens s'exprime dans un autre passage. Au moment où la servante Aline, après avoir fait le ménage, offre à Catherine « la haute chaise au dossier sculpté contre le mur, disant d'une voix lointaine qui paraissait s'adresser à une divinité absente », le texte précise :

> Elle tendait alors à Catherine, cérémonieusement, sur une corbeille, des *livres*, du *linge*, des bobines et des ciseaux. Catherine prenait place, rangée par la servante, ainsi que toute chose en cette demeure, égarée ou prise par mégarde. Contre la boiserie, incrustée comme un dessin de bas-relief, la jeune femme *lisait* ou tirait l'aiguille. (87)

Dans ce passage, on repère à deux reprises une juxtaposition entre les notions de texte et de broderie : 1) « des livres, du linge, des bobines et des ciseaux », 2) « la jeune fille lisait ou tirait l'aiguille ». Ce qui rend cette juxtaposition encore plus significative est le fait que Catherine « rangée par la servante » et « incrustée comme un dessin de bas-relief » se mue en un personnage doublement fictif. Réifiée et transformée en une « divinité absente », elle participe à ce temps et à cet espace infinis où se tissent les fils de l'irréel.

On remarque, par ailleurs, que la métaphore de la broderie s'entrelace avec d'autres motifs, dont le tapis et les cartes, pour signifier une présence textuelle :

> Et il baissait les yeux sur les *arabesques* du *tapis,* comme un *brodeur* fatigué qui s'applique à retrouver le *dessin obscur* d'une fleur rare. Catherine suivait

> le regard de Michel. Elle cherchait avec lui dans cette *forêt enchevêtrée* de *lignes* et de *couleurs,* comme s'il eût été possible de saisir, à force d'attention, les traits mêmes de la peine de Michel. ... Il y avait une minute incroyablement vide où les arabesques du tapis *éclataient* dans les yeux de Catherine. (79)

Et plus loin :

> Le frère et la sœur s'occupaient à faire de vastes *patiences* de *cartes* à même les *dessins* du *tapis.* Ce jeu paraissait si grave et si triste que Catherine pensa que c'était sans doute ainsi que les rois et les reines en exil passaient leur temps sans royaume. Catherine *tirait l'aiguille,* lentement, avec de grands soupirs de sommeil. Elle accueillait des bribes de songes où Michel et Lia revenaient sans cesse, en rois et reines de cartes, se posant mutuellement la couronne sur la tête, recommençant ce geste sans fin, car c'était l'éternité. (103-104)

Dans la première citation, le motif de la broderie converge avec celui du tapis dans « arabesques du tapis, brodeur, dessin obscur, forêt enchevêtrée, lignes, couleurs » pour exprimer la puissance de cette broderie : « les arabesques du tapis *éclataient* dans les yeux de Catherine ». Dans le deuxième passage, ce dessin obscur acquiert une forme plus précise dans l'évocation des « rois et des reines en exil » puisque ceux-ci, à l'image de Catherine « incrustée comme un dessin de bas-relief », représentent des personnages qui dédoublent Michel et Lia dans la fiction. À vrai dire, ils les dédoublent dans une mouvance infinie, car l'image des « rois et reines de cartes » qui émerge à la frontière du conscient et de l'inconscient, « avec de grands soupirs de sommeil », et qui s'insère dans une dimension atemporelle, « recommençant ce geste sans fin », se manifeste au moment où Catherine « tirait l'aiguille » de cette fiction. Or, cette fiction, comme dans le passage précédent, s'exprime en termes de *création :* « brodeur, tirait l'aiguille » ; d'*art :* « dessin obscur, forêt enchevêtrée, arabesques du tapis, patiences de cartes, dessins de tapis » ; du *potentiel dynamique* de l'art : « les arabesques du tapis éclataient, Michel et Lia revenaient sans cesse, recommençant ce geste sans fin ».

Il est intéressant de constater que le motif de la broderie exprimé en termes de « broder » ou « tirer l'aiguille » représente dans *Les Chambres de bois* une métaphore textuelle puisque étymologiquement le mot texte signifie tissu. Dérivé du latin *texus,* tissu, trame, et de *texere,* tisser, le mot texte détient le sens d'« enchaînement d'un récit[2] ». C'est d'ailleurs à partir de cette dérivation que provient le concept cher à Barthes des « tissus du texte[3] ». Dans son article « De l'œuvre au texte », Barthes précise que, si

---

2. ROBERT, *Dictionnaire alphabétique,* article « texte ».

3. Roland BARTHES, « De l'œuvre au texte », dans *Revue d'esthétique,* 24, 1971, pp. 225-232. Par ailleurs dans *S/Z,* Barthes précise que les codes d'un texte « forment une espèce

le texte peut se concevoir comme un tissu, c'est précisément parce qu'il se tient dans le langage et que sa nature plurielle est liée « non à l'ambiguïté de ses contenus, mais à ce que l'on pourrait appeler la *pluralité stéréographique* des signifiants qui le tissent[4] ». Cette notion du tissu du texte est importante pour la lecture des *Chambres de bois,* étant donné la présence dans le roman de la métaphore de la broderie, et du fait aussi qu'elle implique un processus dont nous avons déjà parlé, soit la participation active du lecteur à la production du sens. Pour qu'il y ait sens et pour qu'il y ait production, il faut, en effet, que le lecteur tire les fils du texte :

> le Texte demande qu'on essaye d'abolir (ou tout au moins de diminuer) la distance entre l'écriture et la lecture, non point en intensifiant la projection du lecteur dans l'œuvre, mais en les liant tous deux dans une même pratique signifiante[5].

Pour revenir aux métaphores de la broderie et du dessin dans *Les Chambres de bois,* il faut signaler, en dernier lieu, la participation de cette métaphore à la clôture du texte. À la fin du roman, lorsque Catherine retourne une dernière fois aux « chambres de bois » pour dire adieu à Michel, sa perception de l'intérieur de ces lieux est décrite de la façon suivante :

> Tout de suite, Catherine vit des choses tombées, des choses perdues, des choses salies, des choses sans maître. Et soudain, comme parfois on isole un *motif* dans un dessin abstrait et compliqué, elle reconnut, à travers le fouilli de la pièce, *leur ordre à eux,* cette sorte de campement établi sur le *tapis,* au coin du feu, ce cercle de verres sales et de cendriers débordants de mégots entourant un *livre* ouvert. (187)

On se demandera, en lisant ce passage, quel est ce « motif » que Catherine reconnaît et ce que signifie au juste « leur ordre à eux ». Si, pour répondre à ces questions, on examine la progression des idées dans la deuxième phrase de ce passage, on peut suggérer le découpage suivant : 1) une *comparaison :* « comme on isole un motif »; 2) une *action :* « elle reconnut »; 3) les *objets* de la reconnaissance : « l'ordre à eux » qui est en apposition à « sorte de campement », et ce « cercle » entourant un « livre ». Autrement dit dans ce contexte, isoler un *motif* signifie essentiellement percevoir le cercle qui entoure un *livre* ouvert. La réitération de la notion de la lecture à la suite de cette phrase en souligne l'importance : « — Nous lisions, dit Michel pour s'excuser... Elle ferma le *livre* d'un coup de pied » (187),

---

de réseau, de topique à travers quoi tout le texte passe (où plutôt : en y passant, il se fait texte) »; d'où le fait que « chaque code est l'une des forces qui peuvent s'emparer du texte (dont le texte est le réseau), l'une des Voix dont est tissé le texte » (pp. 27-28).

4. Barthes, « De l'œuvre... », p. 228. C'est Barthes qui souligne.

5. Barthes, « De l'œuvre... », p. 230.

« Nous *lisions*... Michel écoutait Catherine distraitement, ainsi qu'une *conteuse* qui radote durant les longues veillées ». (188)

Cette accumulation de signes autour du concept du livre doit servir d'indice au lecteur qui lui aussi est appelé à « isoler un motif dans un dessin abstrait et compliqué » pour arriver à la « reconnaissance » du livre ouvert. Sans aucun doute, ces multiples références à un livre à la fin du roman suggèrent la présence d'un livre en abyme dans *Les Chambres de bois*. Quel est dès lors ce livre en abyme qui est « ouvert » ? Ce qui est certain, c'est que, ce livre demeure « ouvert » au sens qu'Éco donne à ce terme[6]. Car, il ne s'agit pas dans ce roman d'une situation analogue à celle, par exemple, de *Prochain épisode* d'Hubert Aquin, où le livre en abyme constitue le reflet manifeste du roman. Jamais nommé et jamais limité à une seule forme littéraire, le livre dans *Les Chambres de bois* évoque par son « ouverture » la poésie, le conte, bref la littérature.

Et, pourtant, on est tenté de formuler une hypothèse. Si ce livre racontait l'histoire des deux enfants abandonnés ? Si la répétition des récits en abyme et l'allusion au pacte d'enfance (« Nous referons le pacte d'enfance et nul n'aura accès jusqu'à nous » [189]) nous indiquaient un tel sens ? Ne serait-il pas, dans ce cas, significatif qu'une frontière sépare Catherine de l'univers des « enfants du seigneur » : « Elle gravit les étages. L'odeur des chambres de bois la saisit, dès le *seuil*. Elle sonna comme une *étrangère* » ? (186) Et ne serait-il pas également significatif qu'on mette « du temps à venir » avant d'ouvrir ou même de fermer la porte : « une main mal assurée tira le verrou, ouvrit la porte... Elle dut s'y prendre à deux fois avant de fermer la porte » ? (187) En réalité, plusieurs détails dans la dernière lexie suggèrent la présence-absence des « deux enfants abandonnés » : « Catherine s'approcha et saisit le poignet de Michel comme on retient un enfant nomade » (187-188), et Michel de dire à Catherine au sujet de Lia, « Nous jeûnons et nous prions ensemble ». (189) C'est d'ailleurs avec les gestes et les paroles d'un enfant que Michel s'adresse à Catherine : « Tu as l'air d'une grande dame en visite... Quelle petite fille blessée j'ai perdue en cours de route », et enfin « Michel baisa peureusement la joue de Catherine ». (189-190)

Ce n'est cependant qu'à titre d'hypothèse que nous proposons une telle interprétation. Il serait sans doute plus prudent de suggérer que l'histoire des « deux enfants abandonnés » représente un récit *possible* du « livre ouvert ». Toutefois, cette hypothèse nous invite à retenir un fait essentiel, à savoir l'indéniable reflet du *littéraire* dans le texte. Nous allons maintenant examiner la nature de ce reflet à la lumière des réseaux intertextuels et intratextuels dans le roman.

---

6. Umberto ECO, *L'Œuvre ouverte*, surtout pp. 15-40, « La poétique de l'œuvre ouverte ».

# 5. Intertextualité et intratextualité

L A RÉPÉTITION à l'intérieur du texte du récit des deux enfants abandonnés représente une manifestation d'un miroitement plus vaste et plus complexe, d'un miroitement *intertextuel*. Pour emprunter une expression derridienne, on pourrait dire que *Les Chambres de bois* donnent lieu fréquemment à « ces effets de miroir par lesquels le texte cite, se cite, se met lui-même en mouvement[1] » puisque dès le départ ce roman porte dans son titre l'inscription et la mémoire du poème d'Anne Hébert « La chambre de bois[2] ».

Ce renvoi, évident pour tout lecteur hébertien, engage d'emblée un certain sens en nous mettant en présence d'un autre *texte* et d'un autre *genre*. D'où l'affaiblissement immédiat d'une illusion représentative. Loin de dénoter uniquement un lieu — dénotation qui, nous l'avons vu, contribue à produire un effet de réel — le titre dénote aussi, par cette allusion explicite, un autre texte.

Le fonctionnement de cette double dénotation s'éclaire à la lumière de la distinction proposée par Frege entre le sens *(Sinn)* et la référence *(Bedeutung)*. Frege souligne que, contrairement au cas d'une phrase ordinaire, la référence d'une citation se trouve être la *citation :* « Dans une citation, une phrase désigne une autre phrase[3] » (désignation prend chez Frege le sens de référence). Or, dans la mesure où le titre *Les Chambres de bois* répète à l'exception de la marque du pluriel le titre du poème « La chambre de bois », sa référence en termes frégiens est le poème, ou si l'on peut dire, la *poéticité*. Il en résulte qu'avant même d'entamer le roman, notre lecture est dirigée dans la voie du littéraire et de l'intertextuel. Par cette allusion à un autre titre, et par là à une autre œuvre, il est évident que le titre du roman *Les Chambres de bois* abolit les frontières du texte pour rejoindre celles d'un autre texte. Ce qui se passe dès lors, pour reprendre l'expression de

---

1. DERRIDA, *La Dissémination,* p. 351.

2. Anne HÉBERT, « La chambre de bois », dans *Poèmes,* pp. 42-43.

3. FREGE, "On Sense…", p. 65.

Ziva Ben-Porat, c'est « l'activation de deux textes », activation qui a pour résultat d'enrichir notre lecture[4].

Sensible à la présence de ce rapport intertextuel, Réjean Robidoux et André Renaud ont signalé pertinemment certains des rapprochements anecdotiques et thématiques qui relient les deux textes. Ils rappellent, par exemple, que, dans le poème comme dans le roman, « La chambre de bois devient le haut-lieu d'une enfance éternelle et d'un interminable mûrissement » et que l'image des époux « annonce déjà le drame de Michel et de Catherine, dans le roman[5] ». Pour notre part, nous voyons de nombreux échos sémantiques entre les deux textes; par exemple, dans le poème les expressions « un globe de verre, un fil perdu, des vivres pour la nuit, bois ancien, l'ombre, l'angoisse » se retrouvent dans le roman. Il n'est pas toutefois dans notre propos d'insister sur ces rapports intertextuels dont l'étude pourrait être poussée plus loin. Ce qui compte ici c'est de signaler la présence de ce rapport, présence dont l'effet est de rappeler au lecteur la dimension littérale du roman.

Mais puisque la référence poétique du titre *Les Chambres de bois* a comme fonction de signaler la présence intertextuelle d'un poème, il importe de savoir si, à l'intérieur du roman, la notation « Les chambres de bois » actualise cette structure de sens. La réponse est double. Dans certains cas, l'expression « Les chambres de bois » désigne simplement un lieu, comme dans « Il n'y avait plus personne pour faire le marché et ramener les provisions aux chambres de bois » (130) ou encore « Depuis sa sortie des chambres de bois, Catherine s'était laissée colorer doucement par l'été ». (156, aussi 98, 186) Mais il y a d'autre passages où l'expression « chambres de bois » dépasse les paramètres d'une désignation spatiale pour exprimer un sens textuel. Lorsque Michel, par exemple, raconte à Catherine son grand récit, « Nous passerons ensemble le portail, ta main sur mon bras, tous deux en vrais seigneurs maîtres de ces lieux », celle-ci lui demande : « — Suis-je assez fine, Michel? Assez blanche et douce? Ai-je assez pâli et langui dans ces deux *chambres de bois?* Ai-je lu les plus beaux *poèmes* et appris par cœur les *fables* les plus amères? » (90-92) Il va sans dire que, dans ce passage, l'expression « chambres de bois » signifie en premier lieu l'appartement de Michel à Paris. Mais, cette expression ne suggère-t-elle pas en même temps un espace textuel? Si l'on examine ce passage de près, on remarque la juxtaposition entre « chambres de bois » et « Ai-je lu les plus beaux *poèmes* et appris par cœur les *fables* les plus amères? ». Or, dans la mesure où « chambres de bois » est à la fois le titre du roman et celui d'un poème,

4. Ziva BEN-PORAT, ''The Poetics of Literary Allusion'', dans *PTL : A Journal for Descriptive Poetics and Theory of Literature,* 1, 1976, pp. 107-108.

5. Réjean ROBIDOUX et André RENAUD, « *Les Chambres de bois* », dans *Le Roman canadien-français du vingtième siècle,* p. 176.

le sens de cette juxtaposition est surdéterminé. Tout se passe comme si, à un niveau sous-jacent, le texte nous parlait de soi en nous rappelant sa nature esthétique. De ce point de vue, on pourrait même suggérer que l'allusion aux « plus beaux poèmes » renvoie au poème « La chambre de bois » et aux autres poèmes du recueil *Le Tombeau des rois,* alors que les fables évoquent les nombreux récits des *Chambres de bois.* À la lumière d'une telle lecture, le personnage de Catherine participe à deux niveaux de sens. Elle figure à la fois comme un personnage dans le récit premier et comme un personnage « inventé » dans ce sous-texte littéraire. Autrement dit, comme Michel et Lia, Catherine s'intègre à ce dédoublement textuel où le roman miroite son propre fonctionnement. C'est précisément à ce niveau que l'expression « Ai-je assez pâli et langui dans ces deux chambres de bois » représente un reflet littéral du titre dans le roman.

Il y a encore un autre passage où l'expression « chambres de bois » semble signaler la dimension littéraire du texte. Vers la fin du roman, lorsque Catherine songe au pays d'enfance de Michel et que la voix de Bruno interrompt sa rêverie, le texte nous dit : « Ne fallait-il pas que cet homme frustre qui avait partagé avec elle ces derniers temps de maladie et de deuil apprenne, du silence même de Catherine, cette part secrète en elle où passait parfois l'ombre dévastée des *chambres de bois ?* » (179) Étant donné l'ambiguïté sémantique qui gouverne les expressions « part secrète » et l'« ombre dévastée », il est possique que, par-delà l'espace désigné, l'expression « chambres de bois » rappelle ici, comme dans le passage précédent, la présence du texte.

Pour résumer, on voit que le titre *Les Chambres de bois* répercute des reflets textuels à deux niveaux : 1) par le truchement d'un rapport intertextuel, il renvoie à un autre texte dont l'essence « poétique » hante le roman ; 2) par des répétitions intratextuelles, le roman reflète et répercute cette présence à travers le texte.

Mais il y a plus, car ce double effet de miroir éclaire un sens occulté dans la première phrase du roman. Nous avons déjà signalé que la formule « C'était au... » rappelle l'écriture du conte. Comme le titre alors, cette formule est de nature déictique ; elle renvoie à un autre texte. De ce renvoi il ressort, comme l'exprime Derrida, que « La première séquence n'est donc pas un discours, un énoncé présent... Loin de toute essence, vous êtes aussitôt enfoncé par l'imparfait dans l'épaisseur déjà entamée d'un autre texte[6] ». Et c'est précisément ce renvoi à un autre texte qui permet une certaine lecture, c'est-à-dire une lecture qui d'emblée est imprégnée par les signes du littéraire. Or, il se trouve qu'en lisant ce roman, le lecteur est

---

6. DERRIDA, *La Dissémination,* p. 377. Derrida analyse ici la première séquence dans *Nombres* de Philippe Sollers.

confronté, comme nous l'avons vu, à la cohabitation paradoxale des codes du réel, de l'onirique et de l'irréel. N'est-ce pas alors justement par le biais des marques intertextuelles que ce paradoxe devient compréhensible? Imprégné par la mémoire d'autres textes, le roman, tout en créant un univers fictif, peut subvertir l'illusion référentielle par l'expression des sens possibles et impossibles dont l'instance paradoxale tient du littéraire.

Dans la dernière partie du roman, la primauté des dimensions inter-textuelles et intratextuelles devient évidente par le truchement de la citation de Supervielle. Rappelons que cette citation est placée en épigraphe de la troisième partie, comme suit : « ... *une toute petite bague pour le songe.* Jules Supervielle. » L'important dans cette épigraphe, c'est qu'elle inscrit dans le roman la présence d'un autre texte. Présence double, dans ce cas, puis-qu'elle est renforcée par la référence au nom de Supervielle. Or, on n'est pas sans savoir que ce nom dénote, comme le souligne Bersani, une poésie onirique, une « rêverie » marquée de fantaisie et d'irréel[7]. Rêver, comme le dit Supervielle lui-même, c'est « confondre en quelque sorte le monde extérieur et l'intérieur[8] ». Ainsi l'épigraphe, comme le titre et comme la première phrase, a pour effet de signaler une présence poétique dans le roman.

Mais ce n'est pas tout. Comme nous l'avons déjà mentionné, cette citation revient à la fin du texte dans la dernière phrase du roman, d'abord sous une forme citée : « — « Une toute petite bague pour le songe » », et ensuite comme un fragment de texte : « rien qu'une toute petite ba-gue ». (190) Ainsi la répétition de la citation s'effectue dans un mouvement de l'extérieur (l'épigraphe figure en dehors de la fiction) vers l'intérieur (la citation citée dans le texte) et ensuite plus profondément à l'intérieur du texte (où la citation devient le texte). Ce mouvement est significatif parce qu'il instaure d'une manière définitive un processus poétique dans la fiction ; il engage une *circularité* selon laquelle les derniers mots du roman, « rien qu'une toute petite bague », renvoient à l'épigraphe qui se répète sous deux modalités à la fin du roman, qui elles renvoient... et ainsi de suite. Bien entendu, cette circularité fait éclater la clôture du texte puisque, quand cette citation s'incorpore au texte, elle marque l'écroulement de la linéarité et, en même temps, l'écroulement des frontières qui séparent le texte de l'intertexte. Il est vrai qu'au niveau de la fiction il y a dans ce roman début et fin. Mais à un autre niveau, celui du texte, il n'y a ni début ni fin, seulement des signes intertextuels : le titre renvoie à un poème, les premiers mots évoquent l'écriture du conte et la fin répète une citation de Supervielle. Ainsi, avant qu'il ne commence sa lecture et au moment où il la termine,

---

7. Jacques Bersani *et al.*, *La Littérature en France depuis 1945,* pp. 243-245.

8. Jules Supervielle, « En songeant à un art poétique », dans *Naissances*, p. 57.

le lecteur est mis en présence d'autres textes. Ces renvois qui encadrent le roman répètent, par un autre biais, ce que le lexique, les mises en abyme, les figurations et les métaphores mettaient en évidence, en l'occurrence la dimension littéraire du roman.

Cette présence intertextuelle qui plane sur le roman se manifeste aussi à l'intérieur du texte par l'allusion directe au conte de Hans Christian Andersen, « La princesse sur le pois ». Rappelons le contexte dans lequel cette allusion se présente. Un soir, lorsque Catherine est en train de « faire la lecture » à Lia, elle devient fascinée par la « puissance souveraine » qui venait « ainsi saisir » Lia et « la faisait passer de l'autre côté du monde ». (110) On devine rapidement que cette puissance est rattachée à la *lecture* parce que ce motif exprimé en termes de « lisait, lis, livre » mène à ceux de « l'abîme » et d'un « enchantement profond » : « Catherine lisait mal... trébuchant sur les mots difficiles... levant les yeux de son livre pour apercevoir, ne fût-ce qu'un instant, cette espèce de mort extatique qui s'emparait parfois du visage de Lia ». (110) Mais quand Catherine veut connaître la raison de cet enchantement profond, Lia lui parle de son amant : « Je l'ai quitté, librement, par fierté ». (112) Lorsque Catherine exprime son incompréhension, Michel intervient et lui dit : « — Souviens-toi du conte de « La princesse et du pois » » et ensuite s'inclinant vers Lia il « lui offrit le bras et, lentement, comme pour un tour de danse, conduisit sa sœur près du piano ». (112)

Il faut d'abord noter dans ce passage que le texte prépare le lecteur pour cette allusion au conte. Il le prépare en effectuant un embrayage entre deux niveaux de lecture : 1) celui de la fiction où les personnages sont en train de *lire,* 2) celui de l'autoreprésentation où cette lecture se réalise textuellement par l'allusion directe au conte. Autrement dit, le texte dédouble sa propre fiction. Il reste au lecteur la tâche d'interpréter le sens de cette allusion. Pour ce faire, citons le conte.

---

### La princesse sur le pois[9]

Il était une fois un prince qui voulait prendre une princesse pour femme, mais ce devait être une vraie fille de roi. Il courut donc la terre à la ronde pour en trouver une, mais partout il trouvait à redire, des princesses certes on n'en manquait pas, mais était-ce de vraies princesses, il n'arriva jamais à s'en assurer, toujours il y avait quelque chose qui n'allait pas. Et il rentra donc chez lui tout attristé, il aurait tant voulu avoir une princesse véritable.

Or un soir qu'il faisait un temps terrible : éclairs et tonnerre, pluie à torrents, c'en était effrayant, on frappa à la porte de la ville et le vieux roi alla ouvrir.

C'était une princesse qui attendait dehors. Mais Dieu de quoi avait-elle l'air par cette pluie et ce vilain temps ! L'eau lui coulait le long des cheveux et des vêtements et lui traversait les souliers de la pointe au talon ; et elle se disait une vraie princesse.

---

9. « La Princesse sur le pois », dans *Six contes du poète danois Hans Christian Andersen,* trad. J.-J. Gateau et Poul Hoybye, pp. 19-20.

« Oui, c'est ce que nous verrons bien ! » pensa la vieille reine, mais sans rien dire, elle va dans la chambre à coucher, enlève la literie et met un pois au fond du lit, ensuite elle prend vingt matelas qu'elle empile sur le petit pois, et par-dessus encore vingt édredons.
C'est là que la princesse devait coucher cette nuit.
Le lendemain matin on lui demanda comment elle avait dormi.
— « Oh, affreusement mal ! » dit-elle. « Je n'ai presque pas fermé l'œil de toute la nuit ! Dieu sait ce qu'il y a eu dans le lit. J'ai couché sur quelque chose de dur et je n'ai que des bleus et des noirs par tout le corps ! C'est effroyable ! »
On put bien voir alors que c'était une vraie princesse, puisqu'à travers les vingt matelas et les vingt édredons elle avait senti le grain de pois. Une peau si sensible ne pouvait être que celle d'une authentique princesse.
Le prince la prit donc pour femme, car il était sûr maintenant d'avoir une vraie princesse, et le grain de pois alla rejoindre les trésors du Cabinet d'art où il est encore visible si personne ne l'a pris.
Et voilà une vraie histoire !

On remarque dans la première phrase de cette petite histoire une opposition importante : en annonçant l'écriture du conte et la mise en place de l'irréel, la formule « Il était une fois » s'oppose manifestement à la notion du *vrai,* « une vraie fille de roi », qui suggère une incursion dans le réel. Cette opposition produit un paradoxe. Car, comment peut-il y avoir une « vraie fille de roi » dans une histoire qui, selon tous les critères de vraisemblance, n'est pas « vraie » ? Et loin de se résoudre, ce paradoxe va en s'intensifiant à mesure que le conte progresse.

Une brève analyse de la structure de ce conte révèle, d'une part, une réitération obsessive du mot vrai : « vraie, vraies, véritable, vraie, vraie, authentique, vraie, vraie », et, d'autre part, la présence d'un paradigme d'oppositions paradoxales :

### SITUATION

| *Irréel* | *Réel* |
|---|---|
| il courut donc la terre à la ronde pour en trouver une | mais était-ce de vraies princesses ? |

### RENVERSEMENT

| *Réel* | *Doute du réel* |
|---|---|
| c'était une princesse qui attendait dehors | Mon Dieu de quoi avait-elle l'air... elle se *disait* une vraie princesse |

*RÉSOLUTION*

| *Irréel* | *Réel* |
|---|---|
| à travers les vingt matelas et les vingt édredons elle avait senti le grain de pois | On peut bien voir alors que c'était une vraie princesse |

Au niveau de la résolution, cette structure paradoxale est loin d'être « résolue » par l'opposition entre « le grain de pois » et « c'était une vraie princesse ».

Toutefois, cette structure fonctionne aussi à un autre niveau. Sinon comment expliquer l'allusion au Cabinet d'art où le grain de pois est à la fois *présent,* « où il est encore visible », et *absent,* « si personne ne l'a pris » ? Et comment rendre intelligible la dernière phrase, « Et voilà une vraie histoire », qui contredit essentiellement l'irréel implicite dans le début « Il était une fois » ? En réalité, ce texte ne fait qu'accumuler des structures paradoxales, puisque, même si l'histoire racontée n'est pas « vraie » au sens où elle posséderait un rapport à la réalité, elle est « vraie » dans la mesure où elle constitue une véritable histoire. On voit, dès lors, que ce petit conte exprime avec une grande finesse la problématique du réel et de l'irréel au niveau du contenu de la fiction et au niveau de son statut *référentiel.*

Considérons maintenant l'effet de sens produit par cette allusion dans *Les Chambres de bois.* Sur le plan de la fiction la clé de cette signification réside dans les paroles de Lia à Catherine : « nous ne sommes pas du même univers, toi et moi. ... Je l'ai quitté, librement, par fierté, pour une offense qu'il m'a faite sans s'en apercevoir et ni son cœur, ni son corps n'y étaient pour rien ». (111-112) En d'autres termes, Lia est une vraie princesse parce qu'elle fait partie d'un univers différent de celui des autres ; comme la princesse dans le conte, elle est sensible à ce que d'autres ne peuvent ressentir. S'explique par là la réaction de Michel qui, à la manière d'un prince, « s'inclina vers Lia, lui offrit le bras ».

Par ailleurs, cette allusion au conte enrichit notre lecture en soulignant, par le biais de ce renvoi intertextuel, l'instance paradoxale qui caractérise la structure des *Chambres de bois.* Comme le roman, le conte juxtapose les codes du réel et de l'irréel au niveau même de la pratique de son écriture. Inscrivant cette pratique dans la double négation du début (« Il était une fois ») et de la fin (« voilà une vraie histoire »), l'allusion au conte affirme et consacre la nature ambivalente du texte qui demeure ancré sur l'opposition irrésoluble du vrai et du non-vrai, du réel et de l'irréel. Par l'intermédiaire de cette allusion, *Les Chambres de bois* font le procès de l'écriture, qui nous engage, elle aussi, dans les voies paradoxales du réel et de l'irréel, de la représentation et de l'autoreprésentation. Par l'intermédiaire de l'allusion au conte de « La princesse sur le pois » dont la composante fictive est hautement visible, le roman attire encore une fois l'attention sur sa dimension littéraire.

Notre étude des procédés d'autoreprésentation aboutit à la mise en évidence de plusieurs facteurs. 1) Si ce texte réussit à *se dire,* c'est surtout à cause de l'*accumulation* des procédés d'autoreprésentation. Ceux-ci sont multiples et variés. Or, c'est précisément leur réitération qui garantit une certaine signifiance. 2) Les procédés d'autoreprésentation construisent un système de sens où il y a *cohérence* de forme à forme. Oeuvrant à plusieurs niveaux (au niveau sémantique comme à celui des structures plus larges), le texte répète ce dont il parle en projetant des reflets du texte. L'unité de cette projection tient surtout de l'interrelation qui régit les procédés : ceux-ci détiennent soit des rapports métonymiques, soit des rapports de contiguïté. Le lexique, les mises en abyme du récit, les figurations et les marques textuelles ne constituent après tout que des projections métonymiques du récit global, alors que les mises en abyme du rêve entretiennent des rapports de contiguïté avec les mises en abyme du récit dont elles recoupent le fonctionnement. 3) Participant ainsi à la construction d'un immense réseau textuel, ces procédés assurent un effet de sens qui modifie notre lecture. En dévoilant la nature proprement littéraire du texte, en insistant sur sa dimension poétique, ces procédés nous engagent à reconnaître le système d'autoreprésentation qui sous-tend le roman. Nous l'avons constaté maintes fois, ce texte se désigne comme récit parce qu'il contient d'autres récits qui se répètent et lui font écho ; ce texte s'exhibe comme récit en faisant allusion à divers textes littéraires qui en consacrent l'élément fictif ; ce texte, enfin, signale son fonctionnement au niveau sous-jacent des figurations et des métaphores. Le propre des *Chambres de bois* est donc d'inscrire la fiction qu'il crée dans ce vaste espace langagier où le texte, comme dit Foucault, ne cesse de « se recourber dans un perpétuel retour sur soi[10] ».

---

10. Michel FOUCAULT, *Les Mots et les choses,* p. 313.

# 6. Représentation et autoreprésentation

NOTRE ANALYSE des *Chambres de bois* a révélé la présence de deux grandes structures de sens dans le roman. D'une part, les codes du réel, de l'onirique et de l'irréel sous-tendent la *représentation* d'une fiction ; d'autre part, plusieurs procédés, dont la mise en abyme, les figurations, les métaphores textuelles et les réseaux intertextuels, régissent un système d'*autoreprésentation.* Il y aurait lieu de se demander ce qui caractérise le rapport entre ces deux systèmes. S'agit-il d'une relation d'opposition, de dominant/dominé ? Ou bien, se trouve-t-il, au contraire, que ces deux systèmes se rencontrent dans un mouvement d'articulation réciproque ?

Avant de répondre à ces questions, il est utile de rappeler certaines positions théoriques à ce sujet. Selon Ricardou, c'est un rapport d'*opposition* qui caractérise la relation entre l'autoreprésentation et la représentation ; celle-ci repose sur une « *oblitération de la matière constituante*[1] » : « Tous les efforts que fait la fiction pour représenter la narration qui l'engendre s'accomplissent au détriment de toute éventuelle représentation du monde[2]. » En d'autres termes, pour Ricardou, la mise en évidence convaincante d'un univers fictif possède comme condition à priori l'occultation de la dimension littérale du texte ; en revanche, la mise en relief de l'autoreprésentation

1. RICARDOU, *Nouveaux problèmes...,* p. 185. C'est Ricardou qui souligne.

2. RICARDOU, dans *Nouveau roman : hier, aujourd'hui,* t. II, p. 221.

produit l'affaiblissement du système de représentation : « Là où le sens domine, le texte tend à l'évanescence; là où le texte domine, le sens tend au problématique[3]. »

Ricardou et Dällenbach perçoivent aussi la dominance de l'autoreprésentation dans un texte en termes de *contestation*. Un texte qui exhibe sa dimension littérale conteste la tradition de l'art comme processus mimétique, car en attirant l'attention sur son fonctionnement, il subvertit l'illusion référentielle[4]. S'explique par là, par exemple, l'effet de rupture créé par le nouveau roman, où la pléthore de procédés d'autoreprésentation met en cause la notion même de la représentation.

Entrevu par le biais de l'évolution de la forme romanesque, le rapport entre la représentation et l'autoreprésentation peut certes se concevoir en termes de dominance ou de contestation. Pour ce qui est du fonctionnement particulier d'un texte, ce point de vue n'explique pas d'une façon suffisamment précise la nature d'une relation qui est, en réalité, à la fois plus complexe et plus variable. Nous avons déjà signalé le fait que depuis longtemps — depuis Cervantes, Diderot, Fielding — le roman a manifesté des tendances vers l'autoréférence et l'autoréflexivité. Comme le dit Victor Brombert, on aurait tort d'attribuer des stratégies autoréflexives uniquement au roman moderne, puisque ces catégories « représentent un élément constitutif au processus de la création d'une fiction[5] ». S'il est vrai qu'un texte dit représentatif peut détenir de fortes tendances autoréflexives, comme l'a démontré Brian Fitch au sujet de l'œuvre de Camus[6] et comme l'a signalé aussi Victor Brombert à propos du *Père Goriot*[7], la position adoptée par Ricardou se révèle donc inadéquate pour parler du fonctionnement interne d'un texte. Il faudrait en fait repenser cette question, non plus à partir de cas extrêmes, comme celui du nouveau roman, mais plutôt à partir de textes traditionnels. Évidemment, il n'entre pas dans notre propos de faire ici une telle étude; nous aimerions néanmoins retenir la question en examinant la nature de la relation entre la représentation et l'autoreprésentation dans *Les Chambres de bois*.

Nous avons vu que, dans ce roman, le *récit* constitue un élément capital à l'intérieur de deux systèmes. Les codes oniriques et irréels s'ancrent à la

---

3. RICARDOU, *Nouveaux problèmes...*, p. 43.

4. Voir, par exemple, RICARDOU, *Problèmes du...*, pp. 173-190, où ce critique examine les « modalités des contestations de la mise en abyme »; voir également DÄLLENBACH, *Le Récit...*, p. 125 : « la dimension littérale ne peut être perçue qu'au détriment de la dimension référentielle et inversement ».

5. BROMBERT, "Opening Signals...", p. 498.

6. Brian T. FITCH, *The Narcissistic Text : A Reading of Camus' Fiction*.

7. BROMBERT, "Opening Signals..", pp. 499-501.

notion de récit dont la redondance ouvre la voie au système d'autoreprésentation. Fonctionnant comme une charnière, les micro-récits signalent la possibilité d'une corrélation entre la représentation et l'autoreprésentation. Cette corréalation se manifeste-t-elle à d'autres niveaux?

Il se trouve que *tous* les procédés d'autoreprésentation dans *Les Chambres de bois* dédoublent non seulement les *thèmes* mais, qui plus est, la *structure* même de l'univers représenté. 1) Ainsi le lexique du récit met en évidence le thème de l'art, en particulier celui de la littérature, par les références aux « livres » et aux « poèmes »; il souligne en même temps l'importance du « langage » chez les personnages. Ce faisant, ce lexique dissémine, d'une part, le code de *l'irréel,* où la composante *imaginaire* demeure branchée sur le littéraire, et, d'autre part, le code du réel, par les évocations précises à l'acte de la parole. 2) Quant aux mises en abyme du récit, elles dédoublent manifestement les thèmes de l'abîme, de l'abîmé et du raconté : par leurs répétitions évocatoires, ces mises en abyme réalisent sur un plan structural l'attrait mystérieux de l'univers atemporel des « enfants du seigneur ». Dès lors, elles participent à la structuration des codes de *l'irréel* et de *l'onirique.* 3) De même, les mises en abyme du rêve, qui répercutent les thèmes de la destruction (par les images de l'eau et du feu) et du songe, produisent par leurs réfractions multiples l'effet de rêve si important à la fiction. Autrement dit, c'est surtout à cause de cette structure dédoublée et réfractée que se réalise pour le lecteur l'élément hallucinatoire qui fait partie intégrale du code onirique. 4) Pour ce qui en est des figurations et des métaphores, leur déversement dans les deux systèmes est sans aucun doute le plus subtil puisque ces figures effectuent au niveau des *signes* une jonction entre ces deux niveaux. Rappelons, à titre d'illustration, l'exemple du miroir qui représente à la fois un élément des codes du *réel* et de *l'irréel* dans la fiction et qui fonctionne comme un miroir du texte. Rappelons aussi qu'à titre de métaphore scripturale, la broderie ne perd jamais le sens *littéral* qui lui revient dans l'univers représenté. 5) En dernier lieu, il est clair que les réseaux intertextuels et intratextuels confirment les thèmes de l'art et de la littérature tout en répercutant à travers le roman entier — dans le titre, dans l'incipit, à l'intérieur du roman et à la fin du roman — une présence intertextuelle qui corrobore les sèmes de *l'irréel.*

Il résulte de ces croisements, de ces redoublements et de ces déversements, une *intégration* maximale des deux systèmes, une intégration qui s'effectue par un mouvement continuel d'articulation réciproque. Le système d'autoreprésentation participe en tout temps à la production du sens au niveau de la fiction alors que la représentation dirige notre lecture vers la découverte du fait littéraire. Dès lors, dans *Les Chambres de bois,* représenter et se représenter se rencontrent et se rejoignent dans une relation symbiotique qui dote le roman d'une grande richesse. On ne saurait qualifier ce rapport en termes de contestation, de dominance ou d'opposition. *Les Chambres de bois* sont un texte qui ne s'épuise pas dans la représentation et qui ne s'épuise pas non plus dans l'autoreprésentation. Il affirme au contraire l'*union* de ces deux grandes structures dans la production du sens. Cette union, lorsqu'elle est actualisée par notre lecture, nous permet d'avancer plus profondément dans le « double de ce double » du récit[8], dans cet espace unique et multiple où se réalise l'intégration quasi hallucinatoire des sens, des effets de sens et de leurs reflets textuels.

Si, pour conclure notre lecture des *Chambres de bois,* nous revenons au seuil du texte — et au début de notre analyse — pour rappeler les effets de sens inscrits dans « C'était au pays de Catherine... », nous constatons que les trois codes (le réel, l'onirique et l'irréel) et les deux structures (la représentation et l'autoreprésentation) que nous avons perçus comme étant au cœur de l'œuvre se manifestaient déjà dans l'incipit ; ils étaient là dans cette phrase de réveil où le jeu sémique dans « pays » et l'ombre intertextuelle projetée par « C'était au... » cristallisaient l'aptitude des *Chambres de bois* de dire un monde tout en se disant.

---

8. Michel FOUCAULT, « Le langage à l'infini », dans *Tel quel,* n° 15, 1963, pp. 45-46 : « l'œuvre de langage ne ferait rien d'autre qu'avancer plus profondément dans cette impalpable épaisseur du miroir, susciter le double de ce double qu'est déjà l'écriture, découvrir ainsi un infini possible et impossible ».

# DES *CHAMBRES DE BOIS*
# À L'ŒUVRE ROMANESQUE

# 1. *Kamouraska*

Bientôt les sonorités rocailleuses
et vertes de Kamouraska vont s'entre-
choquer, les unes contre les autres[1].

Anne HÉBERT.

K AMOURASKA s'impose d'abord à la lecture par un monumental effet de
réel ; fonctionnant d'emblée comme un signe référentiel, le titre renvoie à
un endroit réel. Puis, une indication de l'auteur nous rappelle que ce roman
est basé sur un « fait réel qui s'est produit au Canada, il y a très longtemps »
et que les « personnages véritables de ce drame » ont prêté au roman des
gestes « extérieurs » et « officiels ». Dès lors, même si l'auteur souligne
le côté imaginaire du roman — elle l'appelle « une œuvre d'imagination »
— une importante piste de lecture est amorcée dès le titre par la mise en
évidence d'une dimension référentielle. À cet égard, il est significatif que
deux critiques se soient penchés sur l'œuvre pour mettre en évidence la
concordance étroite entre les faits réels du drame et ceux qui sont décrits
dans le roman. Françoise Dufresne[2] (de la Société historique du Québec)
et Sylvio Leblond[3] ont apporté, de ce point de vue, une contribution capitale
à l'étude de ce roman. Appuyant leurs discussions sur des documents de
l'époque et sur des citations de journaux, ces critiques démontrent d'une
façon convaincante qu'en grande partie « la fiction colle à la réalité[4] » aux
niveaux des lieux, des dates, des noms, des personnages et des actions du
drame, y compris le procès d'Élisabeth.

---

1. Anne HÉBERT, *Kamouraska*, Paris, Seuil, 1970, p. 206. Les numéros de pages qui
suivent les citations réfèrent à cette édition.

2. Françoise DUFRESNE, « Le drame de *Kamouraska* », dans *Québec-Histoire,* vol. 1,
nos 5-6, 1972, pp. 72-77.

3. Sylvio LEBLOND, « Le drame de Kamouraska d'après les documents de l'époque »,
dans *Les Cahiers des Dix,* no 37, 1972, pp. 239-273.

4. DUFRESNE, « Le drame... , » p. 73.

Une lecture attentive du roman nous révèle que la dimension référentielle signalée par le titre et par l'indication de l'auteur engendre la structuration d'un code du réel. En effet, du début jusqu'à la fin du roman, les marques d'une écriture réaliste abondent : *occurrences fréquentes de lieux géographiques :* « Sainte-Anne-de-Laval, Bécancour, Gentilly, Saint-Pierre-les-Becquets » (193), « Lauzon, Beaumont, Saint-Michel, Berthier » (197); *dates précises :* la date du meurtre « vers neuf heures du soir, le 31 janvier 1839 » (224), « L'acte d'accusation. Cour du Banc du Roi. Terme de septembre 1840 » (8); *reportage direct* en anglais de l'acte d'accusation : "At her majesty's court of kings' bench the iurors for our Lady the Queen upon their oath present that Elisabeth Eleonore d'Aulnières... on the fourth day of january in the second year of the reign of our sovereing Lady Victoria... did mix deadly poison, towit one ounce of white arsenic with brandy... and unlawfully did amminister, to and cause the same to be taken by the said Antoine Tassy... with intent in so doing feloniously, wilfully and of her malice aforethought to poison, kill and murder the said Antoine Tassy" (32); *descriptions détaillées* de la vie quotidienne : « Le désordre de la pièce est indescriptible. Des restes de pain émiettés sur le tapis, une tasse de lait renversée. Un grand cheval de bois couché sur le flanc a l'air de tendre le cou vers la flaque de lait. Du linge sale en tas. La petite Éléonore, à moitié nue, montre ses petites fesses irritées ». (33) On remarque aussi que le premier paragraphe du roman se caractérise par une écriture blanche dont l'effet est d'annoncer au lecteur un récit réaliste : « L'été passa en entier. Mme Rolland, contre son habitude, ne quitta pas sa maison de la rue du Parloir. Il fit très beau et très chaud. Mais ni Mme Rolland, ni les enfants n'allèrent à la campagne, cet été-là. » (7)

En outre, le code du réel dans *Kamouraska* acquiert de l'ampleur par une dimension historique à laquelle la critique n'a pas été indifférente. La date de 1839 (le lendemain de la rébellion), les allusions au bal du gouverneur, à la famille loyaliste de Nelson, à la reine d'Angleterre, et une référence particulière à la situation politique (« — Tiens-toi donc tranquille, ma femme, parle donc pas tant, peut-être bien qu'il est un officier anglais, il pourrait nous faire prendre ; comme on est dans un mauvais règne, il pourrait y avoir eu quelque bataille en haut » [220]) confirment le côté référentiel du roman tout en y ajoutant une dimension socio-historique[5].

Comme si, parallèlement aux *Chambres de bois,* le réel se manifestait dans ce roman pour engendrer des codes multiples et contradictoires, à partir de la première page le discours du réel se transforme en un discours onirique, où souvenirs, songes et hallucinations se fondent et se confondent :

5. Pour une lecture socio-historique du roman, voir Kenneth J. HUGHES, « Le vrai visage du [*sic*] « *Antoinette de Mirecourt* » et « *Kamouraska* », dans *The Sphinx,* vol. 2, n° 3, 1977, pp. 33-39.

« Ah la jolie promenade en traîneau ! De Lavaltrie à Montréal » (8), « Rêver, m'échapper, perdre de vue l'idée fixe » (9), « La ville n'est pas sûre en ce moment. Plus moyen d'en douter maintenant. On m'observe. On m'épie. On me suit. » (7) En fait sur le plan du discours, le roman est gouverné en grande partie par ce que Albert Le Grand appelle la « triple articulation du songe, du sommeil et de la mémoire[6] ». Il n'y a pas de doute, c'est le rêve — appuyé par le souvenir — qui permet, comme l'a proposé Gabriel-Pierre Ouellette, la *superposition* de divers *espaces* à l'espace réel :

> Les lieux de l'« histoire » du roman, qui se passe surtout ailleurs que dans la maison de la rue du Parloir, se greffent et se fusionnent souvent à la chambre de Léontine Melançon, qui devient ainsi le lieu central du texte. Mais, cette chambre disparaît à plusieurs occasions du « discours » et de l'« histoire » de *Kamouraska*. D'autres lieux y surgissent, s'y installent et la rejettent dans l'oubli pur et simple[7].

C'est le rêve qui génère, comme l'a démontré Josette Féral, une diffusion et une fusion des *temps,* temps du passé, temps du présent et temps du rêve-fantasme, lesquels se manifestent à chaque moment du texte. Fusion dont la signification se répercute au niveau global : « Le récit de *Kamouraska* est donc à la fois : récit du récit qu'est le rêve. Et : récit de la réalité, dans laquelle s'insère le rêve, et où Élisabeth fait surface, de temps en temps[8]. » Et enfin, c'est le rêve qui engendre la multiplicité des voix en induisant une fragmentation de l'instance narrative dont l'effet est de créer dans le discours une ambiguïté entre la réalité et le rêve.

Cette ambiguïté qui caractérise le rapport entre le réel et le rêve produit une signification importante dans la fiction par le truchement d'un mouvement qui s'exprime en termes de présence/absence. Car si, sur un plan psychologique, il y a une faille qui caractérise la personnalité d'Élisabeth, c'est bien son incapacité d'assumer pleinement, ou même partiellement, la réalité. À vrai dire, Élisabeth s'avère incapable même de vivre les conséquences de ses fantasmes lorsque ceux-ci sont réalisés. Par un processus de négation et de destruction, elle transforme toute présence en absence, tout désir en échec. En effet, Élisabeth est un personnage qui est attiré par les grandes passions et les situations extrêmes. Dans le cas d'Antoine Tassy, ce sont sa sensualité outrée et sa démesure qui enchantent d'abord Élisabeth : « Cette lueur sensuelle qui illumine ses joues, comme de petites vagues claires. Il a envie de me coucher là, dans les joncs et la boue. Et cela me

---

6. Albert LE GRAND, « *Kamouraska* ou l'ange et la bête », dans *Études françaises,* 7, 1971, p. 128.

7. Gabriel-Pierre OUELLETTE, « Espace et délire dans *Kamouraska* d'Anne Hébert », dans *Voix et images,* 1, 1975, p. 241.

8. Josette FÉRAL, « Clôture du moi, clôture du texte dans l'œuvre d'Anne Hébert », dans *Voix et images,* 1, 1975, p. 281.

plairait aussi d'être sous lui, me débattant » (67); « Voyou. Beau seigneur. Sale voyou » (69); longtemps Élisabeth demeure la complice de ce voyou : « Mais de nuit, je redeviens la complice d'Antoine. Jusqu'au dégoût le plus profond. La terreur la plus folle ». (100) Dans le cas d'Aurélie la servante, Élisabeth est attirée par son air de « sorcière » et ses prétendus pouvoirs mystérieux qui représentent une transgression des normes conventionnelles : « Elle parle dans un nuage de fumée. La voix lointaine. Le ton détaché. — Je sais, moi, si oui ou non, les bébés naissants vont vivre. » (63) Une bizarre amitié unit les deux femmes : « Nous nous embrassons, Aurélie Caron et moi. Une étrange et horrible tendresse nous lie l'une à l'autre. Nous isole du reste du monde. Nous chuchotons des paroles dérisoires. » (194) Et enfin, dans le cas de George Nelson, c'est autant son statut d'étranger dans le village que sa passion et sa rage qui ravissent Élisabeth : « Plus que son désir, je veux exciter sa colère. ... Je regarde avec avidité le visage de George. Une pâleur grise lui blanchit les lèvres. Comme celle des morts. Je voudrais l'apaiser, m'excuser de l'avoir réduit à une telle extrémité de rage. Et, en même temps, une joie extraordinaire se lève en moi. » (136) Or dans ces trois cas, dès qu'il y a réalisation du désir, c'est-à-dire dès qu'Élisabeth est en mesure de participer à la folle démesure d'Antoine ou de devenir l'alliée d'Aurélie dans le procès et la complice de George dans le crime, il y a recul et désistement. Élisabeth bat la retraite et s'enfonce dans l'absence du songe. D'où, par exemple, son incroyable volte-face vis-à-vis de George Nelson lorsque celui-ci lui apprend qu'il a tué Antoine : « Et si, par une mystérieuse opération, le masque de mon mari allait se retrouver sur les traits du vainqueur ? Non, ne tourne pas la tête vers moi, si j'allais reconnaître, sur ton cher et tendre visage, l'expression même du jeune barbare qui fut mon mari ? » (240) Mais il y a plus, car même, lorsque le crime est accompli, la dialectique de l'absence/ présence continue à s'affirmer dans le discours. Lorsque Nelson est installé aux États-Unis, Élisabeth, malheureuse dans sa nouvelle réalité (son mariage avec Jérôme Rolland), choisit de vivre l'absence par le biais du songe : « Je me défends par l'absence. » (109) On voit ainsi qu'une fissure profonde caractérise la psyché d'Élisabeth pour qui le réel n'est jamais assumé et pour qui le songe doit demeurer irréalisé. Voilà pourquoi, certes, au niveau des dimensions spatiales, Élisabeth est toujours là et ailleurs ; voilà pourquoi sur le plan narratif, ses voix sont plurielles et diffuses. Figure multiple d'un sujet clivé dont la réintégration est irréalisable soit dans la réalité soit dans le rêve (dont le ça demeure, en quelque sorte, irrécupérable), le personnage d'Élisabeth incarne une confrontation tragique entre le réel et le rêve.

Or, ce qui rend cette confrontation intéressante pour le lecteur, c'est justement l'ambiguïté qui caractérise la relation entre le réel et le rêve dans le texte. Par le truchement d'un discours où il n'y a pas toujours une démarcation précise entre les niveaux de représentation, le roman engage notre lecture dans un brouillage où rêve et réalité se confondent. Par exemple : lorsque Élisabeth est en proie à une hallucination, « Cheval et voiture vont déboucher, d'un instant à l'autre, sous mes fenêtres. C'est pour moi que l'on vient. ... On me prend en chasse avec ma tante Adélaïde » (12), elle croit entendre une charrette : « Mme Rolland n'entend rien d'autre au monde qu'une charrette dans la nuit ». (13) Effrayée, elle demande à son mari : « — Tu entends la charrette ? » ; il lui répond : « — Tu rêves ». (13) S'agit-il ici d'un rêve ou de la réalité ? Soumis à l'ambiguïté fondamentale du discours le lecteur ne saura jamais avec certitude si le bruit de la charrette est le fruit d'un rêve, ou bien si ce bruit, comme les propos de Florida le suggèrent, provient de la réalité : « — C'est jour de marché. Il y a déjà des charrettes qui passent dans la rue ». (29)

De l'ambiguïté du songe on passe aisément au code de l'irréel : la limite entre des espaces conscients et inconscients étant subvertie dans la fiction, une échappée vers l'irréel s'articule facilement dans le discours. Comme Denis Boak l'a démontré dans un article très intéressant, l'irréel dans *Kamouraska* repose en partie sur la présence des motifs de la sorcellerie et du conte de fées[9]. En effet, il est souvent question de puissance maléfique, de diable, d'enfer et de sort. Comme prototype de la sorcière, Aurélie hante le roman, y apportant une dimension irréelle : « On ne l'entend jamais venir. Tout à coup elle est là. Comme si elle traversait les murs. Légère et transparente. » (133) Il est vrai également, comme Boak le précise, que les allusions, parmi d'autres, aux « trois fées » de l'enfance d'Élisabeth (188), à la « princesse suppliciée » et à un « dragon féroce qui la tient captive » (164) créent une atmosphère féerique[10]. Toutefois une lecture attentive du texte révèle que c'est surtout par l'intermédiaire de la théâtralité qu'un code irréel marque le discours. De ce point de vue, Françoise Iqbal a bien démontré que l'univers de *Kamouraska* est un univers du « dédoublement » et du « théâtre[11] ». Lorsque, par exemple, la mère d'Antoine déclare d'une « voix méprisante » que « Tout ça c'est du théâtre », Élisabeth « entre en scène » et annonce : « Je dis « je » et je suis une autre ». (115)

Mais il importe de souligner qu'il y a *double jeu* dans la mesure où la théâtralité ouvre notre lecture vers un système d'autoreprésentation. En

9. Denis BOAK, « « Kamouraska, Kamouraska ! » », dans *Essays in French Literature*, n° 14, 1977, pp. 69-104. Cet article, peu connu, mérite d'être signalé. On y retiendra surtout l'excellente analyse des manifestations du « Romantisme noir » dans *Kamouraska*, pp. 74-91.

10. BOAK, « « Kamouraska... » », p. 78.

11. Françoise MACCABÉE-IQBAL, « *Kamouraska*, « la fausse représentation démasquée » », dans *Voix et images*, 4, 1979, pp. 460-478.

d'autres termes, c'est dire que la structure théâtrale indexe un dédoublement textuel où la théâtralité reproduit l'élément dramatique au cœur du roman. Tout se passe donc comme si le « drame » mentionné dans l'avertissement de l'auteur se réalisait non seulement dans la fiction mais dans les « doubles » niveaux textuels, où toutes les représentations s'imbriquent sur un système d'autoreprésentation. Ainsi en mettant en évidence un aspect formel du roman — « Quelle vieille sorcière me souffle à l'oreille que tout cela c'est du théâtre ? » (245) — la structure théâtrale attire l'attention du lecteur sur la dimension littéraire du texte.

À vrai dire, l'autoreprésentation foisonne dans *Kamouraska*; le jeu est *double* à plusieurs niveaux. Signalons quelques exemples en suivant la typologie employée dans l'étude des *Chambres de bois*. 1) Une production verbale récurrente qui met en évidence le jeu des signifiants : « Toute sa vie. Au-delà de ses forces. Quelle duperie! Mais ça fait *marcher,* toute une vie. J'adore *marcher* dans les rues, l'idée que je me fais de ma vertu à *deux pas* devant moi » (9), ou encore : « *Horse Marine* est si maigre que lorsqu'elle lève les bras, on peut lui compter les côtes. Comme une *carcasse* de *navire* ». (118) Dans cette catégorie, il faut insister sur la transformation de la fonction référentielle de *Kamouraska* en une fonction poétique :

> Bientôt les *sonorités* rocailleuses et vertes de Kamouraska vont s'entrechoquer, les unes contre les autres. Ce vieux nom algonquin; il y a jonc au bord de l'eau. Kamouraska!
> Je joue avec les *syllabes.* ... Dresser un fracas de *syllabes rudes* et *sonores*. M'en faire un bouclier de pierre. Une fronde élastique et dure. Kamouraska! Kamouraska! (206)

En ouvrant ainsi l'espace d'une signifiance textuelle et en affaiblissant la fonction référentielle du titre, dans ce passage « Kamouraska » met en évidence la fonction poétique des signes. 2) De nombreuses mises en abyme dont la plus importante est celle du jeu d'échecs : « Qui le premier propose à l'autre une *partie d'échecs?* Les *jeux* sont pourtant faits d'avance. ... La même complicité obscure. Durant d'interminables *parties d'échecs*. — *Échec et mat!* » (126) Soulignons que cette mise en abyme ne reflète pas seulement la fiction, puisque George prendra à Antoine sa reine, mais le jeu d'échecs, à titre de *jeu,* dédouble aussi l'élément dramatique dans le roman. 3) La présence, comme dans *Les Chambres de bois,* de diverses figurations dont, notamment, celle du miroir : « Un fragment de *miroir* tient encore au-dessus de la commode... Quel joli *tableau* se mire dans cette *eau* morte. Un *portrait* de famille... Ma belle-mère revient. Dit que nous sommes des *marionnettes*. Aïe! Le morceau de *glace* se casse en mille miettes. » (84-85) 4) Également comme dans *Les Chambres de bois* la réitération de la métaphore textuelle de la tapisserie[12] : « Sur fond jaune une rose rouge éclatante, inachevée !... S'éveillent la *laine* écarlate, les longues *aiguillées,* le patient *dessin* de la fleur de sang. Le projet rêvé et médité, à petits *points...* L'aiguille qu'on *enfile* » (42); métaphore qui désigne explicitement son fonctionnement : « Il faut continuer, reprendre le *fil. Jouer* la deuxième *scène* du médecin » (110), « Tout bas, je reprends le *fil* du vrai voyage de George Nelson ». (192) 5) De multiples occurrences intertextuelles et intratextuelles. Retenons dans cette catégorie la reprise d'un vers d'Anne Hébert : « Le monde est en ordre. Les morts dessous. Les vivants dessus » (84), vers tiré de « En guise de fête » dans *Le Tombeau des rois* et qui apparaît de nouveau dans *Héloïse;* une autoréférence ironisante dans « Par deux fois la voix de fausset de Léontine Melançon se perche au-dessus de ma tête. Me supplie de me lever de ce lit où je me prélasse dans un *roman* peu édifiant » (238); retenons surtout l'évocation à la fin du roman de l'histoire de la femme enterrée vive.

Il est important, en effet, de remarquer que cette histoire met en jeu, à la fin du roman, la *mimésis* du réel. Tout se passe comme si au terme du récit le discours se consommait dans l'écriture du conte. Rappelons qu'à la dernière page du roman, à la suite d'une formule énigmatique, « L'épouse modèle tient la main de son mari, posée sur le drap. *Et pourtant...* », le texte raconte l'histoire d'« une femme noire, vivante, datant d'une époque reculée et sauvage », femme qui provoque une peur « grande et profonde ». (250) Or, cette histoire, dont la fictivité saute aux yeux, a pour effet de déplacer la *mimésis* du réel dans les dernières phrases du texte ; c'est-à-dire d'un réel fracturé par la précarité qui le menace : « Mme Rolland se raccroche à la main livide de M. Rolland, comme à un *fil fragile* qui la rattache encore à la vie et *risque* de casser d'une *minute* à l'autre » ; d'un réel dérisoire dans son incertitude : « Léontine Mélançon (à moins que ce ne soit Agathe ou Florida?) murmure doucement » ; et enfin d'un réel qui s'avère odieux dans ses déclarations stupéfiantes : « — Voyez donc comme Madame aime Monsieur ! Voyez comme elle pleure... » (250) Ainsi, comme *Les Chambres de bois, Kamouraska* se termine en situant son discours dans un espace intertextuel où se joue aux deux niveaux de la représentation et de l'autoreprésentation, l'articulation du réel, de l'onirique et de l'irréel.

---

12. On retiendra à ce sujet les commentaires de LE GRAND dans « *Kamouraska...* », p. 131 : « Telle image, qui nage en surface au début du roman, émergera cent pages plus loin, la même, ou déformée... Songeons à tous les *jeux* de la lumière, à tous les travestissements de la « fleur » rouge qui signifie le sang, le meurtre... La tapisserie même se met à dessiner un meurtre. » C'est Le Grand qui souligne.

# 2. *Les Enfants du sabbat*

> L'ordre du monde est inversé. La
> beauté la plus absolue règne sur le geste
> atroce[1].
>
> Anne HÉBERT.

Sɪ « KAMOURASKA » s'impose d'abord à la lecture par un effet de réel, c'est en revanche un magistral effet d'irréel qui caractérise en premier lieu *Les Enfants du sabbat*. Les allusions discrètes au diable et à la sorcellerie dans *Les Chambres de bois* et dans *Kamouraska* s'actualisent pleinement dans ce roman où le sens s'organise en grande partie sous l'égide du sabbat des sorciers. On repère aisément, dès les premières pages, les signes multiples d'un code de la sorcellerie : fêtes orgiaques, inceste, viol, ombre du diable, invocations sacrilèges et présence lumineuse d'un sorcier et d'une sorcière (« Une fierté infinie rayonne par tous les pores de sa peau... Sa gloire m'envahit soudain, comme une lumière furieuse » [65]). Une analyse détaillée du code de la sorcellerie dans ce roman révélerait que ce code se structure à partir de la corrélation entre divers niveaux textuels ; un espace propre à l'irréel : « L'espace mystérieux de la montagne de B... » (57) ; un temps transcendental et atemporel : « En pleine possession de nos privilèges de vivants, nous pénétrons le domaine des morts et le lieu sacré de leur refuge » (44) ; une représentation particulière du sorcier et de la sorcière : « couple sacré » (7), et un discours à caractère blasphématoire : « Moi-même feu et aliment de feu, je fais l'hostie de notre étrange communion. — Que son sang retombe sur nous et nos enfants ! » (69)

Toutefois le lecteur se rend bientôt compte que le code de l'irréel fonctionne en opposition au code du réel. Tout se passe comme si l'envers engendrait l'endroit, l'irréel le réel : la représentation de la cabane des

---

1. Anne HÉBERT, *Les Enfants du sabbat*, Paris, Seuil, 1975, p. 42. Les références de pages entre parenthèses renvoient à cette édition.

sorciers s'oppose à la description du couvent des dames du Précieux-Sang où la représentation relève surtout d'un discours réaliste. De prime abord, cette *mimésis* du réel semble parfaite tant elle est surdéterminée par un système cohérent. On y repère non seulement une quantité de signes du réel, par exemple *date* et *lieu* précis : « le 3 janvier 1944 » (180), « un couvent de pierre, dans la ville de Québec » (144), *descriptions explicites* de détails quotidiens : « La voici maintenant dans la cuisine, agressée par tout ce qui salit, graisse, gicle, coule, écorche, coupe et brûle. Les mains blêmes de la sacristine pataugent dans la viande et le sang, les abats, les écailles de poisson, les plumes de poulet » (47), mais qui plus est, on retrouve toutes les marques d'une authenticité religieuse : prières latines, oraisons, processions, messe, confession, livres saints, scapulaire, voile et rosaire.

Quant à l'articulation entre les codes du réel et de l'irréel (c'est-à-dire entre le couvent et la cabane), elle s'effectue comme dans *Les Chambres de bois* et *Kamouraska* par l'intermédiaire du songe, plus précisément dans ce cas, par des visions. Alors même que le discours s'amorce, on apprend qu'il s'agit effectivement d'une vision : « Tant que dura la vision de la cabane, sœur Julie de la Trinité, immobile, dans sa cellule... examina la cabane en détail. » (7) Vision dont le sens ambigu (s'agit-il d'une véritable vision, d'une hallucination ou d'un rêve ?) est affirmé plusieurs fois dans le texte : « On ne peut pas dire que Sœur Julie soit perdue dans un rêve. Au contraire, toute sa personne, emmaillotée de linge et de drap, semble dans un état d'éveil suraigu. » (16)

Ainsi à première vue on retrouve dans *Les Enfants du sabbat* une structure identique à celle qui gouverne les deux premiers romans, où s'imbriquent les codes du réel, de l'onirique et de l'irréel. Toutefois une lecture attentive nous apprend que la structure polarisée du réel et de l'irréel est soumises à un « ordre inversé » selon lequel « La beauté la plus absolue règne sur le geste atroce ». (42) Pour mettre cela en évidence, signalons d'abord la réitération du signe de l'*ordre* dans le récit : « L'*ordre* des paroles de la consécration a été inversé » (43), « je jure et déclare que tout est en *ordre* dans la maison » (55), « L'*ordre* semble rétabli » (74), « Que la semaine sainte suive son cours et s'achève en bon *ordre!* » (88), « Le monde est en *ordre* ». (119) Signalons ensuite que c'est un ordre d'*opposition* qui gouverne l'organisation de la cabane et du couvent. Ainsi, par exemple, la cérémonie de l'eau dans la cabane « Il lui verse quantité de seaux d'eau et de boue, joyeusement, sur la tête et sur tout le corps » [29]) a pour contrepartie, deux pages plus loin, les ablutions dans la chapelle : « *Asperges me Domine...* » (31); le rite du sabbat sur l'autel « D'un coup de reins, elle relève sa croupe et s'offre à l'hommage de ses sujets » [39]) fait écho à celui de la messe : « *Sanctus, sanctus, sanctus* » (40); Joseph le frère de Julie fait

figure de Christ : « C'est lui que j'adore en secret » (24), et Adélard représente la figure inversée d'un prêtre : « Déjà les hommes ont commencé de
boire à même la cruche que leur tend Adélard ». (36) Cette opposition
entre les ordres établis préside à la constitution d'un système où le sacré
s'oppose à la sorcellerie.

Ce n'est pas tout, car, en dernière analyse, on se rend compte que ce
système primaire est lui-même inversé : « Telle est la loi; l'envers du
monde ». (65) Ainsi progressivement le réel devient invraisemblable alors
que l'irréel acquiert les contours d'un univers vraisemblable. Par le truchement de nombreux détails, la représentation de la vie du couvent frôle
l'irréalité. Dans ce couvent où « rien ne se perd, sauf la raison » (50), des
fantômes la nuit engrossent les religieuses : « Le fruit de nos entrailles est
béni » (51); l'abbé Migneault, tête enfouie dans la jupe noire de sœur
Julie, désire se « confesser » pour se « faire absoudre » par elle (53); la
sœur économe fumant une cigarette se transforme en homme d'affaires :
« Elle réclame du tabac *Old Chum,* une pipe d'écume de mer et un crachoir
de cuivre ». (140) Et enfin dans ce couvent où l'on peut entendre
« plaintes », « jurons », « blasphèmes », une ironie implacable se manifeste au niveau même du discours : « Mais le plus dur à supporter, c'est
sans doute le cri de sœur *Constance de la Paix,* qui est aveugle et à demi
paralysée, rauque, inhumain, un grognement plutôt ». (77)

Par contraste, l'ordre dans la montagne de B., en dépit de tous les
excès qui le caractérisent, détient une certaine pureté, voire une innocence
primitive qui véhicule des effets de réel. Bref, la représentation de l'univers
dans la montagne tient du vraisemblable. On retrouve, dans cet envers du
monde, la tendresse : « Les merveilleuses paroles de la mère... Béati-
tude » (58), la gloire : « Je regarde aussi Adélard, tout resplendissant de
lumière nocturne » (38), et surtout le rire : « Ils s'accusent mutuellement
d'infidélité, se bourrent de coups de poing. Puis ils éclatent de joie et de
rire ». (96) Comme l'écrit Denis Bouchard, « La *cabane* est diaboliquement
joyeuse et interdite. Le *couvent* est sérieusement diabolique et plein d'in-
terdictions. Un pied dans le péché lumineux et l'autre dans le salut téné-
breux, le livre entier offre un déséquilibre allégoriquement spectaculaire[2]. »
D'ailleurs, on repère aisément dans le monde de la cabane une quantité de
détails réalistes qui appuient une *mimésis* du réel; par exemple, l'étiquette
verte sur une cruche de verre : « *Une des cinquante-sept variétés Heinz* » (11)
(c'est l'auteur qui souligne), ou encore un niveau de discours populaire :
« — Je vas mettre mon beau chapeau sur ma tête, pis je vas descendre en
ville chez Georgiana. Je suis tannée de manger des patates pourrites,
moé... » (9)

2. BOUCHARD, *Une lecture...,* p. 168. C'est Bouchard qui souligne.

Que dire de ces inversions multiples[3] ? Comment en déceler la signification sans tenir compte du fait que le discours entier est gouverné par
une structure de la *représentation dramatique*. Comme Jacques Allard l'a fait
remarquer, l'ensemble narratif dans ce roman « mime le texte dramatique[4] » ;
d'où les allusions fréquentes à la théâtralité : « La lumière qui baigne la
*scène* devient sensible » (8), « la *cérémonie* de l'eau » (28), « La *procession* des
religieuses » (30), « *Ballet* solennel de la messe » (31), « Personne ne s'avise
d'essayer de la réveiller, tant le *spectacle* est impressionnant » (59), « Que
les *cérémonies* se déroulent telles que prévues » (88), « L'abbé entre en *scène*
à son tour » (161); d'où le jeu savant des paroles, des chœurs et des voix[5]
et aussi l'important motif du dédoublement : « Voici que mère Marie-
Clotilde se dédouble et descend de sa chaise » (21), « Sœur Julie se décide
à parler, avec une toute petite voix suave qui semble ne pas lui
appartenir » (20)

Au niveau de la fiction, cette structure de la représentation est impo-
sante parce qu'elle permet et concrétise l'inversion thématique sacré/sorcel-
lerie selon laquelle tout rite et tout spectacle peuvent être renversés. En
même temps, marquée par une ambivalence profonde, où des sens contraires
se réunissent, cette structure par la voie de représentations multiples dirige
notre lecture vers un système d'autoreprésentation. Tout ordre étant renversé
et renversable, toute cérémonie sujette à une démystification et une décons-
truction, le discours met à nu son fonctionnement. Certes, la *mimésis* du
réel et de l'irréel est minée par les inversions constantes, les contradictions
et les va-et-vient continuels dans le temps et dans l'espace. Mais, paradoxalement, cette *mimésis* est minée au profit d'un sens *primordial* qui est
celui d'une représentation dramatique, activité transcendantale (identique
de ce point de vue dans la cabane et le couvent) où il s'agit essentiellement
d'une même quête, d'un « même départ léger de soi-même ». (152) Que
le roman fasse le procès de ces « représentations », foncièrement tragiques
dans leur insuffisance, par le truchement de la parole n'est pas, à vrai dire,
étonnant. Fonctionnant comme une représentation *différée,* l'autoreprésentation ne fait que confirmer l'érosion fondamentale qui caractérise les univers
de la cabane et du couvent.

En résumé, voyons comment dans *Les Enfants du sabbat* l'autoreprésentation se manifeste, comme dans *Les Chambres de bois* et *Kamouraska,* à
plusieurs niveaux du texte.

3. Pour d'autres exemples d'inversion, voir la discussion de BOUCHARD dans *Une lecture...,*
surtout pp. 169-175.

4. Jacques ALLARD, « *Les Enfants du sabbat* d'Anne Hébert », dans *Voix et images,* 1,
1975, p. 286.

5. ALLARD, « *Les Enfants...* », p. 286 : « Le jeu global de ces paroles évoque très
souvent le dialogue théâtral ou cinématographique. »

1) Sur le plan du lexique il faut insister sur une pratique ludique qui renvoie à la structure de la *représentation*. Tout se passe comme si le discours se mettait *en jeu* au niveau même de l'écriture. Ainsi, sœur Julie dit au docteur Painchaud, livré à un cauchemar : « Je suis ta *night-mère,* ta sorcière de la nuit » (73); ce jeu de mots doublement motivé rappelle la vision cauchemardesque de la « mère » supérieure s'imaginant dans l'obscurité de la nuit que le « diable se trouve caché sous son lit ». (61) De même, comme dans *Kamouraska,* on décèle une production verbale : « Philomène prétend qu'elle a entendu le *krach* de New York, il y a quelque temps. Un *craquement* sinistre. Un *déchirement*. » (35) En outre, plusieurs fois dans le texte, le langage se désigne dans sa matérialité : « « *Hideux* ». Le visage de la mère est « *hideux* », pense la fille qui n'a jamais entendu ce *mot*. ... Un instant, le *mot* « *hideux* » s'envole du visage de Philomène. » (68) Bien entendu, en soulignant l'arbitraire des signes, cette dimension lexicale confirme la structure globale de la *représentation*. Émanant de systèmes proprement dramatiques, les prières et les blasphèmes, signes inversables, renvoient aussi au potentiel signifiant de la parole : « Je suis occupée à suivre sur le plancher les *trajectoires* lumineuses des *incantations* montant vers moi... Des *mots* inconnus... Je *suppose* que ce sont des *blasphèmes*. » (67)

2) Corollairement, les mises en abyme, dont la plus importante est sans doute celle des sorcières-gigognes, répercutent la forme et le sens d'une représentation dramatique. Issue d'un espace explicitement langagier (« La *voix* de sœur Julie persiste pourtant, *entonne* la longue *nomenclature* de son étrange généalogie » [103]), la mise en abyme des sorcières peut même confondre le lecteur tant ses réduplications sont hallucinantes :

> L'aumonier tremblant n'a que juste le temps d'apercevoir deux aisselles noires et des seins énormes. Voici que surgit une autre femme, plus petite, en jupe longue et col baleiné, tout comme si elle se fût trouvée à l'intérieur de la femme en rose, la femme en rose étant vide et creuse, en abat-jour, faite exprès pour contenir une autre femme plus petite, plus ancienne dans le temps, qui, elle aussi, accouche d'une autre femme. Des femmes gigognes. Des poupées russes s'emboîtant les unes dans les autres. (103)

Une fois en place, cette mise en abyme continue à se répercuter, mimant son propre fonctionnement :

> — Félicité Normandin (dite la Joie) engendrée, d'une part, par Malvina Thiboutôt, engendrée, d'une part, par Hortense Pruneau, engendrée, d'une part, par Marie-Flavie Boucher... par Céleste Paradis (dite la Folle)... par Ludivine Robitaille... par Marie-Zoé Laframboise... par Elzire Francœur... d'une part et d'autre part... (103-104)

Il faut souligner la longueur de ce passage dans le texte (longueur qui répercute une structure en abyme) de même que le côté ludique de certains noms dont Félicité, Pruneau, Céleste Paradis, Ludivine, Laframboise, Francœur. Étant donné ce jeu de langage, les répercussions dans la fiction sont à peine étonnantes : éprouvant un « tournis », le pauvre abbé trouve sur les draps de son lit le « cœur d'une sorcière » (renvoi à Francœur), « fin comme un grain de *framboise* » (104, renvoi à Laframboise).

3) Pour confirmer les représentations en abyme, le système d'auto-représentation récupère les figurations du dédoublement et du miroir. Ainsi, la petite fille dans la montagne de B. représente-t-elle le double de sœur Julie : « La petite fille se penche vers moi. Son œil jaune en vrille me gêne comme un miroir » (32); et le docteur Painchaud se demande : « Un homme peut-il se retourner tout d'un coup, comme un gant, et apercevoir, en un éclair, son *double* biscornu dans un *miroir* déformant ? » (72) Ces dédoublements qui sont significatifs au niveau de la fiction parce qu'ils affirment la structure de l'inversion mettent aussi en évidence le dédoublement textuel véhiculé par l'autoreprésentation. Car, en dernière analyse, c'est le texte qui se dédouble par les jeux de représentation. Manifeste dans les multiples références à la théâtralité, ce dédoublement se révèle également par des allusions autoréférentielles : « Avant de quitter la pièce au galop, mâchonnant des prières, vous pouvez regarder sans crainte la suite de l'*histoire* » (150), ou encore, « Mais le moindre geste de la part de Julie peut provoquer la suite de l'*histoire* ». (167)

4) C'est aussi à titre de signe double que le *sabbat* acquiert dans le roman une dimension métaphorique qui éclaire une pratique textuelle. Comme Gabrielle Poulin l'a fait remarquer, le mot sabbat ne désigne pas uniquement les réunions nocturnes des sorciers et des sorcières, mais ce mot marque aussi le jour consacré au seigneur dans l'Ancienne Loi. De nature essentiellement polysémique, le terme sabbat préside, comme l'indique aussi Gabrielle Poulin, aux rites dans la montagne et au « sabbat métaphorique auquel la novice est condamnée par ceux et celles qui se sont chargés de son âme, aumôniers et supérieures[6] ». Signe double, donc, le sabbat engendre les systèmes d'opposition et d'inversion dans la fiction. Or, c'est justement la polysémie inhérente à *sabbat* ainsi que ses sèmes de représentation dramatique qui révèlent une signification dans le texte. Étant donné la multiplicité des représentations dans la fiction, on peut suggérer qu'au niveau du sous-texte le sabbat véritable, celui qui permet toutes les transformations, du réel à l'irréel, du sacré à la sorcellerie, et qui crée pour le lecteur les visions les plus inconcevables, c'est le « sabbat » de l'écriture.

---

6. Gabrielle POULIN, « Qui sont les « Enfants du sabbat » ? » dans *Lettres québécoises*, vol. 1, nº 1, 1976, p. 4.

5) Si le texte par ses jeux multiples se présente comme le lieu du sens, il est naturel qu'il soit un espace ouvert. Comme lieu de croisement de plusieurs écritures, *Les Enfants du sabbat* ne cessent, en effet, de s'ouvrir vers d'autres textes ; explicitement, par les nombreuses prières latines, les passages tirés de la Bible, les incantations des sorciers et les calques multiples (telles les descriptions empruntées à *La Sorcière* de Michelet) ; implicitement, par les allusions à Philomène et Adélard en termes d'« ogres » et de « géants ». (86) Or, c'est précisément par ces renvois intertextuels que ce roman devient, comme le dit Neil Bishop, « une écriture laissée ouverte à tout le champ des possibles fictifs[7] ». En outre, dédoublant la fin ambiguë de la fiction — où il est impossible d'identifier, à coup sûr, le monstre nouveau-né ou le « jeune homme, grand et sec » (187) — le discours subvertit la clôture du roman en renvoyant le lecteur vers d'autres textes. Comme on le sait, la dernière page du livre énumère des « ouvrages consultés » par l'auteur au sujet de la sorcellerie. Ainsi dans un dernier geste, le texte éclaire la production de ses représentations multiples ; il l'éclaire, si, comme l'écrit Derrida, « produire, c'est faire avancer dans la lumière, porter au jour, dévoiler, manifester[8] ».

---

7. Neil BISHOP, « *Les Enfants du sabbat* et la problématique de la libération chez Anne Hébert », dans *Études canadiennes* (AFEC), n° 8, 1980, p. 43.

8. DERRIDA, *La Dissémination*, p. 328.

# 3. *Héloïse*

Comment faire la part des choses,
séparer le songe d'avec ce qui s'est passé
de très réel et précis entre Héloïse et
lui, dans l'appartement de la rue des
Acacias[1]?

Anne HÉBERT.

Comme dans *Les Chambres de bois, Kamouraska* et *Les Enfants du sabbat,* la lecture d'*Héloïse* nous entraîne vers la conjoncture des domaines du réel, du songe et de l'irréel. Ce roman toutefois est beaucoup moins dense que les autres (un « roman, à peine » selon Gilles Marcotte[2]) et la structure tripartite y est tellement évidente que nous nous en tiendrons à une discussion très sommaire.

Quoique moins complexe, *Héloïse* ressemble étrangement aux *Chambres de bois.* En fait, on pourrait, à certains moments, se croire dans l'univers de Michel et Lia, tant ce roman en évoque les contours brumeux et désuets. Aussi est-ce à la description d'un appartement que nous convie le début du texte. Subvertissant d'emblée un sens univoque, cette description crée une ambiguïté. La répétition de détails minutieux (« Les rideaux cramoisis, brochés d'or, étaient retenus par des embrasses également dorées... La salle de bains possédait une baignoire, haute sur pattes, à l'émail un peu jauni, des robinets de cuivre et un immense réservoir d'eau, en cuivre également » [10-11]) ne produit pas, comme on s'y attendrait, un effet de réel. Au contraire, cette description fonctionne comme un support de l'irréel. Pour s'en convaincre, il suffit de repérer le champ sémantique qui sous-

---

1. Anne HÉBERT, *Héloïse,* Paris, Seuil, 1980, p. 105. Les références de pages entre parenthèses renvoient à cette édition.

2. Gilles MARCOTTE, « Anne Hébert et la sirène du métro », dans *L'Actualité,* juin 1980, p. 82.

tend la description de l'appartement : « ornements *outrés,* Une sorte d'*enclave oubliée,* non loin du *Bois,* un *délire* de fer forgé, Bientôt on avait les yeux *brouillés* et la tête qui *tournait,* Dans un *craquement* de bateau en *perdition,* un jardin fort *négligé,* le *vertige, absence* de tout signe de *vie,* une *crypte* ». Comme dans *Les Chambres de bois,* la collocation de ces mots produit chez le lecteur un effet de malaise. Malaise qui se dit explicitement à la fin de la première lexie : « Dans son ensemble l'appartement produisait une sorte de *malaise,* pareil à une demeure déjà quittée et cependant *hantée.* Tel qu'il était dans son ambiguïté, l'appartement attendait Christine et Bernard. » (12)

Dans une deuxième lexie, on se rend compte que c'est vraiment une « ambiguïté » qui marque le discours. Nous situant dans un autre espace, le texte fait d'abord appel au *réel.* Quoi de plus vraisemblable que la description des fiançailles de Christine et Bernard en pays de Loire? L'événement s'arrose avec une « quantité de vin de Bourgueil et de Vouvray » et il y règne une atmosphère de joie et de simplicité : « Les parents de Christine qui menaient grand train étaient aussi simples et joyeux que leur fille. » (13) Mais on s'aperçoit rapidement que cette simplicité n'est qu'apparente puisque le discours produit immédiatement des écarts et des contradictions. Tout se passe comme si la quantité de vin consommée par Bernard permettait des errances du sens : « Christine appuie sa tête sur mon épaule pour attirer mon attention. Elle me dit que j'ai trop bu. » (14) Aussi, du littéral le texte passe-t-il au figuré : « N'était-il pas jusqu'à son grand corps... empêché si longtemps par mille petits fils invisibles, cousus par sa mère » (13-14); le présent donne lieu, par la voie d'un souvenir, au passé : « La voilà au bout de la table qui toque avec son dé d'argent sur la nappe pour réclamer la parole » (14), alors qu'à l'espace réel se superpose un espace imaginaire : « — Vas jouer dans ta chambre, c'est Mme Michaud qui vient essayer sa robe ». (14) En plus, des modulations constantes produisent des dislocations de l'instance narrative : « voyez comme elle travaille, Ma mère est morte depuis deux ans, Christine était coryphée à l'Opéra ». (14) Ces écarts et ces mouvements sont surtout significatifs parce qu'ils représentent en microcosme le fonctionnement global du texte où il y a imbrication continuelle entre le réel, l'onirique et l'irréel.

Parler d'un code du réel dans *Héloïse,* c'est surtout tenir compte de la représentation que ce roman nous offre de la ville de Paris et de son métro. Une quantité de signes dénotatifs empêchent le discours de basculer complètement dans le fantastique : *allusions* fréquentes à des *stations de métro :* Cardinal-Lemoine, Cluny, Odéon, Sèvres-Babylone, Duroc; *descriptions* de la *foule parisienne :* « Petits bourgeois. Jeunes gens barbus et chevelus. Deux gitanes, jupes longues et regards perçants. Disciples de Krishna, têtes tondues et visages blêmes » (18), « La place est pleine de monde. Mouvement de foule. Petits attroupements autour du monument de Danton. Marchands de journaux. Marchand de bonbons ». (24) Or tout en produisant pour le lecteur un effet de réel, ces détails permettent aussi, comme l'a fait remarquer Gilles Marcotte, la représentation d'une certaine réalité. Citant une phrase du roman (« Ce monde dans lequel nous vivons accueille d'un même air indifférent et las toute singularité et jouissance perverse » [102]) ce critique suggère qu'*Héloïse* « nous dit... que nos modes, notre goût pour ce qui est suranné, vétuste, désuet, hors du temps, signalent peut-être le désir de mort d'une civilisation qui ne sait plus affronter le nouveau[3] ». En effet, il s'agit dans ce roman d'une réalité marquée par un malaise existentiel où « jeunes et vieux » sont « tous fatigués et ballottés. Des visages avoués, aussi vrais que dans leur solitude la plus profonde ». (67) Ainsi dans *Héloïse,* comme dans *Les Enfants du sabbat,* paradoxalement le réel se caractérise par une absence tragique.

C'est bien entendu la description d'un réel fissuré qui permet dans le discours le passage vers l'onirique dont le caractère ambigu marque notre lecture. À l'instar de Bernard, on ne sait plus comment « faire la part des choses, séparer le songe d'avec ce qui s'est passé de très réel et précis » (105); on remarque seulement que le rêve se manifeste à plusieurs reprises dans le discours, y disséminant les signes de « rêveries » (13), de « songe » (14), de « sommeil » (25), de « femme en rêve ». (65)

En écartant le discours d'une représentation du réel, le songe facilite l'avènement de l'irréel. La présence dans ce roman d'éléments surnaturels est tellement évidente qu'il suffit de signaler que le code qui répercute les sèmes de l'« étrange » (11), du « vertige » (10), du « malaise » (12), d'« illumination » (15), de « bêtes fabuleuses » (37), d'« obscurité » (46), de « folie » (51), de « fièvre » (52), de « démon » (54) et d'« illusion » (65) est si fortement ancré dans le roman que l'apparition d'Héloïse, femme-vampire, en paraît l'aboutissement naturel.

Toutefois comme dans les autres romans, le réel et l'irréel se fondent ou se confondent souvent. Telle, par exemple, l'apparence « irréelle » des drogués dans un prétendu monde réel : « La robe d'Héloïse ne dérange pas plus que le vêtement flottant, traînant dans la poussière de cette fille à la tête tondue, au brillant incrusté entre les deux yeux. Certaines pâleurs et maigreurs ne sont plus identifiables, place Saint-Michel, autour de la fontaine où dorment de jeunes drogués, livides et efflanqués. » (102)

En remettant ainsi en cause l'ordre même de la vie et de la réalité, *Héloïse* répond à l'épigraphe qui précède le roman : « Le monde est en ordre / Les morts dessous / Les vivants dessus. » C'est bien entendu cette épigraphe

---

3. MARCOTTE, « Anne Hébert... », p. 82.

déjà cité dans *Kamouraska* qui attire en premier lieu notre attention sur la dimension littéraire du roman. À partir de là, on repère facilement quelques manifestations d'un système d'autoreprésentation (toutefois moins développé que dans les autres romans). En utilisant la typologie employée pour *Les Chambres de bois,* signalons quelques exemples. D'abord un réseau lexical généré par le mot « poèmes » (13), réseau qui signale une pratique scripturale : « Il écrit sur un bloc tout ce qui lui passe par la tête... Certains bouts de phrases éclatent » (27), « La page blanche reprise par quatre murs » (42), « C'est fort, tu sais, le pouvoir de la parole » (111). Retenons aussi un amusant jeu de mots qui subvertit l'effet d'irréel : « Dans la quasi-obscurité, Bernard remarque que tout le monde autour de lui boit du *bloody-mary.* Il y a des petites lueurs couleur de *sang* qui clignotent dans chaque verre. » (80)

S'il n'y a pas de mise en abyme ou de métaphores scripturales dans *Héloïse,* on y retrouve toutefois, comme dans les autres romans, les figurations du *miroir* et de la *théâtralité;* par exemple : « Une *glace,* un peu piquée, encadrée d'or, *reflétait* la pièce en son entier » (11), « Bernard est maintenant au centre du cercle avec Héloïse. Pris au piège avec elle. En plein *théâtre* avec elle. Ne sachant quel *rôle* lui est destiné. L'acceptant d'avance ce *rôle* absurde et terrifiant. L'*auditoire,* un instant figé, se déplace lentement. » (69)

Les manifestations les plus significatives d'une pratique textuelle dans *Héloïse* se situent toutefois au niveau de l'intertextualité. Nous avons déjà suggéré que ce roman fait souvent écho aux *Chambres de bois.* Or non seulement le début du texte décrit-il un appartement situé « non loin du Bois », mais la fin du roman évoque un « brouillard » et de la « brume » : « Le brouillard monte à nouveau, s'étend sur toute l'assemblée. On peut lire le nom de la station Père-Lachaise, à travers la brume. » (124) Ce reflet d'un texte à l'autre est maintes fois affirmé dans le roman. Ainsi, comme Michel, Bernard a « l'air d'un enfant abandonné » (19) (*Les Chambres de bois,* 127), son désir pareil à celui de Lia le possède jusqu'à « la moelle de ses os » (31), (*Les Chambres de bois,* 125). On apprend par ailleurs que Bernard rêve « d'un bol de riz blanc. Tandis que l'*image* d'une longue fille noire, aux pommettes saillantes, aux yeux bistrés, se tient immobile, devant lui » (34), (*Les Chambres de bois,* 104, 129), sans rien dire de l'appartement qui est imprégné de « silence » et d'« ombre ». (51) Comme pour mieux confirmer ces liens intertextuels, la fin du roman fait allusion à l'activité de la lecture : « On peut *lire* le *nom* de la station Père-Lachaise, à travers la brume. » Ce faisant, cette dernière phrase consacre la structure profonde de l'œuvre romanesque où le réel, l'onirique et l'irréel imbriqués dans des mouvements constants s'articulent sur des systèmes d'autoreprésentation : « Si Bernard inventait, jour après jour, mot après mot, un grand poème fabuleux? » (64)

# 4. *Les Fous de Bassan*

Les fous de bassan posent d'emblée un problème d'interprétation. Que dire, en effet, de ce roman qui répète cinq fois, c'est-à-dire dans cinq récits différents, la même histoire ? Comment cerner les structures sous-jacentes de cette écriture qui joue — et jouit — de la pluralité éclatante d'un langage qui bascule constamment du réel au fantasmatique, du littéral au figuré ? Par le biais d'un discours en partie ancré dans le référentiel, ce texte ne cesse de dire le réel alors que l'écroulement des stratégies du discours logique produit un glissement fréquent vers l'onirique et l'irréel. Tout se passe comme si le code du réel, dont les marques sont nombreuses, fonctionnait comme tremplin pour les autres codes ; le discours a beau se « vraisemblabiliser » en multipliant les effets de réel, ce n'est, dirait-on, que pour faciliter la dérive du sens vers le fantasmatique.

Au début des *Fous de Bassan,* comme dans les autres romans d'Anne Hébert, le discours est ancré dans le référentiel. Car, même si Griffin Creek représente le nom d'un lieu imaginaire, l'espace décrit renvoie à un espace réel, à savoir le long du Saint-Laurent entre cap Sec et cap Sauvagine. Plusieurs dates précises (1936, surtout le 31 août 1936, 1982) situent les moments importants de l'intrigue ; un arrière-plan historique renforce l'effet de réel : l'histoire rappelle la formation dans cette région, en 1782, d'une petite colonie de loyalistes qui avaient fui les États-Unis pour rester fidèles au roi d'Angleterre. La répétition, tout au long du roman, de noms anglais — Jones, Brown, Atkins, Macdonald — a pour effet de réactiver cette composante historique. Même le titre *Les Fous de Bassan* fonctionne dans ce contexte comme signe référentiel, étant donné la présence réelle de ces oiseaux dans cette région.

Et pourtant, c'est également au début du texte — ainsi dans un même moment discursif — que le discours bascule vers l'onirique et l'irréel. Le narrateur du premier récit, le révérend Nicolas Jones, admet carrément l'emprise du songe sur sa psyché : « Le présent sur mon âme n'a plus guère de prise. Je suis un vieillard qui entend des voix, perçoit des formes et des couleurs disparues[1]. » (23) Greffé sur ces « formes » et ces « couleurs disparues » son récit oscille constamment entre le présent et le passé, entre le réel et le songe. Enfin, c'est aussi au début de la narration que le texte fait appel à l'irréel par la présence d'un certain lexique (« créature de songe hantant Griffin Creek depuis la nuit des temps » [16]) ou par le renvoi au conte (« Leurs père et mère ayant désiré très tôt les perdre en forêt » [19]). Cette multiplicité des niveaux de représentation, qui caractérise le grain même du texte dans la mesure où elle s'inscrit au niveau des petits détails, se manifeste également dans les structures globales. Par leur forme même (abondance de signes référentiels, lieux et dates précis), les lettres de Stevens appuient l'illusion du réel. Les récits de Nicolas et de Nora, par contre, se caractérisent par un discours onirique (discours où les souvenirs, les fantasmes et les rêves foisonnent et où la logique d'une écriture du réel est subvertie) alors que la narration d'Olivia, de par son énonciation, consacre un effet d'irréel, puisque ce personnage est une revenante.

Or, ce qu'il importe de remarquer, c'est que dans *Les Fous de Bassan* la structure tripartite du réel, de l'onirique et de l'irréel est gouvernée par deux principes opposés. D'une part, le sens est constamment soumis à la diffraction et à la discontinuité parce que de nombreuses stratégies textuelles viennent perturber l'ordre et la logique discursives. Mais, d'autre part, selon un processus inverse, le sens est aussi continuellement récupéré et réintégré au sein de significations globales et unitaires par le truchement des structures de redondance. Le roman des *Fous de Bassan* est donc ce qui est pluriel et fragmenté tout en étant un roman qui ne cesse de dire et de redire le même sens. C'est, en d'autres mots, un texte où le discours fictionnel se déploie dans un mouvement de tension continuelle.

## Fragmentation et redondance

Dire que dans *Les Fous de Bassan* le sens est soumis à la fragmentation, c'est reconnaître que le discours narratif, perçu comme unité signifiante, s'organise sous le signe de la pluralité. Comme nous l'avons déjà mentionné, le roman répète plusieurs fois, à quelques détails près, la même histoire. Plus précisément, il la redit dans cinq récits différents : celui du révérend Nicolas Jones, l'oncle des jeunes filles, ceux de Nora et d'Olivia, celui de leur cousin Perceval et celui de Stevens Brown (écrit sous forme de lettres, ce récit est présenté à deux moments différents dans le texte). Ainsi, dans ses grandes structures, le texte s'organise sous une forme multiple. Mais il

---

1. Anne HÉBERT, *Les Fous de Bassan,* Paris, Seuil, 1982. Les numéros des pages qui suivent les citations réfèrent à cette édition.

est aussi multiple au niveau de la fiction puisque la diégèse dépend de tous les récits pour proclamer une certaine vérité.

La pluralité des récits entraîne aussi une multiplicité des voix narratives. Multiplicité dans ce cas qu'il faut prendre au pied de la lettre, car il y a non seulement une mise en place de cinq narrateurs différents qui s'approprient tous le discours, mais le récit de Perceval est ponctué par celui des « autres » dont la voix collective s'exprime par le biais d'un « nous » narratif : « Cet enfant crie trop fort. Il faudrait le ramener chez ses parents, le coucher dans son lit. Notre angoisse avec lui atteint un paroxysme difficilement supportable. » (153) Cette fragmentation est par ailleurs activée par la mise en place dans chaque récit d'un processus de dédoublement. Substituant au « je » narratif une forme impersonnelle, les narrateurs se dédoublent pour se regarder agir :

> Ainsi va la soirée du pasteur, ponctuée de pipes brûlantes et de lectures bibliques jusqu'à minuit. Malheur à celui qui serait sans liturgie aucune, plongé dans une solitude comparable à la mienne, dans une nuit aussi obscure. (20)

C'est donc un processus de fragmentation qui conditionne la mise en œuvre de l'énonciation. Encodées comme structures déterminantes dans le texte, les voix narratives sont à la fois individuelles et plurielles (les cinq « je ») ; quand elles sont individuelles, elles se scindent par les nombreux dédoublements et, lorsqu'elles sont plurielles, elles se multiplient dans la forme indéfinie du « nous ». Quelquefois, comme pour accentuer davantage cette diffraction, la voix narrative est même neutre, affranchie d'un sujet et issue d'un non-lieu. Car qui, en effet, « parle » dans la phrase suivante ? : « S'il vient quelque chose encore ce sera du côté de la mer. » (181) (Récit de Perceval et des autres : énoncé unique dans une lexie.)

Comme la narration, le temps est régi par la multiplicité, car dans ce texte il est à la fois chronologique et achronologique, singulier et itératif, réel et fantasmatique. Prenons par exemple le récit de Nicolas. Au niveau du discours, ce récit se situe au présent, été 1982, et dans le réel. Mais cet ancrage est cependant illusoire puisque de nombreuses analepses situent certains moments de la narration en août 1936. Le discours de Nora s'inscrit par contre dans le passé, été 1936, mais il s'y inscrit pour mieux remonter vers un passé antérieur, celui de son enfance. Quant au récit d'Olivia, il subvertit l'appareil complexe des dates et des heures pour se dire carrément hors du temps, « sans date ».

Cette diffraction de l'instance temporelle est corroborée par le chevauchement de la chronologie et de l'achronologie. Comme les nombreuses dates ont pour effet de le souligner, les premières lettres de Stevens respectent rigoureusement des principes d'ordre et de continuité. Nora, en revanche, a beau signaler au début de son récit l'instance temporelle, le 14 juillet, son discours, comme celui du rêve, est libéré de toute contrainte ; le présent se fond au passé et le passé se confond à un passé antérieur : « Le jour commence. J'ai quinze ans depuis hier » (111), « J'ai six ans et j'accompagne mon oncle John qui vient de relever ses filets à marée basse » (113), « Ce n'est pas pour rien que je joue si souvent au bord de la mer. J'y suis née ». (116)

Axé sur le même principe structural, l'espace aussi est fragmenté. Il est vrai qu'au niveau de la fiction une certaine délimitation spatiale marque le discours : représentation importante de Griffin Creek et de la mer et représentation intermittente de la Floride et de Montréal dans la dernière lettre de Stevens. Or, ce qui produit la diffraction de cette structure c'est, comme dans *Kamouraska,* la superposition dans un seul récit de plusieurs espaces ; c'est-à-dire qu'à l'espace du réel (par exemple, la chambre de Stevens à Montréal) se greffent l'espace du souvenir (Griffin Creek, Gulf View Blvd., etc.) et celui de l'irréel (la vitrine massive dans la chambre de Stevens [204]). Il s'agit là, en fait, d'une conduite constante dans le texte. Voilà pourquoi les personnages sont presque toujours là et ailleurs, présents et absents. Voilà pourquoi aussi le temps et l'énonciation, solidaires de cette structure, sont également multiples, diffus, fragmentés. Mais au niveau de l'espace, ce qui rend le système de superposition encore plus complexe, c'est qu'il y a un élément tout à fait indécidable quant à ce qu'on peut considérer comme étant l'espace du réel, celui du songe ou celui de l'irréel. Dans les premières lettres de Stevens, Griffin Creek représente incontestablement un espace du réel, mais, dans sa dernière lettre, cet espace se situe dans le domaine des fantasmes. De même, la description de la grange le soir du *barn dance* s'inscrit tout aussi bien dans le réel (voir par exemple le récit de Stevens [98]) que dans le fantasmatique (le récit d'Olivia [219]). On s'aperçoit dès lors qu'une mouvance s'établit au niveau des signifiés de l'espace, mouvance qui subvertit l'ordre apparemment prescrit des signifiants.

Abondantes et actives ces diverses structures de fragmentation déterminent le sens tout en modélisant la représentation des personnages. Car, comment se caractérisent les personnages, si ce n'est par la rupture et la scission intérieures ? Les personnages, féminins ou masculins, sont tous des êtres mutilés et psychologiquement handicapés. De ce point de vue, l'image du corps désincarné de Nora et les retrouvailles (pièce par pièce) de ses vêtements après le meurtre sont hautement significatives, pour ne pas dire symboliques, de ruptures intérieures. D'où sur le plan de la diégèse, l'importance du viol, de la violence et des meurtres. Formés et informés par la fragmentation, les récits ne cessent de répéter au sein d'une même grande histoire le sens de la rupture et la douloureuse impasse du désir. C'est donc par le mouvement réciproque d'une interpénétration constante de la forme et du sens que le viol, à titre d'élément noyau générant les réseaux thématiques de la blessure, de la rupture et de l'aliénation, est de prime abord celui qui s'accomplit dans les structures du texte.

Pourtant, en lisant *Les Fous de Bassan,* on s'aperçoit qu'une certaine unicité se dégage de la pluralité, qu'un ordre émerge de ce désordre et qu'une cohérence surgit au sein même de l'incohérence. Paradoxalement, le sens du texte est à la fois unitaire et pluriel, éparpillé et centré; il est un lieu où de nombreuses structures de redondance produisent une convergence du sens à travers et au-delà de la fragmentation.

Il est vrai que le roman se divise en cinq récits différents; mais bien qu'ils soient différents au niveau de leur forme, ces récits ne sont-ils pas en même temps semblables et redondants? Ils sont redondants dans la mesure où ils réitèrent tous les composantes essentielles de la même histoire et redondants aussi parce qu'implicitement ou explicitement, à travers la multiplicité du temps, de l'espace et des voix narratives, ils répètent les mêmes thèmes. En dépit de la fragmentation, il y a un retour constant du texte aux mêmes signifiés puisqu'il s'agit toujours du désir, de la violence et de l'abandon.

Or, cette répétition thématique ne fait qu'actualiser une répétition manifeste au niveau des énoncés. En lisant le roman, on peut facilement avoir une impression de déjà-vu, et de déjà-lu, à cause de la réitération de certaines séquences. Mais justement une lecture attentive nous révèle qu'il s'agit là d'un procédé capital, car le texte se construit en partie sur le mode de la répétition. Paradoxalement la redondance se manifeste en premier lieu sur le plan de l'organisation globale : la multiplicité des récits a pour effet de mettre en relief la notion même de récit. De même, les vocables du titre, axés sur le principe de la redondance, se disséminent dans le texte entier. Enfin, la répétition de certains énoncés se déploie à l'intérieur des récits et d'un récit à l'autre. Relevons quelques répétitions à titre d'exemple : « Pas de mots pour dire ce qu'il savait » (21), « Pas de mots pour dire l'effet des merveilles dans ma tête (140), « Laquelle des deux a les plus jolis seins? » (101), « J'aurais tant voulu savoir qui a la plus jolie poitrine d'Olivia ou de moi? » (133), « Qui le premier parle de se rendre sur la grève? » (224), « Qui le premier parle d'aller sur la grève? » (241)

Il y a dans le texte une répétition particulièrement significative. C'est presque au début du récit de Nicolas qu'on voit une première fois l'énoncé à caractère biblique « Au commencement il n'y eut que cette terre de taïga, au bord de la mer, entre cap Sec et cap Sauvagine ». (14) Cet énoncé est ensuite repris presque mot à mot à la fin du récit du pasteur : « Au commencement il n'y eut que cette terre de taïga, entre cap Sec et cap Sauvagine. » (54) Il est évident que la répétition de cette phrase, au début et à la fin du premier récit, lui permet non seulement de fonctionner comme signe d'ouverture et de clôture, mais cette répétition instaure une circularité dans le texte; circularité qui est réactivée par la réitération des fragments du même énoncé dans les récits des autres personnages. Il ne s'agit plus dès lors d'une simple redondance, mais plutôt d'une structure anaphorique, doublement surdéterminée dans la mesure où la forme et le sens signalent tous les deux la notion de début : début du texte, début de l'écriture, début de la fiction et début du monde. Ce fonctionnement est d'autant plus motivé contextuellement que le sens de cette phrase se répercute dans tout le texte par la réitération, sous formes variées, du concept de commencement : « Il me fallait revenir au regard neuf de l'enfance, pas encore habité d'images brillantes, pour saisir la sauvage beauté de ma terre originelle » (lettres de Stevens [60]), « Le jour commence », « Le premier jour du monde n'a pas encore eu lieu » (le livre de Nora [111, 113]), « Pâleurs, rougeurs subites, battements de paupières, sourires intempestifs, autant de signes d'une vie nouvelle et secrète » (le récit d'Olivia [200]).

Les structures temporelles mettent en place elles aussi et en dépit des nombreuses diffractions, un véritable centre temporel, voire un temps principal et récurrent. À travers les mouvements multiples du présent au passé, à travers la transcription du réel, du songe et de l'irréel, chaque récit, comme s'il était régi par une pulsion temporelle, converge vers la date du 31 août 1936. En réalité, toute la fiction est ancrée sur ce temps; il en constitue le point de départ et le point d'arrivée. Cette date représente alors un temps primordial dont le sens perce avec insistance dans le texte tout entier. Mais, ce n'est pas tout, car la mise en place de ce centre temporel permet, selon deux mouvements contraires, une expansion significative des thèmes du viol et de la violence. D'une part, ce temps marqué par la violence se redouble et se prolonge dans un temps antérieur, un temps mythique et biblique : « La terre se corrompit à la face de Dieu et la terre est pleine de violence. » (43) Mais, d'autre part, ce temps se prolonge aussi, et éclate, dans un temps ultérieur. Pour expliquer ce fonctionnement, il faut se demander pourquoi les lettres de Stevens se situent à deux moments différents dans le discours. Cet écart est-il motivé? En relisant la dernière lettre de Stevens, on remarque qu'elle ajoute un élément nouveau à la fiction. Elle fait état de la guerre, de visions terribles et de la vie insupportable d'hommes blessés. À première vue, l'insertion de ces nouveaux éléments dans les dernières pages du texte peut étonner le lecteur. En général d'ailleurs, les critiques ont passé sous silence cet aspect du roman. Pourtant il s'agit là d'un élément capital dans la mesure où ce télescopage au niveau du temps (1936 et 1982) et de l'espace (Griffin Creek, Montréal) produit une expansion significative des thèmes du viol et de la violence. Tout se passe comme si certaines structures latentes se manifestaient dans leur potentiel le plus développé. Le crime d'une personne et le désir refoulé de quelques autres éclatent et prennent les proportions effrayantes et hallucinantes des horreurs de la guerre. Selon un processus qu'a utilisé D. M. Thomas dans *L'Hôtel blanc,* un nombre illimité de viols se superposent au viol d'une femme alors que la violence d'un criminel réalise toute ses pulsions diaboliques dans une violence collective :

> Séquelles de la guerre, mon vieux. Apparitions de fer et de feu, grands cris d'oiseaux aquatiques, filles hurlantes, violées dans des lueurs d'incendie, des bruits de marées au galop. Un jour, je dirai tout. (233)

Dans ce passage, il est intéressant de remarquer que la jonction temporelle selon laquelle la violence de la guerre se confond avec le crime de Griffin Creek s'effectue en partie par une jonction sémantique entre le lexique propre à la représentation de Griffin Creek (« oiseaux aquatiques, filles hurlantes, bruits de marées ») et celui de la guerre (« apparitions de fer et de feu, lueurs d'incendie »).

Mais le passage cité permet aussi de signaler la projection systématique, à travers les divers espaces, du village de Griffin Creek. C'est toujours Griffin Creek qui, de récit en récit, émerge au niveau des souvenirs, des fantasmes et du réel. C'est cet espace qui hante la dernière lettre de Stevens. Et c'est également à partir de la représentation dans l'écriture, et par l'écriture, de ce village nommé « terre de taïga » que s'inscrit l'espace mythique du début du monde « Au commencement... ».

La redondance comme la fragmentation est médiatrice de sens, car il est entendu que c'est par la répétition qu'un texte établit un réseau thématique. Dans le contexte de ce roman, la répétition est d'autant plus importante que les fréquents retours au même temps, au même espace et au même crime ne font qu'actualiser au niveau des structures discursives le sens de l'anaphore, celui d'un perpétuel retour qui ne renvoie pas seulement, au niveau de la fiction, à l'enfance, mais dans un au-delà de l'enfance, aux origines. À travers la polyphonie des voix, on entend souvent en effet la nostalgie de l'innocence perdue : « je leur parlerai de Dieu comme autrefois lorsque le monde était innocent » (53-54); dans la diversité des récits, on retrouve fréquemment le désir de l'union avec la mère (d'où l'importance des motifs des seins, du lait et du ventre) et, à travers l'inlassable répétition du temps, on discerne la quête de l'origine : « je n'en finis pas de retourner à la terre originelle ». (40)

*Les Fous de Bassan* sont donc le roman de ce qui est pluriel tout en étant un texte qui répète le même sens. Les structures qui sous-tendent ce fonctionnement ont pour effet principal de donner une forme à une vision esthétique, où l'opposé, l'irréconciliable et le multiple peuvent coexister.

En revanche, au niveau de la représentation, ces deux principes organisateurs facilitent l'imbrication du réel, de l'onirique et de l'irréel : la répétition renforce le registre du réel alors que la fragmentation, par une logique qui lui est propre, permet au discours de s'orienter vers le fantasmatique et l'irréel. Mais qui plus est, cette coexistence de la fragmentation et de la redondance est si fortement encodée dans le texte qu'elle se manifeste d'abord dans le titre *Les Fous de Bassan.*

## Les cris des fous

Ce qui frappe, lors d'une première lecture du roman, c'est la répétition du titre dans le texte. Littéralement, l'expression « fou de Bassan » désigne un oiseau palmipède, gros comme l'oie sauvage, qui niche sur les rochers et dont le comportement lui a mérité le nom de « fou ». Les mots « fous de Bassan » sont répétés plusieurs fois dans le roman, au pluriel, au singulier et quelquefois uniquement sous la forme du vocable « fou », pour désigner l'oiseau. Tout un champ sémantique des oiseaux se déploie d'ailleurs dans le texte : colombes, moineaux, cygnes, goélands et mouettes y foisonnent.

Mais, en même temps, tout se passe comme si le mot « fou » échappait au syntagme « les fous de Bassan », échappait également, au sens littéral de ce terme, pour exprimer le sens primordial du mot « fou ». Dès les premières pages, le texte fait jouer à plein le pouvoir générateur du titre en évoquant non seulement un roi « fou », les herbes « folles » et ces « filles qui sont folles », mais en actualisant et en multipliant aussi les sèmes de la folie dans la phrase suivante :

> Non complètement *idiotes* comme leur frère Perceval, ni *maléfiques* comme leur autre frère Stevens, mais *folles* tout de même. *Niaiseuses* de manières. Avec dans la tête toute une imagerie *démente* qui se dévergonde sur mes murs. Ces filles sont *hantées*. ... Pas une once de graisse, ni seins, ni hanches, fins squelettes d'oiseaux. (17)

Ainsi, dès le début du roman, il est aisé de repérer une certaine signifiance : d'une part, on voit la structuration de l'isotopie « oiseau », voire d'oiseaux fous, et, d'autre part, on remarque la dissémination des sèmes de la folie au niveau thématique et au niveau de la représentation des personnages. Mais est-ce là tout dire ? Et n'est-ce pas peu dire que de constater ce qui produit en dernière analyse un thème de la folie ?

En réalité, le jeu du texte est à la fois plus complexe et plus subtil. Comme il est impossible d'en démontrer ici toutes les nuances, nous allons analyser seulement certains passages clés où le travail du texte permet progressivement l'acquisition d'un sens symbolique.

Dans la première partie du roman, c'est-à-dire dans le récit du pasteur Nicolas Jones, un certain passage se fait remarquer à cause d'une modulation de la voix narrative. Il s'agit de la scène dans laquelle le révérend Nicolas, caché derrière les roseaux, observe Nora et Olivia qui se baignent dans l'eau glacée de la mer, très tôt le matin. Or, ce passage se démarque du discours global du pasteur par la perte du sujet de l'énonciation, c'est-à-dire perte du « je » narratif, au profit d'un « il » impersonnel. Pourquoi cette chute du moi ? Quel refoulement est ici effectué ? Examinons le passage en question :

> Le globe rouge du soleil monte à l'horizon dans des piaillements d'oiseaux aquatiques. En bandes neigeuses les fous de Bassan quittent leur nid, au sommet de la falaise, plongent dans la mer, à la verticale, pointus de bec et de queue, pareils à des couteaux, font jaillir des gerbes d'écume. Des cris, des rires aigus se mêlent au vent, à la clameur déchirante des oiseaux. Des mots parfois se détachent, ricochent sur l'eau comme des cailloux. ...
> Le pasteur s'éloigne à grands pas, prenant plaisir à faire crever sous ses talons les algues jaunes, toutes gonflées. (39)

On observe dans ce passage la réitération du motif des oiseaux (« oiseaux aquatiques, fous de Bassan, oiseaux »), le topos de la verticalité (« à la verticale, couteaux »), le rapprochement dans l'ordre du texte entre les cris des oiseaux et les « cris, rires, mots » des jeunes filles, et enfin on note les sèmes de la violence dans « font jaillir, rires aigus, clameur déchirante ». En plus, comme pour confirmer ces effets de sens, les verbes miment le rythme de l'acte sexuel : « le globe rouge du soleil *monte,* les fous de Bassan *quittent* leur nid, *plongent* dans la mer, *font jaillir* des gerbes d'écume ». C'est ainsi par l'agglutination de nombreux éléments qu'il y a conjonction entre les notions de vol et de désir, conjonction selon laquelle l'oiseau détient un sens phallique. Autrement dit, ce passage, qui de toute évidence exprime dans un sous-texte le désir sexuel du pasteur, métaphorise ce désir refoulé par la voie des « fous de Bassan » et de leurs cris.

De même, dans la scène où Stevens regarde sa cousine Olivia se baigner (Olivia dont le pied est palmé comme celui d'un oiseau), le désir interdit s'exprime par le truchement des oiseaux et de leurs cris :

> Certains instants de fin d'été, dans ce paysage âpre, atteignent une plénitude incroyable, une précision folle... Au-dessus de la mer, entre la mer et le ciel, tendue comme une bâche remuante et vrombissante, une multitude d'oiseaux blancs, bruns, gris, aux cris assourdissants. (95)

L'expression du désir fou ou de la folie du désir englobe aussi celui de la femme. Il n'est pas étonnant alors de trouver le même processus signifiant dans les récits d'Olivia et de Nora : l'oiseau signifie le désir soit par une juxtaposition sémantique, soit par une métaphorisation. Lorsque Olivia décrit une rencontre de jeunesse avec Stevens, c'est pour dire : « Ses doigts chauds sur ma joue dans le soleil d'été... Ne peux que crier... Avec les oiseaux sauvages dans le ciel ». (207) Et plus loin, évoquant l'air bizarre de Stevens pendant la tempête, elle fait allusion à son « œil fou », expression qui est surdéterminée dans le texte par les nombreuses références à l'œil des fous de Bassan. De même dans le récit de Nora, l'oiseau représente le désir : « Ayant retrouvé la chaleur de mon lit... je me demande lequel de ces oiseaux sauvages, à la faveur de quelle obscurité profonde, se posera, un soir, sur mon toit ». (124) Et enfin, faisant écho aux propos d'Olivia, Nora fait allusion à Stevens en termes d'oiseau le jour de la tempête : « Une espèce de grand oiseau hérissé de pluie s'abat sur la chaise la plus proche ». (133)

À partir de ces quelques exemples, on décèle le processus de l'acquisition progressive du sens. Sous la pulsion d'une forte surdétermination, le titre *Les Fous de Bassan* joue de sens multiples pour signifier par le biais de l'oiseau le désir, alors que le désir ne s'égarant jamais tout à fait du vocable générateur renvoie à la notion de folie, l'« amour fou ». (25)

Mais qu'en est-il du *cri* des oiseaux? Nous avons remarqué, dans le premier passage cité, un rapprochement au niveau des signifiants entre les cris des oiseaux et les cris des personnages. À cet égard, il est nécessaire de signaler que la notion de cri acquiert, dans le récit de Perceval et dans celui de Stevens, une importance capitale. Le cri, c'est ce qui permet l'expression de l'inexprimable, de l'irrépétable. C'est-à-dire que là où la vérité ne se laisse pas dire, le cri, qui se trouve en excès du langage, exprime le désir et surtout son impasse : « Pas de mots pour dire l'effet des merveilles dans ma tête. Déjà pour la vie ordinaire pas assez de mots. Il faut que je crie. » (140) Et c'est par le truchement des cris des oiseaux que Perceval rend sensible sa grande désolation après le crime :

> Je cours sur la grève... Vois l'écume monter. Éclater. Gerbes blanches. Fracassées. Fumées blanches sur le ciel. Les oiseaux sortent de la mer blanche d'écume... Barres jaunes des fous de Bassan. Oiseaux d'écume blanche. Nés de la mer blanche d'écume. Leurs cris perçants sortis de la vague... Oiseaux fous crevant leur coquille d'eau... Emplissant le ciel de clameurs déchirantes. (165-166)

Ici encore, il y a juxtaposition des signes oiseaux, cris, fous et déchirantes. Tout se passe comme si le discours se réduisait à l'expression d'une multitude de cris. Mais de quels cris? Ceux des oiseaux? Ceux du désir? Ceux de Perceval, souvent enfermé dans sa chambre « pour crier » comme il le dit « une chanson de fou »? C'est dans le dernier récit de Stevens, le double avoué de Perceval (il l'appelle « cet autre moi-même » [249]), que les cris des fous acquièrent l'ampleur d'un sens symbolique.

En dépit d'un décalage temporel de quarante-six ans, il est naturel que les propos de Stevens constituent un prolongement des cris de Perceval puisque son crime n'est que l'actualisation du désir fou de Perceval (et de celui des autres personnages). Prolongement ainsi de la folie et éclatement de l'articulation de cette folie. D'où l'importance de la dernière lettre de Stevens, où tous les cris des fous convergent : cris des oiseaux, cris du désir, cris fous des personnages. En réalité, une véritable explosion sémantique s'empare du texte. Soumis au rythme de la folie, le texte ne cesse d'évoquer par la voie d'un discours délirant les oiseaux : « lâcher d'oiseaux de mer contre mon crâne, nids abandonnés des fous de Bassan, oiseaux aquatiques, pépiements sauvages, battements d'ailes, le fou de Bassan, oiseaux affamés » ; jouant d'une mimésis de la folie, le texte fait fréquemment entendre les cris du délire : « Leurs cris assourdissants, Je pleure et je crie, le vent couvre son cri, nos cris, leurs cris perçants, trop de cris » ; et enfin, le texte redit ce délire en déployant des vocables différents : « rêve, rage, détraqué, crise de nerfs, fracas de mon sang, Je tremble et je frissonne ». Autrement dit, c'est dans la dernière lettre qu'il y a convergence maximale des effets de sens, convergence qui a pour résultat d'effectuer un glissement des signifiés. *Les cris des fous* deviennent *l'écrit des fous* et l'oiseau représente le symbole de la production textuelle. Ainsi, dans son dernier et ultime geste, le texte fracasse l'illusion référentielle, déjoue la fiction pour se dire *discours, cri, écrit, l'écrit de la folie*. Plusieurs passages révèlent la progression de cette métaphorisation dans le dernier récit. On remarque, en premier lieu, que les oiseaux font maintenant partie d'un univers non pas réel mais fantasmatique. Quarante-six ans après la nuit du crime, ils hantent la mémoire de Stevens : « Lâcher d'oiseaux de mer contre mon crâne. Leurs cris assourdissants. Je lève le bras, ils s'envolent et ils crient. Je laisse tomber mon bras sur le drap d'hôpital, et ils reviennent en masse et ils crient à nouveau, s'aiguisent le bec contre mon crâne. » (230) Ensuite, les cris des oiseaux se confondent aux cris intolérables de la guerre : « Séquelles de la guerre, mon vieux. Apparitions de fer et de feu, grands cris d'oiseaux aquatiques, filles hurlantes, violées dans des lueurs d'incendie, des bruits de marées au galop. » (233) Enfin, ces cris se transforment en écriture dans le cahier à couverture de toile noire de Stevens : « Habiter un espace nu. Une sorte de page blanche et que les mots viennent à mon appel pour dire la guerre et tout le reste. Je les attends, un par un, pleins d'encre et de sang, qu'ils s'alignent sur le papier, dans l'ordre et dans le désordre, mais que les mots se pointent et me délivrent de ma mémoire. » (233) Par un acte de sublimation exprimé dans le texte par le passage du littéral au figuré, les cris du fou prennent forme dans l'écriture du fou.

De nombreux détails, d'ailleurs, appuient cet effet de sens. Le cahier noir aux pages blanches de Stevens ne fait que répéter, par la figuration des couleurs, certaines particularités du fou de Bassan dont l'œil est noir et les plumes blanches (pour ne rien dire du fait qu'à l'origine on écrivait avec des plumes d'oiseau). Qui plus est, la forme du vol des oiseaux est décrite comme étant circulaire : « les oiseaux de mer se sont déployés en bandes tournoyantes » (247), « Des nuées d'oiseaux blancs tournoient au-dessus de leurs bras levés » (116). Signe iconique de l'écriture de la folie ? Certainement, dans ce roman où les cinq récits tournent véritablement en rond, confondant début et fin, répétant d'un chapitre à l'autre la hantise du même crime et des mêmes cris. Les récits du révérend Nicolas Jones et la dernière lettre de Stevens Brown ont beau se situer au niveau temporel en automne 1982, ce n'est que pour revenir à la même obsession dont le caractère scriptible s'annonce très tôt dans le texte. Lorsque le révérend Nicolas regarde les dessus de la galerie des ancêtres, il remarque « un seul graffiti interminable : 1936193619361936... Plus bas, en caractères plus petits, une seconde ligne, aussi régulière et obstinée, tout d'abord indéchiffrable : étéétéétééétéété ». (17) De même, les personnages d'Olivia, de Nora et d'Irene sont d'abord présentés sous une forme graphique. Elles sont des signes, des lettres : « Trois prénoms de femmes, en lettres noires, sont jetés de-ci de-là, au bas des tableaux. » (16)

Mais il importe de voir ici qu'il ne s'agit pas uniquement d'un roman au sujet de la folie, mais plutôt d'une véritable écriture de la folie où discours et fiction s'interpénètrent, où sens et forme s'entrecroisent. La plupart des caractéristiques du texte dit « psychotique » ou « délirant », telles qu'elles sont indiquées dans les travaux réunis par Kristeva dans *Folle vérité,* marquent ce roman[2]. Que ce soit au niveau de la forme, c'est-à-dire circularité, transition sournoise du réel à l'imaginaire[3], écroulement de la linéarité, répétition obsessive, représentation problématique du sujet, inscription dans le discours d'un interlocuteur, ou que ce soit au niveau du sens, émergence de l'interdit, désir de la mère, viol, meurtre, ce discours exprime l'irrépétable en disant la signification du désir et de son impasse. En plus, à l'instar du discours délirant, cette écriture tient en partie du vraisemblable[4]

---

2. *Folle vérité,* séminaire dirigé par Julia Kristeva et édité par Jean-Michel Ribettes, Paris, Seuil, 1979.

3. Voir Silla CONSOLI, « Le récit du psychotique », dans *Folle vérité,* p. 46 : « Une des particularités du discours délirant n'est-elle pas la transition sournoise, sans aucun avertissement préalable, d'un récit réaliste doté d'un référent historiquement défini à un récit imaginaire dont le référent est purement fantasmatique, au sein de ce *no man's land* discursif où réalité et fantasme s'interpénètrent, n'ayant plus de statut séparé ? »

4. CONSOLI, « Le récit... », p. 65 : « Même dans ses expressions les plus marginales et dans ses formes qu'on peut désigner le plus facilement comme exclues de la rationalité, le délire reste donc soumis au souci permanent de *vraisemblabiliser l'invraisemblable,* de rendre plausible ce qui paraîtrait a priori non seulement contestable mais même faux. » Pour une discussion détaillée de l'importance du vraisemblable dans le discours psychotique, voir aussi Julia KRISTEVA, « Le vréel », dans *Folle vérité,* pp. 11-35.

et contient un sens symbolique qui se rapporte à son ensemble. Le défi pour le lecteur est donc de ne pas perdre de vue les repères symboliques et de voir ce que ce récit réclame, ce qu'il espère.

À cet égard, il est essentiel de dépasser la fiction et les différents thèmes pour repérer l'espace symbolique du sens, espace qui représente, de toute évidence, le lieu où la vérité se laisse dire, où le désir transformé par l'écrit se fait entendre. Les cris des fous (cris des oiseaux, cris des personnages) s'agglutinent, se transforment et acquièrent une richesse signifiante dans l'écriture des fous ; écriture qui, de son côté, actualise le potentiel générateur du titre Les Fous de Bassan.

Mais, il y a plus. Sur un plan global, le sens symbolique selon lequel l'oiseau signifie la pratique textuelle est corroboré par un vaste système d'autoreprésentation dont nous allons signaler les traits majeurs.

## L'écrit des fous

Dans Les Fous de Bassan, le système d'autoreprésentation est beaucoup plus développé que dans les autres romans d'Anne Hébert. Tout se passe comme si cette dimension presque refoulée dans les autres textes se révélait ici dans toute son ampleur. On remarque d'emblée, par exemple, que les récits de tous les personnages, sauf ceux de Stevens et d'Olivia sont désignés comme étant des livres (« Le livre du révérend Nicolas Jones », etc.). Quant aux lettres de Stevens, elles se transforment petit à petit en « histoire » : « Histoire d'un été plutôt que lettres véritables puisque le destinataire ne répond jamais » (82), et ensuite, grâce au cahier grand ouvert, en livre : « N'être que celui qui écrit dans une chambre étrangère ce que lui dicte sa mémoire ». (235)

Pour tenir compte de la complexité du système d'autoreprésentation dans ce roman, nous utilisons, comme arrière-plan, la typologie suivante[5] :

---

1. énonciation/narrateur
2. énonciation/narrataire
3. énoncé/narration

a) *diégèse*

1. la mise en abyme
2. les métaphores
3. les figurations

b) *code*

1. le champ lexical
2. les jeux du signifiant
3. l'intertextualité/la parodie

---

5. Pour une discussion des diverses composantes de cette typologie, voir notre article « L'autoreprésentation : formes et discours », dans *Texte*, 1, 1982, pp. 177-194.

Si les récits de tous les personnages, sauf ceux d'Olivia et de Stevens, sont censés être des « livres », ce n'est à vrai dire que dans le récit de Stevens que s'articule au niveau de la narration une véritable pratique de l'écriture. Ailleurs, l'énonciation relève plutôt du *dire* ou bien, comme nous l'avons vu, du besoin de s'exprimer par le cri. Toutefois, dans le livre du pasteur Nicolas, ce dire est surdéterminé dans la mesure où l'activité énonciatrice du pasteur renvoie explicitement à celle de la Bible et, par là-même, à celle de l'expression du Verbe : « Un jour j'ai été le Verbe de Griffin Creek, moi-même Verbe au milieu des fidèles ». (19) Autrement dit, même si le pasteur ne se désigne pas comme écrivain, il inscrit ses propos — et toute sa vocation de pasteur — dans une pratique verbale et textuelle. Pratique où il y a, de toute évidence, un passage du sujet au signe et du signe à la parole et à l'écrit. Porteur de paroles, Nicolas veut faire figure de Dieu. Il se dit « Responsable de la parole de Dieu dans ce pays » (53) et il se perçoit comme étant « Maître des saintes Écritures ». (28) De cette façon, il relie — sous un mode parodique quelquefois — sa parole à la Parole, son écriture (possible) à l'Écriture.

Stevens, par contre, situe très clairement la pratique de son énonciation au niveau de l'écrit. D'où la pléthore de détails dans ses lettres qui relèvent de cette activité : papier, cahier, encre, etc. À titre d'auteur, il se préoccupe même de questions de chronologie et d'esthétique. Justement, il est intéressant de noter qu'une progression marque son écriture. C'est d'abord pour raconter à son ami, Mic, son retour à Griffin Creek que Stevens dit écrire des lettres. Projet, dès lors, d'écriture mais non pas, comme plus tard, d'écriture dans un cahier. Or, dans sa dernière lettre, la parole de Stevens devient le signe même du sens et de son existence : « Ne plus avoir aucun présent ni avenir. N'être que celui qui écrit dans une chambre étrangère ce que lui dicte sa mémoire. » (235) Voilà pourquoi, sans doute, Stevens fait appel si souvent à l'activité même de l'écriture : « Sans l'ombre du voisin qui se penche sur mon épaule pour lire ce que j'écris, à mesure que je forme des lettres », « Je les attends, un par un, pleins d'encre et de sang, qu'ils s'alignent sur le papier, dans l'ordre et dans le désordre ». (233) On s'aperçoit alors que Stevens écrivain ne fait pas que dire le rapport du sujet au langage ou de l'écriture à la réalité, mais qu'il inscrit véritablement le sujet dans le langage. Ce geste ultime — Stevens prévoit sa mort prochaine, « le saut dans le vide » (243) — consacre la pratique de l'écriture dans le texte. Tous les cris (cris métaphoriques des oiseaux et cris des personnages) et tous les récits convergent pour prendre une forme scriptible dans un au-delà de la mort (les récits d'Olivia et de Nora) et du désespoir (le récit de Perceval).

S'il est vrai qu'en termes concrets l'interlocuteur de Stevens est probablement absent au moment de l'écriture de la dernière lettre (« il n'est même pas sûr que cette lettre te parvienne un jour... je n'ai pas besoin de savoir si tu existes encore » [229]), il n'en reste pas moins que sa présence se fait sentir avec insistance au niveau du discours. Dans ses lettres, Stevens demande souvent l'écoute de Mic. Il l'interpelle fréquemment et le désigne avec tendresse : « Vais-je encore t'appeler, old Mic, après tout ce temps », « Rassure-toi, dear brother ». (229) C'est comme si sa quête de « tout dire » dépendait d'une réception réelle ou virtuelle de la part de son ami : « Toi qui es je ne sais où... j'ai besoin de tout te dire. » (233) Cette présence du narrataire dans le discours, doublée par son absence dans la fiction, est significative dans la mesure où elle inscrit définitivement la place de l'autre dans l'écriture ; le dire n'émerge pas dans un trajet intransitif. Au contraire, pour arriver à la vérité qu'il recherche et même pour écrire cette vérité Stevens doit passer par un interlocuteur. Tentative, donc, d'échapper dans le dire à l'aliénation et à la chute du moi par l'écoute de l'autre. En outre, au niveau du discours, la répétition des marques du narrataire a pour fonction de renforcer le système d'autoreprésentation. Garant d'un acte de communication, le nom de Mic fonctionne comme un élément essentiel dans le message discursif. Corrélativement au « je » narratif, il a pour fonction de souligner la pratique de l'énonciation.

Toutefois, ce n'est pas uniquement en mettant en place un narrateur (scripteur) et un narrataire (lecteur) que *Les Fous de Bassan* attirent l'attention sur la composante littérale, mais également par de nombreuses projections spéculaires dont l'importante mise en abyme de la création. Hanté par le désir de recréer ses origines, le pasteur Nicolas décide de construire une galerie des ancêtres. Sur les murs de cette galerie, il peint le portrait de ses ascendants (« j'ai plaisir à remettre au monde mes ascendants jusqu'à la face première originelle de Henry Jones » [15]), et il demande aux jumelles Pam et Pat de peindre les femmes.

Or, cette mise en abyme de la création est si fortement conditionnée par la spécularité qu'elle multiplie les dédoublements et reproduit des enchâssements au sein d'une seule structure. Ainsi, par sa *forme,* la galerie des ancêtres représente un signe iconique de la mise en abyme : « vingt pieds sur quinze de bois, bien enchevauchés, telle une boîte carrée ». (15) Ensuite, le *concept* de cette création visuelle est lié aux images du reflet et de la multiplicité : « j'engendre mon père à mon image et à ma ressemblance, qui, lui, engendre mon grand-père à son image et à sa ressemblance et ainsi de suite ». (15) De même *l'activité* de l'acte créateur est fortement soulignée : « j'ai plaisir à remettre au monde mes ascendants » (15), « Que les filles accouchent des mères jusqu'en 1782 ». (16) Telle est la puissance de cette création que les personnages peints deviennent réels : « Peinturlurées selon le bon plaisir des jumelles... voici qu'elles s'assoient, toutes les trois sur les petites chaises paillées, en face de moi. » (48) Enfin, comme pour appuyer tous ces mouvements réflexifs, cette mise en abyme va jusqu'à dévoiler au lecteur attentif le secret de la fiction. La mort, la mer, la folie et même l'écrit sont inscrits dans le tableau des ancêtres. Ils sont là véritablement en abyme au début de l'œuvre romanesque : « Trois têtes de femmes flottent sur un fond glauque, tapissé d'herbes marines, de filets de pêche, de cordes et de pierres. Trois prénoms de femme, en lettres noires... se mêlent aux herbes folles. » (16)

C'est aussi une mise en abyme de la création qui se construit dans une des lettres de Stevens. Dans ce cas, il s'agit d'une création qui remet en question les concepts de réalité et de fiction. Lorsque Stevens arrive près du village de Griffin Creek, il va s'asseoir sur la colline pour contempler les maisons et les habitants. Pendant cette contemplation, la réalité du village est presque détruite par une illusion perceptuelle. Parce que le village est lointain, il semble très petit : « Le village est si petit que je ne pourrai plus jamais y rentrer. » (62-63) Par contre, parce qu'il peut cacher le village, le pied de Stevens lui paraît énorme. Cette illusion en engendre d'autres ; faisant figure d'un dieu, Stevens se donne le pouvoir de créer et de détruire : « Je pose mon pied sur le village que je fais disparaître, puis je le découvre à nouveau » (63), ou encore : « J'ai le pouvoir de faire exister mon grand-père, au bout de mon pied, ou de l'abandonner au silence d'un sommeil opaque ». (64) Presque insignifiante dans le contexte de la deuxième lettre de Stevens, cette mise en abyme présage néanmoins la prise de pouvoir de Stevens par l'écriture dans sa dernière lettre : « Je dispose du jour et de la nuit à ma convenance... Faire venir le démon sur mon cahier, si la fantaisie m'en prend. » (234) Ainsi d'une mise en abyme à l'autre, d'un récit à l'autre, le texte répercute des signes, des images et des fragments de l'activité créatrice. Y a-t-il en même temps mise en abyme de l'Écriture ? Certes, dans la mesure où certains énoncés dans les récits de Nicolas et de Stevens renvoient explicitement à la Bible. Or, ce renvoi ultime de l'écriture à l'Écriture, de la parole à la Parole ne fait que répéter ce que le texte murmure dans un sous-texte, à savoir que toute parole et toute création sont nécessairement des activités en abyme.

Pour nous enfoncer plus profondément dans le double du double de l'écriture, le texte fait paraître non seulement la métaphore de l'oiseau, mais également les figurations du double et du miroir. Au niveau de la représentation des personnages, la structure du double est si fortement encodée qu'elle représente une constante dans le roman. Tous les personnages ont soit un double, soit un reflet, soit un homologue. Les jumelles Pam et Pat se ressemblent « comme un miroir », Nora et Olivia incarnent le même visage du désir (50), Perceval est le double de Stevens et enfin Nora, dont les cheveux comme ceux de Nicolas sont les « plus roux de Griffin Creek » (45), concrétise l'union inquiétante du double — et par là du même

— dans le désir incestueux. En plus, chaque personnage, se percevant comme s'il était un autre, se dédouble : « Être quelqu'un d'autre, quelle idée est-ce là qui me poursuit toujours ? » (85) La figure du double s'appuie quelquefois sur celle du miroir : « Je me suis bien regardé dans la glace » (15), « Mes petites servantes se complaisent en elles-mêmes comme deux miroirs parfaits ». (19) Cette figuration est d'autant plus significative qu'elle caractérise aussi l'activité de l'écriture : « J'ai l'impresion d'écrire devant un miroir qui me renvoie aussitôt mes pattes de mouches inversées, illisibles. » (82)

Par ailleurs, dans la dernière lettre de Stevens, l'autoreprésentation est renforcée par la récurrence notable du motif noir et blanc. Et, ce n'est pas seulement le fou de Bassan qui est ainsi désigné ou même le cahier d'écriture de Stevens, mais l'espace même qui entoure le narrateur. Les mots sur l'enseigne du Victoria sont écrits en « lettres noires sur fond blanc » (23), l'ombre de la ville est « noire », les phares ont un éclat « blanc » alors que les fantasmes de Stevens émergent des « limbes noirs ». Quant au souvenir du crime, il se dessine, lui aussi, dans la mémoire de Stevens par un jeu continuel entre le noir et le blanc : « Émerge du sommeil noir, Le sable mouillé, plus foncé, presque noir… des flaques de lune blanche » (241), « Un béret blanc » (243), « le ciel immense et noir ». (247) Cette dissémination du noir et du blanc dans la dernière lettre de Stevens est doublement significative ; d'une part, elle permet l'équation de l'espace décrit dans le texte à celui du texte : « Habiter un espace nu. Une sorte de page blanche et que les mots viennent à mon appel » (233) ; mais, d'autre part, cette dissémination actualise la première pulsion narcissique du texte, pulsion qui se manifeste dans l'incipit où s'écrit déjà le jeu spéculaire du noir et du blanc : « La barre étale de la mer, blanche, à perte de vue, sur le ciel gris, la masse noire des arbres, en ligne parallèle derrière nous. » (3)

Active au niveau de la diégèse par les procédés que nous venons de signaler, l'autoreprésentation se manifeste également au niveau du code. Est-il nécessaire de souligner la présence d'un réseau lexical dont les noyaux sémantiques sont ceux de l'écriture ? Du début jusqu'à la fin et en particulier dans les écrits de Nicolas et de Stevens, le texte diffuse les signes de l'écrit : « livre, mot, graffiti, syllabes, lettres, caractères, verbe, parole, écrire, page blanche, papier, encre, cahier ». Et corroborant la présence de ces signes, un travail graphique des signifiants marque visiblement le texte. Il serait difficile, en effet, de ne pas remarquer la transcription sous forme d'italiques des passages tirés de la Bible ou encore l'inscription très particulière des détails relevant du crime : « 1936193619361936193619361936 étéétéétéétéétéétéétéétéétéétéétéétéétéété » (17), « Été1936-19361936 » (19), « Étéétéétéété 193619361936 » (23), « Nora-OliviaNoraOlivia ». (37) Dans les deux cas, ce codage est révélateur dans la mesure où il appuie, par la forme des signes, le sens des mises en abyme et des figurations. De toute évidence, le caractère citationnel des passages bibliques souligne le renvoi de l'écriture à l'Écriture, alors que le graffiti des dates et des noms représente un secret en abyme du texte puisqu'il en dévoile à la fois le sens et la forme du sens.

Toutefois, c'est l'intertextualité plus que tout autre processus qui consacre la pratique de l'autoreprésentation dans *Les Fous de Bassan*. On pourrait même dire que ce roman représente un lieu de croisement de nombreuses écritures. Outre les passages tirés de la Bible, il y a des références à plusieurs écrivains — Cixous, Andersen, Rimbaud, Jouve, Shakespeare — et des renvois fréquents aux autres textes d'Anne Hébert. Dans un mouvement analogue à celui qui a été décelé dans *Les Chambres de bois*, l'intertextualité, comme pour mieux imprégner le sens, se situe à différents niveaux du texte : dans les épigraphes, sous forme citée et dans le texte même.

Dans une étude pertinente, Antoine Sirois a relevé à travers *Les Fous de Bassan* au-delà de cent références aux livres saints, dont trente et une citations intégrales et vingt-deux passages transformés[6]. Ce critique a également démontré la présence des nombreux parallélismes qui se dégagent au niveau de la signification entre la Bible et la fiction. C'est dire que le roman s'articule selon un rapport avec une autre écriture. Or, ce qui rend cette articulation encore plus visible c'est l'emploi de formules parodiques. Citer la Bible respectueusement est une pratique acceptée. En parodier certains passages est suffisamment subversif pour attirer l'attention du lecteur : « Au commencement il n'y eut que cette terre de taïga, au bord de la mer, entre cap Sec et cap Sauvagine » (14), « Et le Verbe s'est fait chair et Il a habité parmi eux », dit Nicolas en parlant de sa fonction de pasteur (54), « J'ai habité parmi eux et j'étais l'un d'eux », affirme Nicolas (19), « Encore un peu de temps et vous me verrez, encore un peu de temps et vous ne me verrez plus » (paroles de Stevens [88]). Pour exploiter un fonctionnement intertextuel, le texte se prête aussi à d'autres pratiques. Par exemple, l'épigraphe qui précède le récit de Perceval, "It is a tale told by an idiot, full of sound and fury" (137), trouve un écho antérieur dans le récit de Nicolas lorsque celui-ci, faisant allusion aux propos de Perceval, dit : "words, words, signifying nothing". (46) Loin d'être gratuit ce renvoi crée un effet de sens parodique, puisque les paroles de l'idiot Perceval sont bien celles de la vérité.

À cette interaction de la fiction au littéraire viennent s'ajouter de nombreuses allusions au conte. À certains moments, il s'agit même d'un dérapage du sens dans la mesure où ces références sont assimilées au discours

---

6. Antoine SIROIS, « Bible, mythes et *Fous de Bassan* », Association canadienne de littérature comparée, Les Sociétés savantes, Vancouver, juin 1983.

fictif sans les moindres signes de démarcation. Ainsi, le thème de l'abandon s'exprime par la voie du conte : « Il est question d'enfants qui ne doivent pas naître et d'enfants déjà nés qu'il faut perdre en forêt » (85), « Qu'est-ce qu'on va faire des jumelles, les noyer comme des petits chats, les donner aux cochons peut-être, ou les perdre dans le bois ». (86) Ainsi, également, les personnages de Nora et d'Olivia assument quelquefois une forme irréelle et mythique : « Depuis le début de l'office Perceval a les yeux fixés sur ses deux cousines Nora et Olivia. Un seul animal fabuleux, pense-t-il, à deux têtes, deux corps, quatre jambes et quatre bras, fait pour l'adoration ou le massacre. » (31)

Enfin, une pratique intertextuelle se manifeste par les renvois aux autres textes d'Anne Hébert. Comme les exemples de ce fonctionnement sont nombreux, nous nous contenterons d'en signaler deux modalités : la reprise avec variante d'un énoncé (« Cette fille est trop belle, il faudrait lui tordre le cou tout de suite » [79]; « Elle est si belle cette femme que je voudrais la noyer » [*Les Chambres de bois,* 93]) et la répétition de certains noms propres. Peut-on, en fait, lire le nom Perceval sans évoquer la figure mythique du cheval Perceval dans « Le torrent » ? Et la grand-mère Felicity ne représente-t-elle pas une curieuse réincarnation de la sorcière Félicité dans *Les Enfants du sabbat ?*

C'est alors par l'accumulation de divers procédés, actifs aux niveaux de l'énonciation, de la diégèse et du code, qu'au paradigme référentiel se superposent dans *Les Fous de Bassan* ceux de la poéticité, de la textualité et de l'intertextualité. Pulvérisant ainsi toute structure immuable de sens, l'écriture d'Anne Hébert subvertit les fantasmes d'une pure représentation en disséminant dans la fiction les traces nombreuses de l'écrit. Mais en même temps, par l'entremise d'un mouvement qui va des *Chambres de bois* aux *Fous de Bassan* — c'est-à-dire de texte en texte, les croisant, les rapprochant, les séparant, sans ordre et sans logique — cette écriture construit un immense réseau de signes où la polysémie de la représentation proclame victorieusement l'alliance de la parole au sens et du sens à l'écrit.

# Conclusion

Dans *Les Mots et les choses,* Foucault démontre magistralement que le langage à travers les siècles a manifesté des tendances différentes, c'est-à-dire différemment articulées, vis-à-vis de la représentation, jusqu'à ce que, dans la modernité, il se recourbe sur soi pour scintiller dans l'« éclat de son être[1] ». Selon Foucault, ce rapport, loin d'être arbitraire, est lié non seulement à une esthétique et à un savoir, mais également à une catégorie de la pensée.

À la lumière de ces propos et toute proportion gardée, on peut suggérer que, dans l'évolution de la littérature québécoise, le langage a, là aussi, manifesté des tendances différentes vis-à-vis de la représentation. D'une esthétique qui prônait la vraisemblance — et ainsi s'appuyait sur une illusion de la représentation dans le roman du terroir et dans le roman citadin — à l'écriture ludique et palpable des années soixante et soixante-dix, il y a certes un grand écart. C'est véritablement le rapport du langage à la représentation qui s'est petit à petit modifié.

En tenant compte de cette évolution et des présupposés esthétiques qu'elle sous-tend, on s'aperçoit que la prose d'Anne Hébert entretient, par la mise en place de l'autoreprésentation, des liens importants avec d'autres œuvres littéraires au Québec. C'est en effet par le reflet du texte dans le texte et, ainsi, par une subversion partielle du paradigme référentiel que l'écriture hébertienne participe à une esthétique qu'on appelle aujourd'hui « postmoderne[2] ». Nous avons vu que dans ses premiers moments discur-

---

1. Foucault, *Les Mots...,* p. 313.

2. Jean-François Lyotard, « Réponse à la question : qu'est-ce le postmoderne ? », dans *Critique,* 419, avril 1982, pp. 357-367. Selon Lyotard, l'enjeu de l'art moderne est de « Faire voir qu'il y a quelque chose que l'on peut concevoir et que l'on ne peut pas voir ni faire voir », alors que le postmoderne montre « qu'il y a quelque chose qui ne peut pas être vu » (p. 364). Cette différence, délicate, puisque dans les deux cas il y a de l'imprésentable, se manifeste au niveau de la présentation : « Le postmoderne serait ce qui dans le moderne allègue l'imprésentable dans la présentation elle-même ; ce qui se refuse à la consolation des bonnes formes. » (P. 366.)

sifs, *Les Fous de Bassan* renvoient, sous un mode parodique, à l'Écriture, alors que la fin du discours narratif met en place, comme geste ultime, l'activité même de l'écriture. Entre ces deux lieux de sens, l'autoreprésentation se déploie avec vigueur ; citations, intertextualité, jeux de reflet, jeux avec la forme et dans la forme, ruptures et répétitions se multiplient, déjouant le fantasme du réalisme. Autrement dit, dans ce roman comme dans l'œuvre romanesque entière d'Anne Hébert, la fonction représentative du discours est modifiée par la projection sur la chaîne syntagmatique des composantes paradigmatiques d'un *signifiant littéraire*. Or, c'est précisément cette pulsion, foncièrement réflexive, qui caractérise les romans d'Aquin, de Bessette, de Ducharme et de Brossard ; une même pulsion et aussi une même esthétique, puisque ce repli du texte sur lui-même laisse entendre l'impossibilité de l'écriture de dire le réel.

On ne voudrait pas toutefois, en suggérant une parenté esthétique, exagérer la nature de l'homologie qui relie l'œuvre d'Anne Hébert à celles des auteurs mentionnés. Car l'écriture hébertienne est nettement moins jouissante au niveau du signifiant que celle de Ducharme, certainement moins branchée sur l'idéologie que la prose d'Aquin. Ce n'est donc pas au niveau d'une pratique individuelle que des corrélations se manifestent, mais plutôt au niveau d'une recherche artistique caractérisée, dans le cas de tous ces auteurs, par l'expérimentation de la forme et par la remise en question du réel et de sa représentation dans la littérature. Employé comme outil d'interrogation, le langage se recourbe sur soi non pas comme fin ultime, mais pour accéder à un au-delà du réel.

Insérer l'œuvre d'Anne Hébert dans une esthétique postmoderne, c'est aussi la situer au sein d'un plus grand mouvement artistique qui contient, entre autres, les écrits de Beckett, Nabokov, Barth, Robbe-Grillet, Fowles, D. M. Thomas. Car, loin d'être un phénomène marginal ou géographiquement limité, l'autoreprésentation est un processus employé par des écrivains du monde entier, dans certains cas, à titre d'expérimentation et, dans d'autres cas, pour exprimer une nouvelle vision du monde.

Étant donné l'envergure de ce phénomène, il est important de signaler que le déplacement de la représentation à l'autoreprésentation implique fréquemment le rejet d'une vision totalisante. Ainsi, par exemple, l'harmonieux reflet du personnage écrivain et de l'activité de l'écriture, qui se dégage de l'œuvre de Proust, est remplacé dans la littérature postmoderne par une représentation fragmentée des lieux divers du texte et de l'écriture. Au niveau de l'énonciation, la mise en scène du personnage écrivain se caractérise souvent par la scission et la diffraction du sujet. De même, les miroitements textuels projetés au niveau de la diégèse et du code s'appuient sur un processus de morcellement pour se répercuter dans le texte, c'est-à-dire qu'ils se manifestent par le moyen de fragments intertextuels, de bribes d'énoncés, de reflets partiels, d'allusions disparates et d'images multipliées du double. Quant à l'inscription du narrataire dans la fiction, elle reste bien en deçà d'une représentation intégrale d'un lecteur réel. Entre le signe représenté et le signe représentant, il y a donc écarts, différences et lacunes. Fernand Hallyn suggère à juste titre que c'est l'abîme inhérent à la représentation qui est mis en évidence par l'autoreprésentation[3].

La question se pose donc de savoir qu'elle est la motivation profonde qui sous-tend cette pratique. S'agirait-il, comme le suggère Lyotard, d'un désir d'étreindre la réalité, d'inscrire l'imprésentable dans le signe même de l'écriture[4]? On discerne certainement dans la prose d'Hébert, comme dans celle d'Aquin, de Ducharme, de Bessette et de Brossard, un certain rejet du fantasme de la représentation. Mais, ce refus de la représentation — refus qui se manifeste avec intensité par la fragmentation immanente à l'autoreprésentation — exprime-t-il aussi l'espoir utopique d'accéder enfin à la parole? C'est-à-dire d'accéder à une parole qui dirait le rapport véritable du langage à la connaissance, au pouvoir et au monde?

---

3. Fernand HALLYN, « Le microcosme, ou l'incomplétude de la représentation », dans *Onze études sur la mise en abyme,* pp. 183-192.

4. LYOTARD, « Réponse... », p. 367.

# Bibliographie

## I.- ROMANS D'ANNE HÉBERT

*Les Chambres de bois,* Paris, Seuil, 1958, 2ᵉ éd., 1979.
*Kamouraska,* Paris, Seuil, 1970.
*Les Enfants du sabbat,* Paris, Seuil, 1975.
*Héloïse,* Paris, Seuil, 1980.
*Les Fous de Bassan,* Paris, Seuil, 1982.

## II.- OUVRAGES ET ARTICLES SUR L'ŒUVRE ROMANESQUE D'ANNE HÉBERT

ALLARD, Jacques, « *Les Enfants du sabbat* d'Anne Hébert », dans *Voix et images,* 1, 1975, pp. 285-286.

AYLWIN, Ulric, « Vers une lecture de l'œuvre d'Anne Hébert », dans *La Barre du jour,* n° 7, 1966, pp. 2-11.

—, « Au pays de la fille maigre : *Les Chambres de bois* d'Anne Hébert », dans *Voix et images du pays,* 1, 1967, pp. 37-50.

BACKÈS, Jean-Louis, « Le système de l'identification dans l'œuvre romanesque d'Anne Hébert », dans *Voix et images,* 6, 1981, pp. 269-277.

BISHOP, Neil Breton, « *Les Enfants du sabbat* et la problématique de la libération chez Anne Hébert », dans *Études canadiennes* (AFEC), n° 8, 1980, pp. 33-46.

BLAIN, Maurice, « Anne Hébert ou le risque de vivre », dans *Liberté,* 1, 1959, pp. 322-330 ; repris dans *Présence de la critique,* Gilles Marcotte, éd., Montréal, HMH, 1966, pp. 153-163.

BLODGETT, E.D., "Prisms and Arcs : Structures in Hébert and Munro", dans *Figures in a Ground,* Diane Bessai et David Jackel, éd., Saskatchewan, Modern Press, 1978, pp. 99-121.

BOAK, Denis, " "Kamouraska, Kamouraska!" ", dans *Essays in French Literature*, n° 14, 1977, pp. 69-104.

BODART, Marie-Thérèse, « Anne Hébert, canadienne-française », dans *Synthèses*, n^os 292-293, 1970, pp. 121-125.

BORDAZ, Robert, « Anne Hébert et le roman canadien », dans *La Revue des deux mondes*, n° 6, 1971, pp. 617-622.

BOUCHARD, Denis, *Une lecture d'Anne Hébert*, Montréal, Hurtubise HMH, 1977.

—, « Érotisme et érotologie », dans *Revue du Pacifique*, 1, 1975, pp. 152-167 ; repris avec quelques variantes dans *Une lecture d'Anne Hébert*, pp. 133-148.

—, « *Les Enfants du sabbat* d'Anne Hébert : l'enveloppe des mythes », dans *Voix et images*, 1, 1976, pp. 374-386 ; repris avec quelques variantes dans *Une lecture d'Anne Hébert*, pp. 177-191.

—, « Anne Hébert et le « Mystère de la parole » : un essai d'anti-biographie », dans *Revue du Pacifique*, 3, 1977, pp. 67-81 ; repris avec quelques variantes dans *Une lecture d'Anne Hébert*, pp. 13-29.

—, « Anne Hébert et la « solitude rompue », » dans *Études françaises*, 13, 1977, pp. 163-179 ; repris avec quelques variantes dans *Une lecture d'Anne Hébert*, pp. 55-70.

BUCKNALL, Barbara J., « Anne Hébert et Violette Leduc, lectrices de Proust », dans *Bulletin de l'APFUC* (Association des professeurs de français des universités canadiennes), février 1975, pp. 83-100 ; repris dans *Bulletin de la Société des amis de Marcel Proust et de Combray*, 27, 1977, pp. 410-419 ; 28, pp. 662-668.

COHEN, Henry, « Le rôle du mythe dans *Kamouraska* d'Anne Hébert », dans *Présence francophone*, n° 12, 1976, pp. 103-111.

COUILLARD, Marie, « *Les Enfants du sabbat* d'Anne Hébert : un récit de subversion fantastique », dans *Incidences*, vol. 4, n^os 2-3, 1980, pp. 77-83.

DAVIDSON, Arnold E., "Canadian Gothic and Anne Hébert's *Kamouraska*", dans *Modern Fiction Studies*, vol. 27, n° 2, 1981, pp. 243-254.

DORAIS, Fernand, « *Kamouraska* d'Anne Hébert — essai de critique herméneutique », dans *Revue de l'Université Laurentienne*, vol. 4, n° 1, 1971, pp. 76-82.

« Dossier Anne Hébert », dans *Québec français*, n° 32, 1978, pp. 33-42.

DUFRESNE, Françoise, « Le drame de *Kamouraska* », dans *Québec-Histoire*, n^os 5-6, 1972, pp. 72-77.

ENGLISH, Judith, et Jacqueline Viswanathan, « Deux dames du Précieux Sang : à propos des *Enfants du sabbat* d'Anne Hébert », dans *Présence francophone*, n° 22, 1981, pp. 111-119.

FALZONI, Franca Marcato, « Dal reale al fantastico nell' opera narrativa di Anne Hébert », dans *Canadiana : aspetti della storia e della letteratura canadese*, Venise, Marsilio Editori, 1978, pp. 97-109.

FÉRAL, Josette, « Clôture du moi, clôture du texte dans l'œuvre d'Anne Hébert », dans *Voix et images*, 1, 1975, pp. 265-283 ; repris dans *Littérature*, n° 20, 1975, pp. 102-117.

GODIN, Jean-Cléo, "Rebirth in the Word", dans *Yale French Studies*, n° 45, 1970, pp. 137-153.

HARVEY, Robert, *Kamouraska d'Anne Hébert, une écriture de la passion*, suivi de *Pour un nouveau Torrent*, Montréal, HMH, 1982.

HUGHES, Kenneth J., « Le vrai visage du [*sic*] « Antoinette de Mirecourt » et « *Kamouraska* » », dans *The Sphinx*, vol. 2, n° 3, 1977, pp. 33-39.

JACQUES, Henri-Paul, « À propos d'*Une lecture d'Anne Hébert* », dans *Voix et images*, 3, 1978, pp. 448-458.

___, « Un probable souvenir-écran chez Anne Hébert », dans *Voix et images*, 7, 1982, pp. 449-458.

JONES, Grahame C., « *Alexandre Chenevert* et *Kamouraska* : une lecture australienne », dans *Voix et images*, 7, 1982, pp. 329-341.

LACÔTE, René, *Anne Hébert*, « Poètes d'aujourd'hui », Paris, Seghers, 1969.

LEBLOND, Sylvio, « Le drame de Kamouraska d'après les documents de l'époque », dans *Les Cahiers des Dix*, n° 37, 1972, pp. 239-273.

LE GRAND, Albert, « Une parole enfin libérée », dans *Maintenant*, n°ˢ 68-69, 1967, pp. 267-272.

___, « Anne Hébert : de l'exil au royaume », dans *Littérature canadienne-française*, « Conférences J.-A. de Sève », Montréal, Les Presses de l'Université de Montréal, 1969, pp. 181-213 ; paru d'abord dans *Études françaises*, 4, 1968, pp. 3-29.

___, « *Kamouraska* ou l'ange et la bête », dans *Études françaises*, 7, 1971, pp. 119-143.

LEMIEUX, Pierre-Hervé, *Entre songe et parole*, Ottawa, Éditions de l'Université d'Ottawa, 1978.

LE MOYNE, Jean, « Hors les chambres d'enfance », dans *Présence de la critique*, Gilles Marcotte, éd., Montréal, HMH, 1966, pp. 35-42.

LENNOX, John, "Dark Journeys : *Kamouraska* and *Deliverance*", dans *Essays on Canadian Writing*, n° 12, 1978, pp. 84-104.

MACCABÉE-IQBAL, Françoise, « *Kamouraska*, « la fausse représentation démasquée » », dans *Voix et images*, 4, 1979, pp. 460-478.

MAJOR, Ruth, « *Kamouraska* et *Les Enfants du sabbat* : faire jouer la transparence », dans *Voix et images*, 7, 1982, pp. 459-470.

MARCOTTE, Gilles, « Anne Hébert et la sirène du métro », dans *L'Actualité,* juin 1980, p. 82.

MARMIER, Jean, « Du *Tombeau des rois* à *Kamouraska :* vouloir vivre et instinct de mort chez Anne Hébert », dans *Missions et démarches de la critique,* Paris, Klincksieck, 1973, pp. 807-814.

MERLER, Grazia, « La réalité dans la prose d'Anne Hébert », dans *Écrits du Canada français,* 33, 1971, pp. 45-83.

——, "Translation and the Creation of Cultural Myths in Canada", dans *West Coast Review,* 11, n° 2, 1976, pp. 26-33.

——, « Rapports associatifs dans le discours littéraire », dans *Francia,* 24, 1977, pp. 111-127.

MEZEI, Kathy, « Anne Hébert : A Pattern Repeated », dans *Canadian Literature,* n° 72, 1977, pp. 29-40.

NORTHEY, Margot, "Psychological Gothic : *Kamouraska*", dans *The Haunted Wilderness : The Gothic and Grotesque in Canadian Fiction,* Toronto, University of Toronto Press, 1977, pp. 53-61.

OUELLETTE, Gabriel-Pierre, « Espace et délire dans *Kamouraska* d'Anne Hébert », dans *Voix et images,* 1, 1975, pp. 241-264.

PAGÉ, Pierre, *Anne Hébert,* Montréal, Fides, 1965.

PARADIS, Suzanne, « Catherine, Lia », dans *Femme fictive, femme réelle,* Québec, Garneau, 1966, pp. 137-143.

PASCAL-SMITH, Gabrielle, « La Condition féminine dans *Kamouraska* d'Anne Hébert », dans *French Review,* 54, 1980, pp. 85-92.

——, « Soumission et révolte dans les romans d'Anne Hébert », dans *Incidences,* vol. 4, n^os 2-3, 1980, pp. 59-75.

PATERSON, Janet M., « Bibliographie critique des études consacrées aux romans d'Anne Hébert », dans *Voix et images,* 5, 1979, pp. 187-192.

——, « L'écriture de la jouissance dans l'œuvre romanesque d'Anne Hébert », dans *Revue de l'Université d'Ottawa,* 50, 1980, pp. 69-73.

——, « Anne Hébert », dans *Canadian Modern Language Review,* 37, 1981, pp. 207-211.

——, « Anne Hébert », dans *Profiles in Canadian Literature,* Jeffrey M. Heath, éd., vol. 3, Toronto, Dundurn Press, 1982, pp. 113-120.

——, « Anne Hébert and the Discourse of the Unreal », dans *Yale French studies,* n° 65, 1983, pp. 172-186.

PESTRE DE ALMEIDA, Lilian, « *Héloïse :* la mort dans cette chambre », dans *Voix et images,* 7, 1982, pp. 471-481.

POULIN, Gabrielle, « Qui sont les « Enfants du sabbat » ? », dans *Lettres québécoises,* vol. 1, n° 1, 1976, pp. 4-6.

——, « La Nouvelle Héloïse québécoise », dans *Romans du pays,* Montréal, Bellarmin, 1980, pp. 299-306.

__, « L'écriture enchantée », dans *Lettres québécoises*, n° 28, 1982-1983, pp. 15-18.

RENAUD, Benoît, « *Kamouraska* : roman et poème », dans *Co-incidences*, vol. 5, n°ˢ 2-3, 1975, pp. 26-45.

ROBERT, Guy, *La Poétique du songe*, Montréal, A.G.E.U.M., cahier n° 4, 1962.

ROBIDOUX, Réjean, « *Kamouraska* de Anne Hébert », dans *Livres et auteurs québécois 1970*, pp. 24-26.

__, et André Renaud, « *Les Chambres de bois* », dans *Le Roman canadien-français du vingtième siècle*, Ottawa, Éditions de l'Université d'Ottawa, 1966, pp. 171-185.

ROY, Lucille, « Anne Hébert ou le désert du monde », dans *Voix et images*, 7, 1982, pp. 483-503.

SAINTE-MARIE-ÉLEUTHÈRE, Sœur, « Symbole de la chambre », dans *La Mère dans le roman canadien-français contemporain*, Québec, Les Presses Universitaires de Laval, 1964, pp. 121-126.

SAYNAC, Brigitte, « Le pacte de l'enfance dans *Les Chambres de bois* et *Les Enfants du sabbat* d'Anne Hébert », dans *Recherches et travaux* (Université de Grenoble), 20, 1981, pp. 79-86.

STRATFORD, Philip, *"Kamouraska and The Diviners"*, dans *Review of National Literatures*, 7, 1976, pp. 110-126.

SYLVESTRE, Roger, « Du sang sur les mains blanches », dans *Critères*, n° 4, 1971, pp. 46-61.

THÉRIAULT, Serge-A., *La Quête d'équilibre dans l'œuvre romanesque d'Anne Hébert*, Québec, Asticou, 1980.

THÉRIO, Adrien, « La maison de la belle et du prince ou l'enfer dans l'œuvre romanesque d'Anne Hébert », dans *Livres et auteurs québécois 1971*, pp. 274-284.

TOMLINSON, Muriel, « A Comparison of *Les Enfants terribles* and *Les Chambres de bois* », dans *Revue de l'Université d'Ottawa*, 43, 1973, pp. 532-539.

URBAS, Jeannette, « Reflet et révélation. La technique du miroir dans le roman canadien-français moderne », dans *Revue de l'Université d'Ottawa*, 43, 1973, pp. 573-586; cf. pp. 581-584.

## III.- OUVRAGES ET ARTICLES GÉNÉRAUX

ADAM, Jean-Michel, *Linguistique et discours littéraire*, Paris, Larousse, 1976.

ALLARD, Jacques, *Zola : le chiffre du texte*, Montréal, Les Presses de l'Université du Québec, et Presses Universitaires de Grenoble, 1978.

__, « L'idéologie du pays dans le roman québécois contemporain : il n'y a pas de pays sans grand-père et l'intertexte national », dans *Voix et images*, 5, 1979, pp. 117-132.

ANDERSEN, Hans Christian, « La Princesse sur le pois », dans *Six contes du poète danois Hans Christian Andersen,* trad. J.-J. Gateau et Poul Hoybye, Copenhague, Det Berlingske Bogtrykkeri, 1955, pp. 19-20.

ANGENOT, Marc, *Glossaire pratique de la critique contemporaine,* Montréal, Hurtubise HMH, 1979.

AUERBACH, Erich, *Mimesis,* trad. Willard Trask, Princeton, Princeton University Press, 1953.

BARTHES, Roland, « Éléments de sémiologie », dans *Communications,* n° 4, 1964, pp. 91-135.

——, « Introduction à l'analyse structurale des récits », dans *Communications,* n° 8, 1966, pp. 1-27.

——, « L'effet de réel », dans *Communications,* n° 11, 1968, pp. 84-89.

——, *S/Z,* Paris, Seuil, 1970.

——, « De l'œuvre au texte », dans *Revue d'esthétique,* 24, 1971, pp. 225-232.

——, *Le Plaisir du texte,* Paris, Seuil, 1973.

BÉLANGER, Marcel, « Les hantises d'une littérature », dans *Livres et auteurs québécois 1977,* pp. 11-30.

BELLEAU, André, *Le Romancier fictif,* Québec, Les Presses de l'Université du Québec, 1980.

BELLEMIN-NOËL, Jean, « Des formes fantastiques aux thèmes fantasmatiques », dans *Littérature,* n° 2, 1971, pp. 103-118.

——, « Notes sur le fantastique », dans *Littérature,* n° 8, 1972, pp. 3-23.

BEN-PORAT, Ziva, "The Poetics of Literary Allusion", dans *PTL : A Journal for Descriptive Poetics and Theory of Literature,* 1, 1976, pp. 105-128.

BERSANI, Jacques, *et al., La Littérature en France depuis 1945,* Paris, Bordas, 1974.

BOURNEUF, Roland, et Réal OUELLET, *L'Univers du roman,* Paris, Presses universitaires de France, 1972.

BROMBERT, Victor, "Opening Signals in Narrative", dans *New Literary History,* 11, 1980, pp. 489-502.

BROOKE-ROSE, Christine, "The Evil Ring : Realism and the Marvelous", dans *Poetics Today,* vol. 1, n° 4, 1980, pp. 67-90.

CAILLOIS, Roger, *Au cœur du fantastique,* Paris, Gallimard, 1965.

CASTEX, Pierre, *Le Conte fantastique en France de Nodier à Maupassant,* Paris, Corti, 1951.

CHAMPAGNE, Roland A., "A Grammar of the Languages of Culture : Literary Theory and Yury M. Lotman's Semiotics", dans *New Literary History,* 9, 1978, pp. 205-210.

CULLER, Jonathan, *Structuralist Poetics,* London, Routledge and Kegan Paul, 1975.

DÄLLENBACH, Lucien, *Le Livre et ses miroirs dans l'œuvre romanesque de Michel Butor*, Paris, Minard, 1972.

—, *Le Récit spéculaire : essai sur la mise en abyme*, Paris, Seuil, 1977.

—, "Reflexivity and Reading", dans *New Literary History*, 11, 1980, pp. 435-449.

DERRIDA, Jacques, *La Dissémination*, Paris, Seuil, 1972.

DUCHET, Claude, « Pour une socio-critique ou variations sur un incipit », dans *Littérature*, n° 1, 1971, pp. 5-14.

ECO, Umberto, *L'Œuvre ouverte*, trad. Chantal Roux de Bézieux et André Boucourechliev, Paris, Seuil, 1965.

—, *A Theory of Semiotics*, Bloomington et Londres, Indiana University Press, 1976.

FITCH, Brian T., « « Jonas » ou la production d'une étoile », dans *Albert Camus 6*, Paris, Lettres modernes, 1973, pp. 51-65 ; repris sous forme remaniée dans *The Narcissistic Text*.

—, *The Narcissistic Text : A Reading of Camus' Fiction*, Toronto, University of Toronto Press, 1982.

FOUCAULT, Michel, « Le langage à l'infini », dans *Tel quel*, n° 15, 1963, pp. 44-53.

—, *Les Mots et les choses*, Paris, Gallimard, 1966.

FOULKES, A. Peter, *The Search for Literary Meaning*, Berne, Verlag Herbert Lang, 1975.

FREGE, Gottlob, "On Sense and Reference", dans *Translations from the Philosophical Writings of Gottlob Frege*, Peter Geach et Max Black, éd., Oxford, Blackwell, 1960, pp. 56-78.

GARY-PRIEUR, Marie-Noëlle, « La notion de connotation(s) », dans *Littérature*, n° 4, 1971, pp. 96-107.

GENETTE, Gérard, *Figures I*, Paris, Seuil, 1966.

—, « Vraisemblance et motivation », dans *Communications*, n° 11, 1968, pp. 5-21.

—, *Figures II*, Paris, Seuil, 1969.

—, *Figures III*, Paris, Seuil, 1972.

—, *Mimologiques*, Paris, Seuil, 1976.

—, *Introduction à l'architexte*, Paris, Seuil, 1979.

GUIRAUD, Pierre, *Essais de stylistique*, Paris, Klincksieck, 1969.

HAMON, Philippe, « Un discours contraint », dans *Poétique*, 16, 1973, pp. 411-445.

HJELMSLEV, Louis, *Prolégomènes à une théorie du langage*, trad. par une équipe de linguistes, Paris, Minuit, 1968.

HUTCHEON, Linda, « « Le Renégat ou un esprit confus », comme nouveau récit », dans *Albert Camus 6*, Paris, Lettres modernes, 1973, pp. 67-87.

—, « Modes et formes du narcissisme littéraire », dans *Poétique*, 29, 1977, pp. 90-106.

—, *Narcissistic Narrative : The Metafictional Paradox*, Waterloo, Wilfrid Laurier University Press, 1980.

JAKOBSON, Roman, *Essais de linguistique générale*, trad. Nicolas Ruwet, Paris, Minuit, 1963.

JEAN, Raymond, « Commencements romanesques », dans *Positions et oppositions sur le roman contemporain* (Actes du colloque organisé par le Centre de philologie et de littératures romanes de Strasbourg, avril 1970), Paris, Klincksieck, 1971, pp. 129-142.

JENNY, Laurent, « La surréalité et ses signes narratifs », dans *Poétique*, 16, 1973, pp. 499-520.

—, « Économie du récit réaliste », dans *Romanic Review*, 68, 1977, pp. 264-275.

KELLMAN, Steven G., "Grand Openings and Plain : The Poetics of First Lines", dans *Sub-Stance*, 17, 1977, pp. 139-147.

KERMODE, Frank, "Novels : Recognition and Deception", dans *Critical Inquiry*, 1, 1974, pp. 103-122.

KRISTEVA, Julia, « La productivité dite texte », dans *Communications*, n° 11, 1968, pp. 59-83.

LAVIS, Georges, « Le texte littéraire, le référent, le réel, le vrai », dans *Cahiers d'analyse textuelle*, n° 13, 1971, pp. 7-22.

LECLAIRE, Serge, « Le réel dans le texte », dans *Littérature*, n° 3, 1971, pp. 30-32.

LEENHARDT, Jacques, *Lecture politique du roman*, Paris, Minuit, 1973.

LE GALLIOT, Jean, « Le substrat conceptuel », dans *Psychanalyse et langages littéraires*, Paris, Nathan, 1977, pp. 9-27.

LÉON, Pierre, *et al.*, *Problèmes de l'analyse textuelle*, Montréal, Didier, 1971.

*Littérature*, n° 8, 1972, « Le fantastique ».

LOTMAN, Iouri. *La Structure du texte artistique*, Henri Meschonnic, éd., trad. Anne Fournier, Bernard Kreise, Eve Malleret et Joëlle Yong, Paris, Gallimard, 1973.

—, *Analysis of the Poetic Text*, trad. D. Barton Johnson, Michigan, Ardis, 1976.

—, "The Content and Structure of the Concept of Literature", *PTL : A Journal for Descriptive Poetics and Theory of Literature*, 1, 1976, pp. 339-356.

LYOTARD, Jean-François, « Réponse à la question : qu'est-ce le postmoderne ? » dans *Critique*, 419, 1982, pp. 357-367.

MITTERAND, Henri, « Fonction narrative et fonction mimétique », dans *Poétique*, 16, 1973, pp. 477-490.

MOLINO, Jean, « La connotation », dans *La Linguistique,* vol. 7, n° 1, 1971, pp. 5-30.

MUKAROVSKY, Jan, "On Poetic Language", dans *The Word and Verbal Art,* trad. et éd. par John Burbank et Peter Steiner, New Haven, Yale University Press, 1977, pp. 1-64.

—, "Two Studies of Poetic Designation", dans *The Word and Verbal Art,* pp. 65-73.

NEEFS, Jacques, « La figuration réaliste », dans *Poétique,* 16, 1973, pp. 466-476.

*Onze études sur la mise en abyme,* Belgique, Ryksuniversiteit te Gent, coll. « Romanica Gandesia, XVII », 1982.

PATERSON, J. M., « L'autoreprésentation : formes et discours », dans *Texte,* 1, 1982, pp. 177-194.

PRINCE, Gerald, « La fonction métanarrative dans *Nadja* », dans *French Review,* 49, 1976, pp. 342-346.

PROPP, Vladimir, *Morphologie du conte,* trad. Marguerite Derrida, Tzvetan Todorov, Claude Kahn, Paris, Seuil, 1970.

RICARDOU, Jean, *Problèmes du nouveau roman,* Paris, Seuil, 1967.

—, « Penser la littérature aujourd'hui », dans *Marche romane,* vol. 21, n°s 1-2, 1971, pp. 7-17.

—, *Pour une théorie du nouveau roman,* Paris, Seuil, 1971.

—, *Le Nouveau Roman,* Paris, Seuil, 1973.

—, *Nouveaux problèmes du roman,* Paris, Seuil, 1978.

—, et Françoise van Rossum-Guyon, éd., *Nouveau roman : hier, aujourd'hui,* t. I : *Problèmes généraux;* t. II : *Pratiques;* Paris, Union générale d'éditions, 1972.

RIFFATERRE, Michael, *Essais de stylistique structurale,* trad. Daniel Delas, Paris, Flammarion, 1971.

—, *Semiotics of Poetry,* Bloomington et Londres, Indiana University Press, 1978.

—, *La Production du texte,* Paris, Seuil, 1979.

ROUSSET, Jean, *Forme et signification : essais sur les structures littéraires de Corneille à Claudel,* Paris, José Corti, 1964.

SKUKMAN, Ann, "The Canonization of the Real : Juri Lotman's Theory of Literature and Analysis of Poetry", dans *PTL : A Journal for Descriptive Poetics and Theory of Literature,* 1, 1976, pp. 317-338.

—, *Literature and Semiotics : A Study of the Writings of Yu. M. Lotman,* Amsterdam, North Holland Publishing, 1977.

—, "Lotman : The Dialectic of a Semiotician", dans *The Sign : Semiotics around the World,* R.W. Bailey, L. Matejka et P. Steiner, éd., Ann Arbor, Michigan Slavic Publications, 1978, pp. 194-206.

—, "Soviet Semiotics and Literary Criticism", dans *New Literary History*, 9, 1978, pp. 189-197.

SPITZER, Leo, *Linguistics and Literary History*, Princeton, Princeton University Press, 1948.

SUPERVIELLE, Jules, « En songeant à un art poétique », dans *Naissances*, Paris, Gallimard, 1951, pp. 57-67.

*Texte*, 1, 1982, « L'autoreprésentation : le texte et ses miroirs ».

TODOROV, Tzvetan, *Littérature et signification*, Paris, Larousse, 1967.

—, *Introduction à la littérature fantastique*, Paris, Seuil, 1970.

—, *Poétique de la prose*, Paris, Seuil, 1971.

—, *Poétique (Qu'est-ce que le structuralisme?)*, Paris, Seuil, coll. « Points », 1973.

—, « La lecture comme construction », dans *Poétique*, 24, 1975, pp. 417-425.

—, éd. et trad., *Théorie de la littérature : textes des formalistes russes*, Paris, Seuil, 1965.

TOUGAS, Gérard, *Histoire de la littérature canadienne-française*, Paris, Presses universitaires de France, 1964.

VERRIER, Jean, « Le récit réfléchi », dans *Littérature*, n° 5, 1972, pp. 58-68.